Sammlung Luchterhand 167

*Erich Oberpichler*

Oskar Maria Graf

Oskar Maria Graf
Reise in die Sowjetunion 1934

Mit Briefen von Sergej Tretjakow
Herausgegeben von Hans-Albert Walter

Luchterhand

Erstausgabe
Sammlung Luchterhand, September 1974
Lektorat: Thomas Scheuffelen
Umschlagkonzeption von Hannes Jähn
Ausstattung von Barbara Hehn

© 1974 by Hermann Luchterhand Verlag Darmstadt und Neuwied
Gesamtherstellung bei Ebner, Ulm
ISBN 3-472-61167-7

# DER IN VERWIRRUNG GERATENE ZIVILIST

Reisen sollte nur ein Mensch, der sich ständig überraschen lassen will. Man muß sich, glaube ich, zunächst einer solchen Sache völlig kritiklos hingeben, muß wie ein Schwamm, den man ins Wasser wirft, erst alles aufsaugen, um es später – vielleicht lange nachher – auf irgendeine Weise verarbeiten zu können. Was immer ein Mensch erlebt, er gewinnt dadurch. So wenigstens erscheint es mir, und jeder kann schließlich nur von sich aus urteilen. Eins aber hat mir im Laufe der Jahre mein ererbter Instinkt beigebracht: An allem uns Unbekannten sind stets nur die Dinge, der Gestus, die Mechanik des Lebens fremd und anders, der Mensch bleibt im Tiefsten überall gleich.
Das ist nichts Neues. Der wahlloseste Optimist glaubt daran und der schärfste Skeptiker fügt sich einer solchen Erkenntnis. Und weil man auch so ein Mensch ist, so schließt man von sich auf die anderen und kommt bei einiger Selbstehrlichkeit zur unverblüffbaren Einsicht: »Es wird überall mit Wasser gekocht.«
Meine bisher schönste und unterhaltlichste Reise war diejenige von meinem damaligen Exilort Brünn in der Tschechoslowakei nach Moskau im Sommer 1934. Ich war eingeladen zum Unionskongreß der Sowjetschriftsteller, bekam eine Freifahrkarte für die II. Wagenklasse und, hieß es in dem schönen amtlichen Schreiben: »Wollen Sie sich auf Sowjetboden als unser Gast betrachten.« Es läßt sich denken, wie hochgestimmt ich war. Ich konnte mir zwar beim besten Willen nicht recht vorstellen, was ich auf diesem gewichtigen Kongreß anfangen sollte, aber ich kam mir in Anbetracht dieser Einladung als sehr begehrte Persönlichkeit vor, auf die man etwas gibt. Außerdem war ich in meinem ganzen Leben noch nie so seriös gereist. Als hartgesottener Zivilist erwartete ich also eine herrliche Reise, einige Anregungen, neue Bekanntschaften mit interessanten Menschen und einige Einblicke in das Leben unbekannter Völker. Alles andere kümmerte mich wenig. Zivilisten nämlich haben keine voreingenommenen Absichten. Sie nehmen das Leben ohne Argwohn und ohne allzugroße Erwartungen. Sie sind bequem, meist

recht genußsüchtig, skeptisch, aber humorvoll, weil sie ziemlich ungläubig sind. Eigentlich passen sie gar nicht mehr recht in unser hochpolitisiertes, uniformiertes Zeitalter, weil sie zu privat empfinden und denken. Sie halten nicht viel von sich und darum auch wenig von den Menschen. Und meine Mutter selig hat immer gesagt: »Was ist so ein Mensch schon! Nackt ist er wie jeder, und wenn er gestorben ist, ist er ein Haufen Dreck.«

Hingegen diesmal – ich muß es zugeben – war ich vor Freude verwirrt, ich war fast berauscht. Es geht jetzt weit fort, unvorstellbar weit fort, dachte ich, es geht ins Ungewisse, in eine Fremde, wo alles ganz, ganz anders sein wird. Ich verspürte ein erwartungsvolles Prickeln dabei, beinahe so wie bei einer neu aufflammenden Verliebtheit. Ich stellte mich, wenngleich ich doch vorläufig nur mit dem Bummelzug von Brünn nach Prerau fuhr, um dort umzusteigen, auf die vordere Wagenplattform, ließ den heißen Sommerwind um mich brausen und hörte dem jagenden Hämmern der Räder zu. Aufgefrischt und vergnügt schaute ich auf die vorüberkreisenden Felder, auf die Dörfer, die Bäume und in den wolkenlos klaren Himmel – sonderbar, alles das hatte für mich schon ein anderes Gesicht. Mir war, als durchsause mein Zug bereits die unendliche russische Steppe, von der in den Büchern der russischen Schriftsteller, die ich gelesen hatte, so viel die Rede war. Das Bekannteste erschien mir neu, wie nie gesehen. Eigentlich befand ich mich in meiner Seligkeit schon im riesengroßen Sowjetland [1].

Dann hielt der Zug – und in Prerau war es nicht anders als in Brünn. Ich kam sozusagen wieder zu mir. Umsteigen ist immer eine sehr komplizierte Sache für mich gewesen. Mit Schrecken erinnerte ich mich, wie ich einmal während der deutschen Revolutionszeit in Nürnberg in einen falschen Zug stieg und statt in Berlin in Frankfurt ankam. Darum war ich jetzt höchst unruhig und fragte alle möglichen Menschen um Auskunft. Ja, hieß es, der D-Zug Oderberg – Warschau komme in zirka einer halben Stunde, und man verwies mich auf die Tafel mit den Abfahrtszeiten.

In Prerau gab es damaligerzeit nur weibliche Gepäckträger. Ich engagierte eine, gab ihr im voraus fünf Kronen und bat sie, sich in meiner Nähe zu halten. Ich setzte mich an einen

gedeckten Tisch im Vorgarten des Wartehallen-Restaurants, und es war mir recht unbehaglich zumute. Hunger hatte ich absolut nicht, aber irgend etwas mußte doch getan werden. Ich bestellte also ein Mittagessen, bezahlte sogleich und schlang es ziemlich abwesend und appetitlos hinunter. Immerzu schaute ich forschend auf die vielen Geleise. Jedesmal, wenn ein Zug einlief, fragte ich die Trägerin nervös, ob das der meine sei. Sie verneinte, aber insgeheim bezweifelte ich ihre Auskunft trotzdem. Aufstehen hingegen wollte ich auch wieder nicht, denn da hätte man zu deutlich den ungereisten Provinzler in mir erkannt. Zwischenhinein aber ging mir durch den Kopf, daß mir doch jeder Mensch die Hilflosigkeit vom Gesicht herunterlesen könne. Und das ärgerte mich.
Endlich, endlich lief mein Zug ein. Die Trägerin winkte, ich sprang auf und wollte ihr tragen helfen, denn ich schämte mich, eine so schwer schleppende Frau neben mir hergehen zu lassen. »Aber nein, Herr, nein! Der eine Koffer ist doch nicht schwer, nein, nein«, wehrte sie lächelnd ab. Ich verließ mich vollkommen auf sie und, richtig, sie brachte mich in einen eleganten II.-Klasse-Wagen, verstaute, während ich im Gang stehen blieb, fachgerecht meinen Koffer und wünschte mir eine gute Reise. Ich gab ihr nochmals fünf Kronen, sie dankte überaus herzlich und ging. Ich atmete auf. Jetzt konnte nichts mehr passieren – höchstenfalls ein Eisenbahnunglück. Mit wohligem Behagen sah ich in all die Gesichter, die sich an mir vorüberschoben. Das mußten zum mindesten Millionäre und Weltdamen sein. Glattrasiert und sehr elegant gekleidet waren die Männer, die Damen hatten gepuderte Gesichter und dufteten diskret, und alle trugen bei dieser Hitze Handschuhe. Fremde Sprachen hörte ich, hineingestellt war ich auf einmal in die sogenannte »große Welt«. Ich kam mir sehr gehoben vor.
Das Getriebe auf dem Perron ebbte ab, die Leute stiegen ein, die Würstel- und Bierverkäufer rannten und plärrten mit letzter Heftigkeit, die schweren Waggontüren flogen krachend zu, die Räder quietschten, der Zug fuhr langsam an und kam in Schwung.
Hm, Herrgott, jetzt fehlt mir zu meinem Glück nur noch, daß ich einen Bekannten treffe, dachte ich und zwängte mich durch die hin und her gehenden Leute vom Gang ins Coupé.

Da – ich wurde sofort springlebendig und heiter – da hockte, in sich zusammengesunken und eingenickt, neben sich die kleine, magere, blasse junge Frau ebenso schlafend, mein Freund Adam Scharrer. Adam, gewesener Prolet wie ich, jetzt emigrierter antifaschistischer deutscher Schriftsteller wie ich – wohin konnte er schon fahren? Da, wo auch ich hinreiste! Jetzt war alles wie gewünscht. Wunderbar! Mürrisch über die Störung schlugen die zwei ihre verklebten Augen halb auf. Sie räkelten sich und wollten weiterdösen. »Verfluchtes Gekarre, verfluchtes!« knurrte Adam in sich hinein und drehte den Kopf schläfrig zur Seite. »Mensch! Adam? Adam!« schrie ich lachend und stellte mich breit vor die beiden: »Adam!!« Sie erwachten und starrten halb verdutzt und halb benommen auf mich. »Adam?!« wiederholte ich, und jetzt erst erkannten sie mich. Das stimmte aber Adam keineswegs freundlicher, im Gegenteil. »Tja – wo willst *Du* denn hin?« fragte er verdutzt. »Nach Moskau!« lachte ich. Sein Gesicht verschloß sich im Nu. Er und seine Frau musterten mich fast feindselig. »Was? *Du* nach Moskau?« stieß er endlich heraus: »Da hört sich doch alles auf. Was willst Du denn dort? Dich kennt doch kein Mensch ... Du bist doch höchstens zwischen Regensburg und Dachau bekannt!« Er hatte eine Miene bekommen, als sei er tief verstimmt, als ärgere er sich bis in den Magen hinein, daß die Moskauer ihn meinetwegen nicht um Auskunft und Erlaubnis gefragt hatten.

Ich hatte Adam bis jetzt nur zweimal in Prag gesehen. Einige seiner Bücher kannte ich aus Deutschland und aus der Emigration. Sie waren sehr unterschiedlich, aber stets echt. Ich schätzte ihn. Er war ein unschematischer, eigener Mensch [2]. Besonders aber liebte ich Adam, weil er mürrisch war. Ein mürrischer, raunzerischer Mensch mit Talent ist immer skurril, und für entgegengesetzte, heitere Temperamente kann er oft zur unterhaltsamsten Belustigung werden. Wenn man es versteht, ihn unauffällig in Rage zu bringen, wenn dann sein Gesicht langsam rot wird, wenn schließlich seine Schläfenadern anschwellen oder etwa wenn er sich wie vernichtet der beleidigten Resignation hingibt und eine störrische Leichenbittermiene bekommt – das kann wahres Jubilate sein. Das Drollige an solchen Käuzen ist, daß sie obendrein meistens

– man kann's nicht anders ausdrücken – hinreißende Pechvögel sind. Und Adam? Wenn ich ihn so unvermerkt anschaute: Sein gedrungener, mittelgroßer Körper, das etwas pausbäckige, bartlose, zusammengedrängte Gesicht mit der immer gefurchten, eigensinnig geraden Stirn, die kurze Sattelnase, die kleinen, fortwährend beschäftigten, ewig mißtrauischen, fast erschreckten Augen, dazu der merkwürdige kleine Strindbergmund und die schon stark angegrauten Haare, die beständig in der Kopfmitte als kleiner spitz zulaufender Schüppel à la Max und Moritz in die Höhe spritzten – Adam konnte nur Pech haben, und »dieses Pech«, mein Shakespeare, »pflegt zu besudeln«. Adam mußte Pech haben, denn wo hätte er sonst seinen fortwährenden galligen Ärger hergenommen? Ja, was hätte er überhaupt ohne ihn gemacht! Ich war überglücklich. Ich hatte Stoff für die Reise. Meine Verwirrung war verschwunden. Ich war wieder in meinem Element. Jetzt hieß es nur: Zivilist, bewähre Dich.


## STILLVERGNÜGTE EISENBAHN-UNTERHALTUNG


Außer Adam, seiner Frau und mir saß noch ein leicht beleibter Herr in elegantem, gestreiftem hellgrauen Anzug in unserem Coupé, mit nagelneuen gelben Schuhen und vielen Brillantringen an den behaarten, kurzen dicken Fingern. Alles, was er trug und bei sich hatte, schien eben erst gekauft. Er rauchte, las dann wieder gelangweilt in einer polnischen Zeitung, lehnte sich zurück und versuchte zu dösen. Wir beachteten ihn wenig. Im übrigen schien er unsere Gespräche nicht zu verstehen.
Adam und seine Frau verzehrten Äpfel und warfen die Schalen zum Fenster hinaus. So recht im Fluß war die Unterhaltung noch nicht. »Hast Du denn überhaupt Geld mit?« fragte Adam und klappte sein Taschenmesser zu. »Geld? Ich ...? Nicht viel«, meinte ich, »zweihundert Tschechenkronen und etwas über achtzehn Zloty ...« »Was? Fast kein Geld? Ja, wie stellst Du Dir denn das eigentlich vor in Moskau?« redete er weiter. »Ja, wir sind doch eingeladen! Da

brauchen wir doch kein Geld!« tat ich betroffen. »Ha, pah, eingeladen? Du ...?« ereiferte sich mein Freund bereits und wurde überlegen: »Du glaubst wohl, Du fährst da 'nüber wie auf eine Bauernkirchweih bei Euch daheim! ... Man sieht, daß Du daher kommst, wo die Welt mit Brettern vernagelt ist ... Hmhm, ein richtiger Bauernstoffel.« In mir gluckste es schon. »Wieviel habt Ihr denn Geld bei Euch?« erkundigte ich mich nebenher. »Wir? ... Hundert Tschechenkronen, und das haben wir uns in Prag noch zusammenpumpen müssen«, erzählte Adam fast erstaunt und belehrte mich: »Aber bei mir ist's doch ganz was anderes ... Alle meine Bücher sind ins Russische übersetzt. Ich krieg doch einen Haufen Honorar ... Ich hab auch geschrieben, sie sollen das Geld gleich an die Grenze schicken. Du hast doch drüben gar nichts zu erwarten! Dich kennt doch kein alter Hund in der Union ...!« Von mir waren zwar auch Bücher übersetzt. Er wußte es nicht, und ich schwieg mich wohlweislich aus darüber. Ich schnitt die biederste Miene von der Welt und sagte: »Ja, mein Gott, in Moskau werden sie doch wissen, daß sich ein emigrierter Schriftsteller so eine teure Reise nicht leisten kann! Sie werden einen doch nicht holen und dann zahlen lassen ... Einladen heißt bei uns freihalten.« »Bei Euch! Bei Euch!« fiel mir Adam spöttisch ins Wort, aber ich schaute ihn bloß mit einem treuherzigen Hundeblick an: »No, Adam, ich mein', wenn Du soviel Geld drüben hast, da kannst Du mir ja ein bißl aushelfen? ... Wir werden schon irgendwie einig werden.« Das wirkte auf die Gesichter der beiden gar nicht gut. Sie wurden eisig abweisend. Adam sagte nicht »Nein«, aber auch nicht »Ja«. Er beugte sich nur auf seine Frau zu und meinte mit vielsagender Ironie: »Da haben wir den Richtigen bei uns! Das kann ja nett werden ...« – »Ich hab' aber doch immer gehört, die Russen sind sehr splendid, sie sind sehr gastliche Menschen«, sagte ich. »Jaja, besonders wenn Du daherkommst!« warf mir Adam an den Kopf. Er streckte seine Beine, gähnte und knurrte schließlich: »Herrgott, dieses Gekarre! Die ganzen Knochen werden steif.« – »Ja, ganz blöd wird man«, sekundierte ihm seine Frau. Sie musterte mich mit einem geschwinden unguten Blick und rechnete: »So um acht sollen wir erst in Warschau sein.« Adam schüttelte mürrisch den Kopf und raunzte erneut: »Drei Tag fahren! Da kommen wir halb tot an.« – »Ja«, mischte ich mich in diese private Unterhaltung: »Und dabei mußt Du bedenken: Wir sind noch nicht dort. Es kann noch allerhand passieren.« – »Passieren? ... Wie meinst Du denn das?« forschte Adam und bekam Stirnfalten. »Naja, es ist jetzt überhaupt so eine Zeit, wo in einem fort Eisenbahn-Unglücke passieren ... Direkt auffällig ist's! Erst neulich, na, vor vier oder fünf Wochen – hast Du's nicht gelesen? ... Das Eisenbahnunglück ... In Ungarn –« – »Sowas liest Du in der Zeitung? Was anderes interessiert Dich wohl nicht, was?« fiel mir Adam bissig ins Wort, aber ich überhörte es und redete unentwegt weiter: »Nein-nein! Nein! ... Laß Dir erzählen! In Ungarn – oder war's in Deutschland? Ah, ganz gleich! Da hat's vierzehn Tote und eine Masse Verletzte gegeben ...« – »Sag mal, Du hast Dir wohl vorgenommen, uns die ganze Fahrt zu vermiesen, was?« rief er: »Dein Gequatsch interessiert mich absolut nicht, absolut nicht!« – »Ja, aber Adam! – – ich?« tat ich bestürzt: »Mir fällt doch sowas gar nicht ein! Ich versteh' Dich nicht! In Deinen Büchern bist Du immer so ein Realist! Mir, wenn einer sowas erzählt, das geht mir nach! Das beunruhigt mich, verstehst Du?« Die beiden sahen sich entwaffnet an. Ohne mich eines Blickes zu würdigen, wandte sich Adam an seine Frau und brummte mißvergnügt: »Das ist ja sehr schön! Bis Moskau sollen wir das aushalten! Da sind wir alle drei irrsinnig, wenn wir ankommen.« Ich ließ ihn ruhig ausreden, beugte mich aber dann wieder vor und nahm einen anderen Ton an: »Und Adam, wenn wir die Sache jetzt einmal politisch anschauen –« ich dämpfte meine Stimme und schielte auf den fremden Herrn, der in der Ecke schlief – »wenn wir's einmal so betrachten ... Bis Warschau vielleicht passiert uns sicher nichts ... Aber denk' einmal genau nach, von Warschau *ab?* Da wissen doch die Herrn schon, daß wir lauter Rußlandreisende, lauter Kommunisten [3] sind ... Da – vielleicht kurz vor der Grenze – lassen sie dann unsern Zug zusammenrennen. Das arrangieren sie schon so, daß es keiner merkt ... Mein Lieber, ich trau dieser Sache noch gar nicht. Ich bin mißtrauisch ... Wenn dann das nette Unglück geglückt ist und wir alle kaputt sind, nachher schreiben ihre Zeitungen von den ›beklagenswerten Opfern‹ ... Geh mir

bloß zu! Noch sind wir nicht auf russischem Boden [4].«
Meine beharrlichen Schilderungen hätten sicher noch die
schönsten Wirkungen gehabt, jetzt aber näherten wir uns der
polnischen Grenze. Der Herr war aufgewacht und nahm seinen Koffer herunter. Auch Adam stieg auf die Bank und fing
an, seine Packen und Ballen und Koffer – er hatte allem Anschein nach den ganzen Hausrat mitgenommen [5] – revisionsbereit zu machen. Der Schweiß tropfte ihm von der
Stirn. Er war verknurrt, kommandierte in seine Frau hinein,
werkelte fluchend an einem Kofferschloß herum, das nicht
aufgehen wollte, band die Ballen auf, und zuletzt konnte
man sich im Coupé nicht mehr drehen und wenden. Kissen,
Decken, Tücher, Hausrat, alles mögliche und unmögliche kam
zum Vorschein. Mancher Koffer brach auf, fast so ging er
auseinander wie eine allzu dicke Frau, die das zwängende
Korsett abnimmt. Papiere, Briefschaften, Kleidungsstücke
rutschten herab, und Adam und seine Frau hielten die ausgebreiteten Hände schützend darüber. Vergeblich. Es rutschte
und rutschte. »Himmelkreuzdunnerstern! Zum Irrsinnigwerden!« wütete Adam und prustete: »Diese verfluchten
Grenzen! Dieser kapitalistische Wahnsinn!«
»Die Grenzen sind da, damit man die Menschen auseinanderkennt«, sagte ich wie ein beflissen-dummer Schulbub und
setzte dazu: »Ich hab bloß einen Koffer mitgenommen, aber
ich wart' lieber, bis er mit Euch fertig ist.« Adam blickte
mich mit einem mörderischen Blick an. Er stand da wie ein
Trödler in einem Durcheinander von undefinierbarem Gerümpel. Der Herr nahm drei neue Spazierstöcke mit schweren, geschmacklosen Silbergriffen aus dem Futteral und
wandte sich an Frau Scharrer: »Pardon, gnädige Frau! Meine
Verehrung, die Herrschaften! Ich war in Karlsbad, Čechoslowakia ... Habe gekauft diese Stocken als Andenken ...
Herrschaften fahren weiter, ich bleibe in Polen. Wollen Sie
bis über Gränze nähmen Stocken, bitte schön! Nur bis über
Gränze.« Die kleine Frau stutzte, sah Adam an und brummte
in sich hinein: »Wie komm' ich denn dazu? Ich kenn' ihn
doch gar nicht.« – »Bitte, geben Sie her«, sagte ich und nahm
die drei Stöcke. Der Herr dankte sehr höflich. Ich versteckte
sie unter meinem Mantel. In Adams Miene blitzte etwas wie
Schadenfreude im voraus auf. Die Revision hatte schon be-

gonnen. Uniformierte tauchten im Gang auf, die Coupétüren schoben sich auf und wieder zu. Zwei tschechoslowakische Beamte visitierten unsere Pässe, betasteten sehr oberflächlich Adams Sachen, fuhren in die Koffer des Herrn und – gingen. Adam schaute erstaunt drein, leise Wut überkam ihn. Doch jetzt tauchten die polnischen Bamten im Türrahmen auf. Wir hielten wiederum die Pässe hin [6].
»Moskwa?« fragte der eine.
»Jaja, Moskau«, antworteten wir drei zugleich. Der andere Beamte sah mit flüchtigem Blick auf die aufgetürmten Sachen, sagte »Dobsche«, griff in den Koffer des Herren und winkte ab. Mich hatte man beide Male vergessen. Ich schmunzelte zufrieden. »Schon vorbei? Alles? Kommt nichts mehr?« fragte Adam den Herrn. Er war fassungslos. »Jajaja«, nickte der Herr und nahm seine Spazierstöcke wieder. Adam konnte es immer noch nicht glauben.
»Herrschaften fahren doch transit durch Polen, ja?« fragte der Herr und schloß: »Da visitieren sie sehr kurz.« Sich verabschiedend, trat er auf den Gang. Gift und Galle kochten in Adam. Schwitzend, schnaufend und fluchend warf er sich auf sein Gepäck und ordnete es mühselig. »Unverschämtheit sowas! Da reißt man alles auf und bringt's kaum mehr zu, und so ein Bürscherl schaut nicht einmal her! Himmelkreuzdunnerstern!« Er stemmte beide Knie auf einen Koffer, seine Zähne malmten, er schlug und drückte, bis es endlich schnappte. Grimmig warf er dieses letzte Stück ins Netz über unseren Köpfen. Er verschnaufte ein wenig, tastete die Bank ab, hob die vielen Zeitungen auf, griff ins Gepäcknetz, sprang wieder herunter.
»Was suchst Du denn?« fragten seine Frau und ich gleicherzeit. Er drehte sich um und rief fliegend: »Wo ist meine Mütze? Meine Mütze ist weg!« Er fing heftig, wie eine Wühlmaus, zu suchen an. »Weg, weg! Geklaut!« stieß er endlich einhaltend heraus. Hilflos, wie verloren wurde sein Blick: »Weg! Geklaut! Die Polen! Diese Halunken! ... Zwanzig Kronen hat sie mich in Prag gekostet. Diese Strolche ... Ich bin bloß froh, wenn wir aus dem Land draußen sind.«
Damals gab es in den polnischen I.- und II.-Klasse-Wagen eine nette Einrichtung: Kopfhörer für Radioempfang während des Reisens. Sie wurden feilgeboten von sehr hübschen,

sehr geschminkten, aufdringlich duftenden, höchst elegant gekleideten jungen Damen, die viele Sprachen sprachen und imstande waren, dir ein Loch in den Bauch zu reden. Unsere Tür wurde aufgeschoben. Es fing wie in einem tropischen Blumengarten zu riechen an. Ein Schwall von fischgeschwinden, ineinanderquirlenden polnischen, französischen, deutschen Worten ergoß sich auf uns. Ich lächelte, ich schaute das hübsche Ding sehr einladend an. Aber was hatte denn Adam, was denn? Er betastete in einem fort wie ein Veitstanzkranker seine vielen Taschen, sah stockfinster drein und schrie jäh: »Nein! Wir – wir! Gehn Sie, gehn Sie auf der Stelle!« Das Fräulein stockte und – war draußen.
»Alles neppt, stiehlt, raubt hier!« schloß Adam und beruhigte sich erst allmählich. Ich blickte zum Fenster hinaus, damit er mein lachendes Gesicht nicht sah. Adam klagte über Durst, überlegte, zählte sein Geld, durchfingerte abermals alle seine Taschen und ging mit seiner Frau in den Speisewagen. Ich holte mein Buch vom Gepäcknetz herunter und – da lag, zwischen die Koffer geklemmt, Adams Mütze. Ich zog sie heraus, nahm einen Stoß herumliegender Zeitungsblätter, legte die Mütze auf Adams Sitzplatz und deckte sie mit den Blättern zu.
Natürlich kamen die zwei nach einiger Zeit polternd und schimpfend zurück. Erstens fanden sie die Preise wucherisch hoch, zweitens behaupteten sie, der Kellner habe sie beim Umwechseln der Tschechenkronen übervorteilt. Wiederum zählte Adam sein Geld. Er rückte ein paar Mal hin und her. Er saß unbequem, fuhr nach hinten, wurde stumm, glotzte kurz und hatte seine Mütze in der Hand. »Hm, jetzt bin ich blödsinnig, glaub' ich«, brummte er. Dann aber keifte er seine Frau giftig an. Jetzt ging ich in den Speisewagen. Als ich zurückkam, rühmte ich das Bier und den Wodka, vergaß aber nicht zu sagen: »Jaja, verflucht teuer alles ... Großer Nepp ... Aber wir fahren ja nach Moskau!«
Meine Zufriedenheit war Adam zuwider. Grantig lehnte er sich zurück und verdeckte sein Gesicht mit dem Sommermantel. Seine Frau begann auch zu schlafen. Der Kellner lief die Gänge entlang und rief zum ersten Abendessen im Speisewagen. Dann wurde es langsam still. Draußen fiel die Nacht nieder und vermummte nach und nach die Gegend. Ab und

zu stand in der Dunkelheit ein gelbes, einsames Licht und zog, als langer, dünner Strich mit dem Zug mit. Ein kühlerer Wind wehte zum offenen Fenster herein. Mir wurde ungemein wohlig zumute. Großartig ist das – du sitzt behaglich im Polster und schaukelst von einem Land in das andere. In einer Stunde sind wir in Warschau. Soweit ist das weg von meinem Heimatdorf! Ach was, Heimat!? Wunderbare Emigration, wie du die Menschen auflockerst und weltbereist machst! Meine Mutter daheim, die kam in ihren ganzen vierundsiebzig Jahren vielleicht zehnmal von Berg nach München – eine knappe Stunde Bahnfahrt! Und das war schon immer ein Ereignis! Immer wacher wurde ich. Ich dachte zurück an die Zeit, wo ich als Dorfbub daheim auf dem Boden lag und ausgedachte Landkarten zeichnete. Einen Erdteil, Meer dazwischen, wieder einen Erdteil. Die Phantasie arbeitete glücklich. Ein Bleistiftstrich, und ich war über dem Meer, im verstecktesten Winkel des anderen Erdteils, zog Eisenbahnlinien dort und baute Städte auf. Es gab keine Hemmnisse.
Und jetzt?
War es nicht fast genauso?
Zuletzt sind wir in Moskau!
Moskau! Rußland!
Iwan der Schreckliche, Peter der Große, der schwedische Karl XII., Katharina, Potemkin, Strelitzen und Dekabristen, Napoleon und Alexander, Pope Gapon und Nikolaus der Letzte. Alle Romantik vergangener Epochen stieg herauf. Die Lieblingsdichter meiner Jugend fielen mir ein: Gogol, Lermontow, Ostrowski, Dostojewski und Turgenjew, Tolstoi und Leskow, Tschechow und Gorki.
Gorki – er lebte noch. Er hat mich mit seinen Büchern durchs ganze Leben begleitet. Er wird auf dem Kongreß sein. Ich werde ihn sehen, vielleicht mit ihm reden, und er kann mir vielleicht von Tolstoi erzählen, von dem Genie, das mich am meisten beschäftigt und beunruhigt.
Eine träumerische Welle umfing mich. Minutenlanges Glück. Bilder schwammen durcheinander.
Rußland! Sowjetrußland!! Lenin, finnischer Bahnhof, Winterpalast, Straßenkämpfe, Oktoberrevolution ...!!
Auf einmal sagte ich es wie abwesend, ganz laut: »Lenin! Oktoberrevolution!« Adam röchelte und steckte hastig den

Kopf aus dem Mantel: »Was? ... Explosion? wo? was?«
Weit riß er seine Augen auf. Seine Frau erwachte und glotzte
ebenso. »Mensch! Ins Land der Oktoberrevolution fahren
wir!« schrie ich selig lachend: »Verstehst Du das? ... Rindviech, schlaf weiter! Schlaft nur zu!« Er hielt mich sicher für
irrsinnig, sagte nichts, und alle zwei wickelten sich wieder in
ihre Mäntel. Ich stand auf, streckte meinen Kopf zum offenen
Fenster hinaus. Mein Haar wirbelte im Nachtwind. Mein
Herz war ganz voll.
Fern am Horizont tauchten schon die Lichter von Warschau
auf.


HINDERNISSE


Adam und seine Frau waren aufgewacht und machten sich
fertig. Der Zug hielt. Hell, laut und menschenüberfüllt war
der Bahnhof.
»Jetzt Vorsicht! Vorsicht! Paß auf Deine Handtasche auf!«
warnte Adam. Schon flitzten die Kofferträger in unser Coupé,
fragten wohin und machten sich an unser Gepäck. »Polonia!
Hotel Polonia!« riefen wir gleicherzeit. »Polonia? Dobsche«,
murmelte einer der Träger und zählte hurtig: »Sechs Stuck
... Sechs Zloty!« Das war wirklich viel. »Was? Sind Sie
wahnsinnig?! Wucher!« prustete Adam verstört. Die Träger
blieben ungerührt. »Was wollen wir schon machen!« raunte
ich Adam zu und wandte mich an die Träger: »Gut, Polonia!«
Adam knurrte nur mehr in sich hinein. Wir trotteten hinter
den Schleppenden her. Adam ließ sie nicht aus den Augen.
»Die fingern Dir, eins, zwei, drei was aus Deinem Gepäck«,
murmelte er: »Paß auf, paß auf!« Wir kamen zur Perronsperre und zeigten unsere Fahrkarten. Die Träger hatten ihre
Lasten auf die Erde fallen lassen und hoben die flache Hand
hin: »Sechs Zloty!« Da half gar nichts. Sie durften nämlich
den Bahnhof nicht verlassen. Andere Träger außerhalb der
Sperre übernahmen die Koffer und Packen und brachten uns
ins Hotel. Abermals sechs Zloty. Als wir nach einem hartnäckigen Feilschen endlich billigere Zimmer erhandelt hatten

und im Lift nach oben fuhren, murmelte Adam nur: »Ich hab alles vorausgesehen, alles ... Da schwitzen wir Blut, bei dem Nepp!«
Andern Tags, nach dem Frühstück, kam ein Gepäckträger auf mein Zimmer. Ich fand das ausgezeichnet. Polen erschien mir als sehr ordentliches, zivilisiertes Land. Adam hatte ich gestern meine letzten hundert Kronen gegeben. Als ich ihn jetzt in seinem Zimmer antelefonierte, krächzte schon wieder seine liebe, raunzerische Simme: »Jaja, wir sind noch nicht fertig. Geh nur! Wir kommen nach!« Ich zahlte in der Halle und zog mit dem Träger ab. Der Zug war noch nicht eingelaufen. Ich ging auf dem sonnigen Perron auf und ab. Adam kam und kam nicht. Der Zug lief ein und war zum Bersten voll. Ich wartete nicht mehr und fand gerade noch Platz zum Stehen im gedrängt vollen Gang. Ich schaute aus dem herabgelassenen Fenster. Jetzt kamen Adam und seine Frau hinter zwei Trägern hergezottelt. Ich winkte und rief und sah, wie sie zu viert vorne in den Waggon drückten. Durch das Gewirr der Menschen hörte ich Adams Stimme: »Was! Unverschämt! Reden Sie nicht! Da, da! Fort, weg! Hau ab!«
Ich sah, wie die Träger auf den Perron hinunterhüpften. Langsam schob ich mich weiter und stieß endlich auf meine Freunde. Schwitzend und erschöpft lehnte Adam an der Wand. Seine Frau war blaß und stumm. Ihr ganzes Gepäck türmte sich neben ihnen auf.
»Bis Moskau stehn oder so auf seinen Sachen hocken, dafür zahlt man zweiter Klasse! Unverschämt!« raunzte Adam. »Naja, zahlt haben wir's ja nicht«, meinte ich und lächelte. »Aber Moskau! ... Wir haben ein Recht drauf!« Wütend berichtete er, wie er im Hotel noch streiten mußte, wie er mit den Trägern aneinandergeraten war. Außer Rand und Band war er schon wieder. Ich merkte, hinter unseren Rücken wurde es leer und leicht, und drehte mich um. Der Gang war leer, das Coupé vor uns ebenfalls.
»Wunderbar! Komm rein!« sagte ich. Wir verstauten die Koffer. Der volle Zug war auf einmal platzreich. Wir hatten nicht bemerkt, daß die Reisenden ausgestiegen waren. »Na also! Also! Gottseidank haben wir wieder unsre schönen Plätze!« meinte ich zufrieden: »Und morgen mittag sind wir in Moskau.« – »Ich hab noch nicht einmal gefrühstückt ...

Der Magen kracht mir!« schimpfte Adam. »Ich bin nicht zu brauchen, wenn ich in der Früh nichts Warmes in den Bauch krieg'... Unverschämtheit! Und hat dreizehn Zloty gekostet, das Zimmer...« Ich sah auf dem Perron einen Kellner mit einem Tablett dampfenden Kaffees und sagte es Adam. Er winkte. Der Kellner kam ins Coupé. Der Kaffee war in Gläsern. »Zwei Kaffee, zwei Kuchen... Was macht das?« fragte Adam. Er erregte sich schon wieder über die vier Zloty fünfzig, fingerte sein letztes Geld aus der Westentasche und griff gierig nach einem Glas, faßte es und – patsch – ließ er es fallen. Da lag es: Heiße Brühe und Scherben auf dem Boden. »Glas, ein Zloty!« sagte der Kellner unerregt. Adam sprang in die Luft. Er bellte, er schäumte, schmiß die Arme, seine Frau nahm das Taschentuch und griff nach dem anderen Glas, er aber wehrte ab und bedrohte den ungerührten Kellner förmlich: »Fort, weg! Wir verzichten! Da! Da!« Der Kellner ging gleichgültig davon. Atemlos ließ sich Adam endlich ins Polster fallen: »Das ist der langsame Tod! Der langsame Tod! Wenn wir in Moskau ankommen, bin ich erledigt, ich muß mich erst erholen.« – »Man muß sich in Geduld fassen, Adam! Alles mit der Ruhe!« sagte ich lächelnd. Es klang ironisch. »Quatsch' mit wem Du willst!« sagte er zu mir, schlug seinen Mantel über das Gesicht und versuchte zu schlafen. Seine Frau sah mich vielsagend an und deutete mit dem Finger auf ihre Stirn. Wir nickten einander zu. Ich ging spazieren in den Gängen und lernte verschiedene Schriftsteller aus der Tschechoslowakei, aus Schweden und Amerika kennen: die Prager Necval und Nowomieski, den Schweden Nordahl Grieg [7], den Redakteur der New Yorker Zeitschrift »New Masses«, Robert Gessner. Alle waren heiter und vertrieben sich die Zeit, so gut es ging. In einem Waggon III. Klasse stieß ich auf sechs Frauen österreichischer Schutzbündler, die zu ihren Männern nach Moskau und Leningrad fuhren und von einem hochgewachsenen russischen Genossen begleitet wurden. Mit Sack und Pack waren sie von Wien abgefahren. Ihre Sachen waren in einem eigenen Packwagen untergebracht. In Wien waren Fracht und Zoll bezahlt worden. Wir hatten einander viel zu erzählen von bekannten Genossen, von der illegalen Arbeit in der Heimat und von jenen, die in den Kerkern saßen. Die Zeit verging. Jetzt kam die letzte polnische Station Stolpze. Wieder Revision der Pässe und flüchtige Prüfung der Koffer. Da gab es einen argen Zwischenfall. Wir hörten auf einmal die Schutzbündlerfrauen draußen auf dem Bahnsteig schimpfen und schreien. Die polnischen Beamten leerten ihren Gepäckwagen und fuhren alles ins Stationsgebäude. Der Zoll, berichtete uns der russische Genosse, von Stolpze bis zur russischen Grenze sei nicht entrichtet, es handle sich um eine reine Schikane. Wir begaben uns alle ins Stationsgebäude. Wir protestierten. Schließlich preßten die Beamten den Frauen ihre letzten zweihundertfünfzig Schillinge ab, und wir halfen in aller Eile zusammen, um die Kisten und Koffer wieder in den Wagen zu bringen.

»Uhr um zwei Stunden zurückstellen ... Sowjetzeit!« rief Gessner. Alle traten gespannt an die herabgelassenen Fenster. Komisch, komisch – Grenze? Ist doch Land herüben wie drüben, dachte ich. Drahtverhaue kamen. Der letzte polnische Grenzwächter tauchte auf, dann kam das bekannte, riesige hölzerne Tor mit der Aufschrift: »Gruß den Arbeitern des Westens« auf der einen und »Proletarier aller Länder, vereinigt Euch!« auf der andern Seite. Jetzt war man also auf Sowjetboden. Da ragte ein kleiner hölzerner Turm empor. Herunten und oben standen einige Rotgardisten. Begeistert streckten alle die geballte Faust zum Fenster hinaus und grüßten laut schreiend: »Rot Front! Rot Front!« Alle Augen hingen an den Rotgardisten. Die aber – ich mußte heimlich lächeln und fand es ganz gut – beachteten uns kaum. Unbeteiligt standen sie da. Das enttäuschte die meisten. Hm, die hätten viel zu tun, wenn sie jeden weiß Gott wie begrüßen wollten, der in ihr Land kommt. *Wen* grüßen sie denn? Menschen, die zum größten Teil eine Vergnügungsreise dorthin machen, alles bequem anschauen können und wieder heimfahren.

Immer, immer wieder fiel mir ein: Hm, Grenze! Sonderbar – Grenzen? Wie hat Rousseau gesagt – der Mensch, der zum ersten Mal einen Zaun um ein Grundstück gezogen habe, sei der größte Verbrecher gewesen! Und was sagte Tolstoi einmal: »Wenn die Menschen doch begreifen wollten, daß sie nicht die Kinder irgendwelcher Vaterländer, sondern Kinder Gottes sind ...!« Hm, und auf einmal gibt's da einen Strich

– hier ist Polen, da Rußland ...
Meine Mitreisenden dagegen schienen rein aus dem Häuschen geraten zu sein. Die Gegend fanden sie anders, die Menschen, ja sogar – meinte einer allen Ernstes – »die Luft riecht anders im sozialistischen Vaterland«. Adam war jetzt vollkommen aufgerichtet und frohgemut. »Gottseidank, das Lumpengesindel haben wir hinter uns ... Den ganzen kapitalistischen Schwindel!« sagte er: »Jetzt weht ein anderer Wind ... Mein Geld wird schon warten an der Grenze!« Er rieb sich – ich staunte zum erstenmal über ihn – er rieb sich behaglich die Hände, immer wieder.
In einer solchen Hochstimmung fuhren wir in Negoreloje ein. Es dämmerte schon. Licht war in den Coupés. Der Zug hielt. Sehr saubere Träger mit blinkend weißen Schürzen kamen und schleppten unsere Koffer in ein umfängliches, nicht sehr hohes, langgestrecktes Gebäude. Wir folgten ihnen. Adam ging schier beschwingt – trotzdem, die Träger ließ er nicht aus den Augen. Wir kamen in einen großen, hohen, sauberen, hallenmäßigen Saal. Eine riesige Reliefkarte der Sowjetunion zierte eine Wand. Alle Produktionszentren waren markiert darauf. Eine Lenin- und eine Stalinbüste prangten in je einer Ecke. In der Mitte lief ein breiter ovaler Tisch rundherum, dahinter standen die uniformierten Zollbeamten mit Rotarmistenmützen. Die Kontrolle war äußerst genau und dauerte und dauerte. Jeder Koffer mußte völlig ausgepackt werden. Mit ruhiger Geduld prüften die Beamten. Sie schienen sehr viel Zeit zu haben. »Kaffee?« fragte er mich. Man roch ihn von weitem. Ich hatte ein Kilo für Freunde mitgenommen. Er nahm die Tüte, öffnete sie, nickte. »Ja, Kaffee haben wir noch nicht«, lächelte er. Der nächste Beamte notierte unsere Valuten. Adams Frau stand neben mir und plagte sich, ein Kofferschloß aufzubringen. Es herrschte eine verhältnismäßige Ruhe, kein lautes Wort fiel.
»Wo ist denn Adam?« fragte ich Frau Scharrer. Sie deutete in die Richtung, wo die Fahrkarten- und Postschalter waren. Mit einem Male sahen alle in diese Richtung, denn jetzt brüllte es krächzend in die Stille: »Adam Scharrer! Jaja, Scharrer Adam! Adam Scharrer! Honorar, ja aus Moskau ... Für Scharrer!« Er hatte sich niedergebeugt und steckte mit dem Kopf im kleinen Schalterfenster, schrie und schrie un-

ablässig. Es dröhnte nur so durch den Raum. Immer gleicherweise. Ein Beamter kam auf den Schalter zu. Adam redete scheppernd auf ihn ein und gestikulierte bedrängt: »Es muß doch da sein! Ich hab doch geschrieben ...« Die Beamtin steckte ihren Kopf aus dem Schalter, hielt ein Bündel Briefschaften in der Hand und sagte, auf ihren Kollegen blickend: »Njet! Njet Gonorar, njet, Towarisch!« – »Nicht? Ni-icht?« stammelte Adam, dann zerfiel sein Gesicht. Das Honorar war nicht zu erschreien. Der Beamte sagte irgend etwas, Adam hörte ihn nicht mehr. Er tappte kraftlos auf den Zolltisch zu, sah mich und sagte mit ganz verlorenem Blick: »Hast Du Worte? ... Mein Honorar ist nicht da, nichts?! ... Ich versteh die Welt nicht mehr ... Da sind bloß unsere deutschen Leute schuld, diese Schlamper [8]!«
»Aber was denn, Adam! Wir haben doch alle kein Geld!« rief ich lustig und zeigte ihm, was wir eben erhalten hatten: »Wir brauchen doch kein's mehr! Da, schau doch her! Talons für Abendessen und Frühstück im Speisewagen! Schlafwagen haben wir, was wollen wir denn mehr!« – »Wo denn? Was denn? Talons? Warum hab ich denn die noch nicht!« haspelte er ärgerlich aus sich heraus und war ganz wirr. »Ich hab doch alles! ... So hilf mir doch endlich! Ich bring nicht auf da!« fuhr ihn seine Frau an, die immer noch am Kofferschloß herumhantierte. Adam drängte sie knurrend weg und probierte grimmig alle Schlüssel. Er riß und schüttelte. Vergeblich. »Wo hast Du denn die richtigen Schlüssel!« kläffte er seine Frau an. Das seien sie doch, meinte die ungut. Er fing wieder von neuem zu arbeiten an, brummte, schnaubte, fluchte, drehte wieder – der Schlüssel gab nach, der Bart war abgedreht. Adam sah erschöpft auf den ruhig wartenden Beamten und fing zu erklären an. Ganz mild redete er auf einmal. »Genosse«, sagte er, und es seien doch sowieso nur alte Kleider und unverzollbares Zeug drinnen im Koffer. Der Beamte bückte sich und reichte ihm eine Zange. Adam stutzte kurz und sagte gar nichts mehr. Der Beamte zögerte, dann drehte er den Koffer um, setzte die Zange an, und nun sprang der Deckel auf. Adam schüttelte nur schweigend den Kopf.
Nach zirka einer Stunde brachten die Träger unser Gepäck in den bereitstehenden Zug, und jeder bekam seinen Platz an-

gewiesen. Wunderbar bequeme, breite Coupés hatten diese russischen Wagen. Schade, dachte ich, morgen um elf sind wir schon in Moskau, in so einem Zug könnte ich wochenlang fahren. Es war schon dunkel vor den Fenstern.
Ich war mit einer sehr eleganten, großen, schlanken Russin, die zwei Kinder und eine Menge funkelnagelneuer, schwerer, vielbeklebter Koffer bei sich führte, in ein Coupé gekommen. Der Schlafwagendiener erschien und machte aus den breiten Polstersitzen blühweiß bezogene Betten. Ich wurde verlegen und mußte lachen. Die schöne Russin merkte das. Auch sie lächelte leicht und sehr einnehmend. »Hm, tjaaa, ich kann nichts dafür, gnä' Frau ... Hm, ich soll hier bei Ihnen schlafen«, sagte ich geniert und sah mich unbehaglich im Raum um: »Haben wir denn da alle Platz? Wo soll ich da liegen?« – »Wo Sie wollen«, lachte sie: »Sie sehn doch, Platz ist genug da ... Bitte, wählen Sie.« Ich wurde noch verlegener. Sie sprach ein vorzügliches, reizendes Deutsch. Aus Italien kam sie. Ihre Kinder trugen Tiroler Trachten. Mir kam das alles sehr sonderbar vor. »Und Sie sind Russin?« fragte ich zwischenhinein. »Jajajaja, Sowjetrussin«, antwortete sie erheitert: »Was schauen Sie so? Haben Sie Angst vor mir?« Auch ihre beiden Kinder, ein Bub und ein Mädel, betrachteten mich neugierig und lachten. »Angst? Nein – nein! Ich mein bloß«, stotterte ich: »Ich kann doch nicht ... Sie sind doch eine Dame und ich ein Mann ... Es, hm –« Ich brach ab, versuchte zu lächeln, weiß Gott, die Dame gefiel mir wirklich sehr gut. Alles war so weltbereist überlegen an ihr. Ich muß sagen, ich bekam angesichts dieser Partnerin einen riesigen Respekt vor der Sowjetunion. »Warum? ... Wo wollen Sie liegen?« fragte sie jetzt schon wieder so direkt: »Was haben Sie denn?« – »Nichts, nein – nein, gar nichts ... Ich lieg' wo Sie wünschen«, gab ich zur Antwort. Sie lachte laut auf und sagte, indem sie ihre Kinder nahm: »Kommen Sie! Gehn wir abendessen!« Ich folgte ihr und konnte sie von hinten betrachten. Wunderbar gewachsen war sie, hatte breite Schultern, dezent angedeutete Hüften und einen sicheren, fraulichen Gang, nicht jenen burschikos-sportlichen, den ich nicht leiden kann. Nebenher aber ging mir noch etwas anderes durch den Kopf. Sowjetrussin sagte sie, hm, so eine feine, unproletarische Dame [9]? Vielleicht – wer weiß – ist sie eine

gutgetarnte Gegenrevolutionärin, eine Spionin? Diese Russen sind doch schlau: Setzen mir so ein [10] – nein, ich setzte mich schon hin an den Tisch im Speisewagen. »Ich will Ihnen helfen«, sagte sie und nahm die Speisekarte: »Was wollen Sie essen? Huhn, Fisch, Borschtsch, Salat, Kaviar?« – »Jaja, alles, alles, was es eben gibt, bitte«, rief ich leicht verwirrt: »Bestellen Sie für mich, bitte.« Sie nahm sich reizend meiner an. Ich mochte zwar den Kaviar absolut nicht, aber ich aß ihn, hernach den Borschtsch und das saftige Huhn, wunderbar! »Großartig das Essen! Großartig!« lobte ich und versuchte Konversation zu machen: »Sie fahren auch nach Moskau?« – »Moskwa, jaja«, sagte sie. Immer wenn ich merkte, daß es nicht sah, überflog ich sie. Das Gesicht war schmal, große ruhige Augen, eine ebenmäßige Nase, dichte braune Haare, und sie roch nach Kölnisch Wasser. Verflucht, bei der sollte ich heute – jetzt dann gleich? Wie nett sie die Kinder versorgte. Ich mag Kinder nicht, aber da störten sie mich gar nicht. Schöne Bewegungen hat sie, wunderbare Arme ... hm, was man auf so einer Weltreise doch alles erlebt ...!
Ich sah überhaupt nicht, was um mich her vorging. Adam war mir aus den Augen gekommen. Ich hörte nur, daß vorne an irgendeinem Tisch Leute heiter und laut wurden. »So, wir gehn schon ... Kommen Sie bald nach«, sagte jetzt die Dame. Ich sah sie baff an und wünschte ihr eine Gute Nacht. Jetzt war ich noch verlegener. Ich rätselte in mir herum, wie ich alles am besten und schicklichsten machen sollte. Eigentlich hätte ich noch mit ihr reden wollen – dumm, sehr dumm! Ein Tscheche kam an meinen Tisch, der vorgab, mich aus Brünn zu kennen. Er holte mich an den lustigen Tisch vorne. Da bezahlte der Amerikaner Wodka. Ich sah Adam und seine Frau mit mißvergnügten Gesichtern vorübergehen und setzte mich zu den Trinkern. Es wurde fideler. Ich erzählte dem Tschechen, daß ich eigentlich nicht recht wüßte, wo ich schlafen sollte. Diese Freunde nahmen mich spät in der Nacht in ihr Coupé, wo ein Bett frei war. Es war schon hell, als ich in der Frühe aufwachte. Die Mitreisenden kleideten sich eben an. Ich beeilte mich. Der Waggondiener kam, brach die Betten ab. Im Gang sah ich die Dame. Sie lächelte und warnte mit dem Zeigefinger: »Na, Sie haben getrunken, ja? ... Wo waren Sie?« Ich entschuldigte mich gerührt. Sie schien alles zu

verstehen. Adam tauchte vergrämt auf und murrte über die schlechte Lüftung, er habe einen brummigen Kopf. Draußen peitschte dicker Regen auf die Fenster. Es wurde gleichmäßig grau über den Flächen. Viel war nicht zu sehen. Adam stand einmal neben mir und sagte: »Ein Arbeiterstaat macht das nicht, diese Bummelei mit dem Honorar! Das sind bloß unsere guten deutschen Freunderln gewesen ... Ich wenn in Moskau bin, die können was erleben!« Ich sah ihm heiter in die Augen und klopfte ihm auf die Schulter. »Ach was, Adam ... Jetzt kommt Moskau!« lenkte ich ihn ab, und als ich sah, daß sein Gesicht nicht froher wurde, setzte ich dazu: »Du bist wirklich mein Freund, Adam! Du bist ein echter Pessimist, das freut mich ... Solche Menschen mag ich gern! Aber – ich hab das schon halb herausgebracht – das ist hier nicht angebracht, verstehst Du? Da ist man optimistisch, wunderbar optimistisch ... Da wird's hart für Dich sein, denn Du willst doch Schattenseiten! Schattenseiten, oder?« – »Schon wieder quatscht er!« brummte Adam seiner Frau zu und trat ins Coupé. Auf dem Gang wurde es auf einmal lebendig, jemand riß die Fenster herunter. »Der Maxim Gorki!« schrien etliche. In der grauen Regenluft flog langsam der riesige Apparat wie ein gespenstischer Vogel [11].
»Gleich sind wir da«, sagte der Tscheche. Häuser kamen, immer mehr Häuser. Der Zug verlangsamte sein Tempo. Alles machte sich fertig. Halt!
»Intourist! Kongreß! ... Intourist! Kongreß!« riefen Menschen auf dem Bahnsteig. Ich sah Adam und seine Frau durch die vordere Wagentür aussteigen. Sie verschwanden in einem dichten Menschenrudel. Wir sammelten uns um ein sehr korpulentes hellblondes Fräulein. Die Träger stellten alles Gepäck vor uns hin. »Sind alle da?« fragte das Fräulein. »Nein, Scharrer noch nicht!« rief ich. »Wo ist er?« fragten die anderen. Vergeblich hielt ich Ausschau. Ganz weit weg sah ich Adam jetzt, wie er allein in einen Waggon stieg, lief hin, schrie ihm, doch er war weg. Ich ging wieder an die Sammelstelle. Da – unerwartet, jäh – streckte Adam, der offenbar durch die ganze Waggonreihe gelaufen war, seinen Oberkörper zum offenen Fenster heraus. »Oskar? Oskar!! ... Mein Gepäck ist weg! Geklaut! Alles weg!« »Was denn? Was!« fragte ich bestürzt, aber etliche lachten schon.

»Mein Gepäck! Weg, geklaut! Alles!« wiederholte Adam.
Jetzt fing ich dröhnend zu lachen an. Alle schüttelten sich.
»Da, da steht's doch, Mensch, da!« zeigte ich. Adams Lippen
klappten zu. Er kam stumm aus dem Waggon. Er schämte
sich. »Siehst Du! ... Die Schattenseiten, Adam! Die Schattenseiten gehn schon an!« spöttelte ich belustigt. Er sagte
nichts mehr.
Große Autos brachten uns ins Hotel »Metropol«.


IN DER FREMDE, DA GAB'S EIN WIEDERSEHN ...

Wir waren also jetzt in Moskau, im schönsten Hotel, das ich
je kennen gelernt habe. Jeder bekam ein Zimmer mit Telefon
und eigener Badekabine. Die Wochenkarte der »Talons« für
Frühstück, Mittag- und Abendessen lag auf dem Tisch. Daneben stand die tägliche Ration: zwei Flaschen »Narsan«,
natürliches russisches Mineralwasser, und zwei Schachteln
Zigaretten. Märchenhaft! Ich kam mir wie ein Millionär vor.
Und es war heißer, hell-lachender Sommer vor den Fenstern.
Ich duschte mich und zog meine bayrische Tracht an: weißes
Leinenhemd, kurze Lederhosen, Janker, Kniestrümpfe und
das Hütel mit den Federn. Gleich darauf ging ich durch die
teppichbelegten Hotelgänge und stieg die breiten Treppen
hinunter. Der ganze Betrieb kam einigermaßen ins Stocken.
Kellner, Kammerzofen und Gäste blieben starr stehen, mit
fast erschreckten Gesichtern. Dann fing hinter mir ein Flüstern, Kichern und Lachen an. In der Halle drunten wurde
die Verwirrung noch ärger. Es war, als erscheine ein Geist.
Sekundenlang dauerte die Verblüffung. Ich ging auf Adam
und seine Frau zu. »Geh bloß weg! Laß' uns gefälligst
allein!« rief der, und beide ergriffen die Flucht. Kreuzfidel
darüber, trat ich in den Speisesaal. Alle Gäste hörten zu essen
auf. Ich lachte verschwiegen in mich hinein, blieb kurz stehen,
steckte beide Hände in die weitklaffenden Hosentaschen und
sah mit betont bäuerlicher Neugier auf all diese Herrlichkeit.
Es war eine Herrlichkeit in gemäßigtem Jugendstil. Viel
Marmor und überladene Stukkatur, ab und zu ein Bronzeakt

à la Fidus [12]. Der Saal war weitläufig und riesig hoch, eine kirchenähnliche, bemalte Glaskuppel überspannte ihn. Gleich am Eingang erhob sich ein umfängliches Musikpodium, rundherum liefen goldstrotzende Galerielogen, und in der Mitte des Raumes war ein pflanzenumranktes Fischbassin mit einem gemächlich plätschernden Springbrunnen. Auf den blinkend weiß gedeckten Tischen prangten bestes Porzellan, schweres Silberbesteck und frischgefüllte Blumenvasen. Linker Hand von der Bar herauf tönte leise Musik. Das »Metropol« war in der Zarenzeit das Hotel der oberen Zehntausend gewesen.
Die Gäste aßen immer noch nicht weiter. Jetzt aber wurde es an einem Tisch an der Seite lebhaft. Ich sah altbekannte Gesichter, die mir laut zulachten: »Ah, der Graf! Der Graf! Oskar, Servus! Hallo, komm her! Servus in Moskau!« Wieland Herzfelde, F. C. Weiskopf, Hans Becher und Willi Bredel winkten mir. Ich breitete beglückt die Arme aus und ging auf sie zu. Eine jähe Munterkeit schoß in mir auf. Ich spürte, ich war wieder daheim: Unter Menschen!
»Also – großartig!« schmetterte ich, im Saal herumdeutend: »Einfach gewaltig! Unter uns gesagt – beste zaristische Tradition!« Ich hockte mich breit hin und drückte jedem die Hand. Weiskopf entzifferte mir die Speisekarte und bestellte das Frühstück: Tee mit Butter und Marmelade, gebackene Eier, eine Platte mit kaltem Braten. Ich aß mit vollstem Behagen. Der Tisch war zu klein, ein anderer wurde dazugeschoben, und immer neue Gäste kamen herbei. Fragen, Antworten, Neuigkeiten, Witze flogen hin und her. Adam und seine Frau tauchten auf, zögerten unschlüssig, aber alle Hände streckten sich ihnen entgegen. »Adam, wir haben die Reise bis hier überstanden, wir überstehen alles weitere auch!« spöttelte ich.
Da sahen wir uns also alle wieder, wir ehemaligen Bohèmiens, wir intellektuellen Revolutionäre aller Schattierungen, wir verschwiegenen Romantiker, wir Abenteurer im Geist und heimlichen Spießbürger im Leben, wir versprengten, verfemten, emigrierten Schriftsteller, die der Hitlerismus in alle Windrichtungen der Welt verschlagen hatte! Da saßen wir wieder, in einem Sowjethotel, übermütig wie ehemals, wie leicht berauscht durch dieses Wiedersehen, neubelebt auf ein-

mal und einander mit schonungslosem Sarkasmus verspottend, wortfindig und witzgewandt. Soviel auch Unbekannte dazukommen und sich zu uns gesellen mochten, jeder gehörte vom ersten Augenblick dazu.

Adam begann Becher zu attackieren, warum das Honorar nicht an die Grenze geschickt worden sei. Dabei stellte sich heraus, daß er nicht einmal wußte, wann und wo seine übersetzten Bücher erschienen waren. Er wollte auch auf der Stelle zum Kongreß, aber – die Legitimationen dafür gebe es erst morgen, sagte man. Er nörgelte über die bummelige Organisation und behielt seinen mißvergnügten Ernst. Ich spürte, wie gekränkt, wie zur Seite geschoben er sich vorkam und rief laut: »Adam?! ... Was brauchst Du da Geld! Dabei *dem* Sozialismus! ... Talons haben wir, Zimmer haben wir, Essen haben wir und Zigaretten, alles! Mensch, verstehst Du denn nicht? Hier gilt bloß der Talon! ... Wir sind Talonkommunisten!« Und ins allgemeine Gelächter hinein redete ich: »Schau, zwei Tag' zu spät sind wir gekommen, und der Kongreß hat ohne uns auch funktioniert ... Wir gehn ihm sicher nicht ab. Er wird schon warten auf uns.« Adam aber wurde nicht friedlicher. Er knurrte nur: »Jaja, für Dich ist ja alles nur Gaudi!« Er drang nicht durch, stand auf, brachte seine Frau auf das Zimmer, kam wieder und hockte sich schweigend hin. Inzwischen waren neue Bekannte gekommen. Klaus Mann begrüßte mich als »Landsmann« und stellte mir seine hübsche, elegante, junge Begleiterin, ein Fräulein Annemarie Schwarzenbach [13] vor. Es handelte sich bei ihr um eine schreibende Millionärstochter aus der Schweiz, die aus Spielerei und wahrscheinlich, um sich irgendwie interessant zu machen, regen Verkehr mit Prominenten pflegte und große Reisen machte. Klaus Mann? Ich erinnerte mich seiner aus München. Wir sahen uns immer nur von weitem. Er und die Jugend um ihn, die damals auftrat, waren mir zuwider. Es war eine überzüchtete, höchst unentschiedene Generation [14].

Er war das vollendete Bild eines »jungen, gebildeten Mannes von Welt«: Sauber wie aus dem Ei gepellt, lässig, elegant gekleidet, schlank und rank sozusagen, mit einem gescheiten, rassigen Gesicht, mit nervösen Bewegungen und einer auffallend schnellen Aussprache. Alles an ihm schien ein bißchen manieriert, aber es wurde abgedämpft durch einen klug witternden Geschmack. Der ganze Mensch hatte etwas Ruheloses, überhitzt Intellektuelles und vor allem etwas merkwürdig Unjugendliches. Was ich von ihm bisher gelesen hatte, verriet die unverarbeitete Stiltradition, die er von seinem Vater und ganz teilweise von Heinrich Mann übernommen hatte, alles war noch wenig eigen, zwar untadelhaft, aber kernlos. Nur in dem leichthingeschriebenen Reisebuch »Rundherum« [15] fand ich bis jetzt eine angedeutete Selbständigkeit. Das hatte mich damals gefreut [16]. Wie lang, sagte ich mir, wird man ihm noch vorwerfen, daß er bloß ein verdünnter Aufguß von Thomas Mann ist! Und es kam mir beiläufig in den Sinn, wie hämisch und verächtlich die Zünftigen schon damals in München sein erstes literarisches Auftreten beurteilt hatten, wie man ihn insgeheim verdächtigte, er benutze nur den Namen seines berühmten Vaters, um schnell beachtet zu werden und Erfolg zu haben. Und mir fielen all die verlogenen Schmeichler aus den Kreisen seiner Altersgenossen ein, die ihn kritiklos in die Höhe lobten und die nun in ihrem muffig verschwiegenen Neid als schäbige Hitlerdiener endlich gegen ihn schimpfen durften. Auch in Moskau mokierte man sich über diesen »Sohn eines berühmten Vaters«. Neid und Mißgunst sitzen überall. Klaus Mann wechselte nur einige Worte mit mir und mußte fort. Er war immer beschäftigt. Piscator erschien und lächelte sein dünnes, fades Lächeln. Immer noch spürte man seine gutgespielten gelassenen Berliner Theaterdirektoren-Allüren. Sein Haar war graumeliert geworden. Er schien wie ein unverblüffbarer, informierter kommunistischer Weltmann. Hinter ihm tauchte der massiv gebaute Theodor Plivier auf. Am Anfang seines Ruhms, in den florierendsten Jahren der Weimarer Republik, hatten wir uns auf einem lauten, lustigen Bierabend bei Wieland Herzfelde in Berlin kennengelernt und dann noch öfter gesehen. Jetzt konnte sich sein Bauch bereits mit dem meinen messen. Theodor schien ihn mit Würde zu tragen und bewegte sich bewußt klobig, mit seemannsmäßiger Langsamkeit. Seine dumpfe Stimme klang stets ein wenig heiser. Die ovale, schweißfeuchte Glatze glänzte. Die weichen, weißen Schläfenhaare standen dem etwas schlaffen, schönen, weibischen und schlauen Gesicht außerordentlich gut. In meiner anarchistischen Zeit war ich Theodors Namen oft in syndikalistischen Kreisen und Zeitungen begegnet, er galt damals als großer Redner und war nach dem Krieg durch seinen berühmten Roman »Des Kaisers Kuli« zum erfolgreichen und wirklichen Dichter geworden. Eine große Begabung, ein sehr berechnender, schweigsamer, ehrgeiziger, fast manisch von sich eingenommener, scheinbar phlegmatischer Mensch – das war Theodor. Darum besaß er – leider! – keinen Witz.

»Mensch, willst Du denn in dem Aufzug in Moskau rumlaufen?« fragte er mich und besah insgeheim bestürzt meine Tracht. Kleiner Mann, dachte ich, was witterst Du für eine seltsame Konkurrenz! »Hast Du vielleicht geglaubt, ich laß mir wegen Moskau extra einen Anzug machen?« sagte ich laut und breit. Theodors Frau Hilde, ehemalige Schauspielerin und frühere Gattin Piscators, setzte sich neben mich. Sie war klein und zerbrechlich dünn. Ihr ausgemergeltes Gesicht war kalkweiß geschminkt, die Lippen waren ein einziger, schmaler, grellroter Strich, und in den großen, etwas wässerigen Augen lag eine unnatürliche Starrheit. Ihr gegenüber saß der muskulös gebaute, aber nicht recht viel größere einstmalige Parteifunktionär und proletarische Dichter Willi Bredel mit seinem runden, offenen Gesicht. Seine Backen zeigten zeitweise hektisch rote Flecken. Sein glänzendschwarzes Haar war gescheitelt. Er war heiter und redete freundlich, aber in seinen dunklen Augen war noch immer das wirre, erschreckende Flackern, das die Furchtbarkeit einer eben erst überstandenen elfmonatigen Konzentrationslager-Haft verriet. Mitunter gähnte eine starre Leere in diesen jungen Augen, dann aß Willi eiliger, hantierte lebhafter in den Platten mit den Speisen, aß unentwegt, wie es schien, mit größtem Appetit und lächelte dabei beständig. Der schmalgesichtige, trockene Peter Merin [17] unterhielt sich mit dem holländischen Dichter Jef Last, einem sympathisch aussehenden, jungen, schönen, großen und sehnigen Menschen, der eine kurze Lederjacke trug und in der Art unserer »Wandervögel« angezogen war. Peter Merin – mein Gott – vor langen Jahren las ich einmal in der Berliner »Linkskurve« eine revolutionäre Bauerngeschichte. Da stürzten, kurz bevor ich anfing, auf einmal Merin und Recha Rothschild vor und ver-

kündeten mit Emphase, Graf sei Katholik, ich sollte eine
»revolutionär tragbare Erklärung abgeben wie jetzt meine
Einstellung sei«. Ich war beinahe erschüttert, lächelte mitleidig und sagte: »Jaja, ich bin Katholik [18] ... Aber das
versteht ihr doch nicht! Ich meine, wenn Ihr nicht wollt, mir
liegt gar nichts am Lesen!« Es stockte. Alle schwiegen beredt. Es wurde irgendein flüsternder »Beschluß gefaßt«. Ich
las, und nachher diskutierten alle ins Uferlose.
Peter Merin? JaJa, er hatte sich nicht geändert, im Gegenteil,
er schien ein noch viel prinzipientreuerer Hilfslehrer zu sein.
Solche Hilfslehrer schien es hier in großer Menge zu geben.
Ich erinnerte ihn an das Vergangene: »Das Katholische hat
sich bei mir immer noch nicht gelegt ... Sei so gut und lern
mir den Marxismus, solang ich da bin. Man muß doch für die
Überzeugung was tun.« Ein noch dürreres Geschöpf als Frau
Plivier, jung und mit flachsblonden Zöpfen, sagte in stöckerigem Hannoverisch-Deutsch: »Sie machen sich wohl über
jeden lusss-ttig, ja?« Es war die kunstgewerblich angezogene
Tochter des Malers Vogeler-Worpswede [19], der schon fast
ein Jahrzehnt als stiller Wanderer in der Sowjetunion lebte.
Ihr Mann, der sie flankierte, hieß Gustav Regler. Ich kannte
seine Romane »Wasser und blaue Bohnen« [20], »Der Verlorene Sohn« und »Kreuzfeuer«. Er war mittelgroß, schlank,
hatte ein scharfgeschnittenes Gesicht ohne besondere Merkmale – doch, halt, halt! – er hatte eine Zahnlücke, die er
dauernd durch Einziehen der Oberlippe zu verdecken versuchte. Das gab ihm beständig das Aussehen eines kohlknabbernden Kaninchens. Gustav Regler trug stets eine gefurchte
Stirn, sah ungemein beschäftigt aus, gab sich selbstbewußt
und roch geradezu nach abschreckender Tüchtigkeit.
»Du bist Katechet!« sagte ich auf den ersten Blick zu ihm,
und witzlos antwortete er: »Du wirst lachen, als Katholik
war ich einmal drauf und dran, es zu werden.«
»Nein-nein, ich meine, Du bist Katechet auf alle Fälle! Derzeit kommunistischer!« sagte ich. Diese Bezeichnung blieb
ihm bis heute, und ich kann mir nicht helfen, er ist's heute
noch. Er wußte alles, sah alles, verstand alles und fühlte sich
stets dazu verpflichtet, uns anderen, wenn wir etwas bemängelten, das vom sowjetischen und marxistischen Standpunkt begreiflich zu machen. Vor unserm Hotel zum Beispiel

liefen ständig zwei bewundernswert flinke, gewitzte, tollkühne Bresprisornis herum, der eine hatte sogar nur einen Fuß und bewegte sich mit der Krücke blitzschnell. Vormittags bettelten die beiden uns Ausländer um Valuten an, nachmittags verlangten sie schon nur mehr Rubel. Sie hatten wahre Falkenaugen. Kein Milizionär erwischte sie. Jeder von uns fand seinen Spaß an diesen Burschen. Der Katechet hingegen gab lange Erklärungen, daß die Bresprisornifrage in der Sowjetunion längst liquidiert sei – nur, die Buben würden, wenn sie in eine Lehr- und Erziehungsanstalt gebracht wären, immer wieder ausbrechen. Der Katechet brachte diese Alltäglichkeiten, diese grausigen Banalitäten stets mit stärkstem Aplomb zum Ausdruck. Obgleich Katholik der Herkunft nach, war er gänzlich humorlos. Das Nihilistische dieser Religion hatte nicht einmal einen Bodensatz von heiterer Skepsis in ihm hinterlassen. Er war geradezu grotesk beflissen, und wenn man das Wort »Sekretär« als Zustand auffaßt, dann hatte man den ganzen Gustav Regler. Es läßt sich denken, daß er so etwas wie ein kommunistischer Musterschüler war. Dabei hatte er sogar Pech. Prahlend verkündete er schon am ersten Tag, sein Saar-Roman »Kreuzfeuer« werde bereits im Moskauer Staatsverlag gedruckt. Er hatte ihn genau nach der Linie und den Losungen der Partei seinerzeit geschrieben. Das Buch galt als offiziell anerkanntes literarisches Meisterwerk. Dummerweise aber richtet sich jede gute Politik nach den fast täglich wechselnden Realitäten. Was heute gilt, ist morgen schon falsch. Kurzum, der arme Katechet mußte seinen ganzen Roman umschreiben. Ich weiß heute noch nicht, ob er mit dem raschen politischen Wechsel mitgekommen ist [21]. Eins aber ist sicher: Gustav Regler nagt heute noch an seiner Oberlippe und ist ungebeugt. Er hat sicher tausend rechtfertigende Erklärungen gefunden, kein Mißgeschick wird ihn unterkriegen – beneidenswert glückliche Menschen!
»Ach Hans! Großartig sind diese Leute!« sagte ich übermütig und legte meinen Arm um Bechers Schultern. Wann hatten wir uns zum letzten Mal gesehen? In Wien, nach seiner Flucht aus Deutschland! Und wo zuerst? Ich war damals siebzehn und eben von zu Hause fortgelaufen. Er war nicht viel älter, aber schon eine berühmte Hoffnung expressionistischer Dichtkunst.

Er schrieb wilde Verse, die sich aus ekstatischen Wortfetzen zusammensetzten und wurde auf fabelhaftem Papier gedruckt. Er führte ein genialisches Leben, war lange Zeit Morphinist und Kokainschnupfer, zeitweise Liebhaber von exzentrischen Huren, schoß schließlich eine Geliebte nieder und jagte sich die letzten Kugeln in den Leib, kam vor Gericht und ins Irrenhaus, heiratete öfter und trat in den damaligen Münchner Künstlerkabaretts mit Hardekopf, Emmi Hennings, Hugo Ball und Marietta [22] wüst auf – ich stand in jener Zeit fast andächtig vor den Eingängen dieser Lokale und sah staunend zum »Genie« auf. Ich schlich mich heim in mein kaltes Zimmer und empfand alle Schauer einer erwünschten Zukunft. Im Krieg verloren wir die Verbindung. 1917, nach meiner Entlassung aus dem Heeresdienst, traf ich Hans einmal in einem vegetarischen Restaurant in München. »Weißt Du, dieses Rot von Klee, verstehst Du? Dieses Rot ist das Wichtige!« sagte er und versuchte mir die Malerei dieses Künstlers zu erklären. Ich dachte nur an die geheimen Eisnerversammlungen und an die Revolution. Wieder verstrichen Jahre. Hans war der kommunistischen Partei beigetreten, hatte auf seine hohen Verlagszuschüsse und beträchtlichen Stipendien reicher Gönner verzichtet, wieder geheiratet und war auf einmal trocken, ordentlich, fast brav. Er leitete die Literaturzeitschrift »Linkskurve« der Partei, hatte ein Buch gegen den Giftgaskrieg »Levisyth« verfaßt und stand im Nimbus einer gefährlichen Hochverratsanklage. Er kam frei, das Buch wurde eingestampft auf Veranlassung der Reichswehr [23]. Er schrieb jetzt verständlichere, aber keineswegs bessere Verse. Wir wechselten Briefe, ich hielt mit meiner Meinung nicht zurück, er antwortete unbeleidigt und – jetzt freuten wir uns über das Wiedersehen [24]. Er und Wieland Herzfelde kannten mich am längsten. Wir waren alle verzweigten Wege der Bohéme und einer harten Entwicklung gegangen, waren von ganz verschiedenen Seiten aus schließlich in die revolutionäre Arbeiterbewegung gekommen, hundert Anekdoten erzählten wir einander!
»Eigentlich seid Ihr ja schon Veteranen!« sagte Weiskopf lächelnd und hob seinen blonden Langschädel. Ich sah in sein Gesicht. Sehr schlaue, kluge Augen, ein witziger Zug um Nase und Mund. Alles an ihm hatte etwas so Adrettes. Er

nahm ein für sich und man wußte nicht einmal warum.
Da saßen wir nun, wir und viele noch. Irgend jemand fragte: »Hast Du einmal Heimweh gehabt, Oskar?« – »Nein – merkwürdig!« antwortete ich ehrlich und jetzt, da ich nachdachte, staunte ich selber darüber. Unwillkürlich dachte ich nach. Heimweh? Schon zwei Jahre lang lebte ich als Emigrant in fremden Ländern und nie – nicht einmal eine Sekunde lang – hatte ich ein solches Gefühl gehabt. Beim besten Willen hätte ich nicht sagen können, was das für eine Empfindung sei. Seltsam. »Ach ja, in Berlin war's ganz schön«, sagte Wieland Herzfelde. Er war geborener Salzburger [25]. »Ach ja, sehr schön«, meinte die schlanke, nette Schwester Weiskopfs. Sie war eine Pragerin. Ich versuchte wirklich ernsthaft, mir meine schöne bayrische Heimat zu vergegenwärtigen, ich dachte an viele Freunde dort, an glücklich unbeschwerte Zeiten. »Heimweh, hm! Mir geht Bayern gar nicht ab. Nur meine alte Mutter möcht' ich wiedersehn«, sagte ich und schaute auf: »Aber sonst? ... Mir ist überall wohl, wo ich Menschen treffe.« Was war nun das alles? Man kommt zur Welt, verlebt eine idyllische Jugend auf dem Dorf, Herkunft, Stamm und Landschaft, die gewohnte Religion und das unausrottbare bäuerliche Denken nisten sich im Innern fest – und man wird gewissermaßen aus diesem Lebenskreis herausgerissen, was bleibt? Eine alte, stille, geduldige Mutter, die einem das Leben gegeben hat! Weiter nichts.
»Komm, Adam, gehn wir spazieren ... Wir haben ja Zeit bis morgen«, sagte ich. Man gab uns einige Rubel. Wir verließen das Hotel. Die Passanten auf den sonnigen Straßen reckten in einem fort die Hälse, Kinder liefen uns nach, Menschen blieben stehen, staunten mich an, schüttelten den Kopf und lachten. »Da hast Du's schon«, murrte Adam: »Das Spießrutenlaufen geht schon an.« »Ach scher Dich doch nicht drum!« warf ich lustig hin: »Meine Lederhosen werden doch die solide Sowjetunion nicht aus dem Konzept bringen.« Er trottete kopfschüttelnd neben mir her.

## DAS GROSSE EREIGNIS

1.

Nicht vergessen, man schrieb damals Mitte August 1934! In der langen Zwischenzeit hat sich viel, sehr viel in der Sowjetunion geändert [26]. Im großen Ganzen machte das damalige Moskau einen häßlich unfertigen, schrecklich wirren, nüchtern verlärmten Eindruck. Mitunter glaubte man, der Krieg mit allen seinen Zerstörungen habe noch vor ganz kurzer Zeit hier gewütet. Aufgerissene Straßen, kilometerlange, schmale Kanalisationsgräben, über welche schmale Bretterstege gelegt waren und hohe Erdhaufen. Ganze Häuserviertel waren niedergelegt, und ganze Kolonnen schwerbeladener Lastautos fuhren den staubigen Schutt weg. Überall die langhingezogenen, hohen Bretterplanken der noch im Bau begriffenen Untergrundbahn, überall mächtige Baugerüste für kommende Wolkenkratzer und Wohnhäuser. Das Hämmern, Scheppern, Stoßen und Werkeln der Löffelbagger, der Mörtelmischmaschinen, der Flaschenaufzüge und Betonstampfer ließen in weitem Umkreis den Boden erzittern. Menschen arbeiteten zu Tausenden, arbeiteten den Tag hindurch, die Nacht hindurch mit ernstem, fast fanatischem Eifer.

Auf den Straßen und Plätzen ebbte das Leben kaum ab. Die vollbehangenen, viel beschimpften Tramwaywagen ratterten schwerfällig, Autos aller Garnituren und Jahrgänge surrten wendig durch das Gewühl, da und dort fuhr auch noch eine altrussische, einsitzige Pferdekutsche mit dem mürrischen »Iswotschik« auf dem Bock. Er war der Feind alles Neuen und trug noch immer, wie zu Gogols Zeiten, die hohe Zottelpelzmütze, die zerschlissene, verschmierte Litewka und den zerzausten Vollbart. Er erkannte die neubenannten Straßen und Plätze nicht an, ließ dich aber ruhig einsteigen, fuhr stundenlang herum, fand das Ziel nie und verlangte am Schluß einer solchen Irrfahrt einen Haufen Geld.

Die massigen, sehr modernen Trolleybusse, durch eine Stange mit dem darüberhängenden elektrischen Draht verbunden, mit einer Ausweichmöglichkeit nach rechts und links von fünf Metern, durchfuhren die Hauptstraßen des Zentrums. In Moskau wurde jede Maschine, jedes nützliche Gerät ver-

menschlicht, so auch diese Trolleybusse.
»Wer kann sich bei uns ohne Risiko jederzeit eine rechte oder linke Abweichung von der Linie erlauben?« erzählte jemand: »Nur Genosse Trolleybus.«
Auf dem riesigen »Roten Platz« war es wohltuend still. Vor der hohen, weißgetünchten Kremlmauer lag der monumentale Block des Lenin-Mausoleums. Am Eingang stand eine lange Reihe verschiedener Menschen: jung und alt, Arbeiter, Funktionäre, Frauen und Ausländer. Wir schlossen uns an, schoben uns langsam vorwärts und stiegen hinab in die kühle, marmorne Gruft. Kirchlich düsteres Licht herrschte. Der gläserne Sarg auf dem Podest in der Mitte strahlte hell erleuchtet. Drinnen lag in einfachem, braungrünem Rotgardistenrock Wladimir Iljitsch. Wenn auch die ganze Figur schon ein wenig eingeschrumpft zu sein schien, es fiel mir doch auf, wie grundfalsch alle mir bekannten Fotos Lenin wiedergegeben hatten. Als Redner auf dem berühmten Bild bei seiner Ankunft auf dem finnischen Bahnhof in Petrograd – mit dem sehnig vorgestreckten Oberkörper und dem ausgreifenden Arm – erscheint er stark und groß. Lenin war kaum mittelgroß, eher klein, wohl gedrungen, aber keineswegs sehr kräftig gebaut. Der mächtige, kugelförmige Glatzkopf mit den wenigen blonden Schläfenhaaren und den ganz leicht abstehenden, gutformierten Ohren beherrschte die ganze Gestalt. Das schon wächsern schimmernde, leblos-starre Gesicht faszinierte noch immer: Die ungewöhnlich hohe, fast gerade emporstrebende Stirn mit den scharfgeschnittenen Augenbrauen, die kleinen, wenig geschlitzten, unbarmherzigen Augen, die stark ausgeprägten Backenknochen, die kräftige, kurze, an den Flügeln sich verbreiternde, großlöcherige Nase, darunter ein nicht sehr dichter, an den Enden nach unten strebender Schnurrbart, der männliche, spöttischkühne, etwas schief geschlossene, für immer schweigende Mund mit der leicht vorgeschobenen, breiten Unterlippe und endlich der gestutzte Spitzbart – ein erschreckend gescheites Gesicht voll nüchterner Dämonie, nackt, scharf, unverblüffbar, ohne jede Eitelkeit und voll besessener Energie!
Als ich so dastand, hatte ich [27] dasselbe Gefühl, das ich in meiner Jugend gehabt hatte, wenn wir nach dem berühmten bayrischen Wallfahrtsort Altötting fuhren und in der mode-

rig riechenden Gruft die in Gold gefaßten Herzen unserer Könige besichtigten. Ich prüfte die Gesichter der Menschen, die Lenin anschauten. Ehrfurcht, Andacht, ein sekundenlanges Gebanntsein lag in ihnen, zuweilen aber auch nur benommene Neugier. Unwillkürlich überkam mich die Vorstellung, daß sie sich im nächsten Augenblick bekreuzigen und auf die Knie sinken würden. Das ärgerte mich. »Schauerlich!« dachte ich, während mich der Wächter sanft weiterschob: »Unbegreiflich! ... Das unsterbliche Genie wie eine Wachspuppe in einem gläsernen Sarg! ... Wie rachsüchtig die Weltgeschichte ist! Er, der den Massen immer eingehämmert hatte, ›Religion sei Opium fürs Volk!‹ und da hat man, wie um ihn im Tode zu verhöhnen, seinen Körper als Reliquie ausgestellt! ... Lenin? Lenin!! Eine Welt für Millionen! Und herabgewürdigt zum pfäffischen Kult! ... Ihn! ... Ihn!! ... Nein, das ist nicht mein Lenin! Das ist nicht unser aller Lenin! Nein, nie und nimmer!« Sinowjew, versichern viele Historiker, habe seinerzeit diese Einbalsamierung erdacht und durchgesetzt. Und keiner hielt ihn damals davon zurück! Sinowjew war zu jener Zeit der mächtige Leiter der III. Internationale – wie lang ist das her? Viel, sehr viel hat sich inzwischen geändert. Wie sagt Börne: »Nichts ist dauernd, als der Wechsel, nichts beständig als der Tod ...« – –
Wir gingen noch an den Moskwafluß hinunter und sahen vom gegenüberliegenden Ufer auf den weit ausgedehnten Kreml. Eine mauerumgürtete Festung mit vielen Türmen und hochstrebenden Gebäuden. Wir setzten uns in ein Uferrestaurant, wo die Motorboote für den Vorortverkehr anlegten. Arbeiter und Frauen verzehrten hier vor der Heimfahrt einen Imbiß. Unsere Augen wurden immer verwunderter, als uns ein deutschsprechender Genosse erklärte, die Kollegen und Kolleginnen hätten jetzt Feierabend und das, was sie hier zu sich nähmen, sei bloß so nebenher, die richtige Mahlzeit komme erst zu Hause. Umfängliche Brotwecken mit Fleisch- oder Krautfüllung, dazu zwei, drei Fischkonserven, Bier mit Äpfeln dazu – das war fast für jeden der ›nebenherige‹ Imbiß.
»Die Russen haben andere Mägen«, erklärte der Genosse: »Ich bin jetzt fünf Jahre da ... Am Anfang bin ich immer krank geworden ... Jaja, es war oft schlecht ... Man hat

sich erst dran gewöhnen müssen ... Immer aber waren es Riesenportionen und jetzt gibt's alles ... Unmäßig frißt man hier.« Ich dachte an die Fülle der Mahlzeiten im Hotel. Adam sagte fast dozierend: »Also die Brotfrage ist hier restlos gelöst, das sieht man überall.« Es war schon Nacht. Wir machten uns auf den Heimweg. Die Scheinwerfer und knisternd grellen Quarzlampen bestrahlten die Baugerüste und gaben ihnen ein gespenstisches Aussehen. Die Arbeit stand nicht still. Und auf den Straßen herrschte ein toller Wirbel, eine ruhelose Bewegung. Die Kinos und Hausdächer warfen ihre Lichtreklamen, aus den Lautsprechern dröhnten wirr durcheinander die Melodien der Schlagerlieder, dichte Gruppen drängten sich in die Eingänge, Menschen, Menschen und nochmal Menschen überall. »Was machen die bloß alle?« sagte ich zu Adam: »Ich seh' doch fast kein Kaffeehaus, kein Restaurant, bloß unsre Hotels ...?« Erst viel später fanden wir solche Lokale.

Das also war gestern. Heute lernten wir das festliche, das geistige Moskau kennen. Als ich morgens in den Speisesaal hinunterkam, waren Adam und seine Frau schon mit dem Frühstück fertig, hatten wichtige Mienen und entfernten sich eilig. Später ging ich mit anderen Freunden zum »dom sojus«, jenem berühmten Gewerkschaftsgebäude, in welchem sich einst der Hochadel zu Festen getroffen hatte, in welchem seit Lenin alle verstorbenen Revolutionäre aufgebahrt wurden. Hier tagte der Unionskongreß.

Als ich in den hohen, langen, hellerleuchteten, rundherum mit den Bildern aller großen Weltdichter und mit Blattpflanzen überreichlich geschmückten Kolonnensaal trat, sprach gerade Maxim Gorki. Er blickte kurz auf mich und – lächelte ein ganz klein wenig. Das wirkte drastisch. Im Nu sahen alle auf mich, staunten, schmunzelten ebenso, dann fing ein eifriges Kopfzusammenstecken und Flüstern an. »Wie einfach«, mußte ich stillvergnügt denken, »so eine simple Tracht macht Dich bekannt, ohne daß Du was dazutun mußt. Sehr schön!« Ich drückte mich in eine Bankreihe und setzte mich. Ein vor mir sitzender, magerer, kraushaariger Mann mit zerfurchtem Voltairegesicht drehte sich um. Irgendwo hatte ich sein Bild schon gesehen. »Ah, Servus, Du bist der Balder Olden, ja?« flüsterte ich und drückte ihm die Hand. »Und Du der Graf?«

sagte er ebenso und nickte. Er ist während des ganzen Aufenthalts mein bester Saufkumpan geworden. Wir Ausländer saßen stets zwischen zwei Dolmetschern, meist Komsomolzinnen oder Redaktionsangestellte. Fortlaufend verdeutschten sie jedes Wort des Redners, und ihr halblautes, ewiges Summen erfüllte den Saal. Es war eine überaus schwere, schnell ermüdende Arbeit, dieses monotone Übersetzen.
Ich hörte anfangs nicht zu, zunächst sah ich mich ein wenig um. Menschen aller Nationen waren da: Chinesen und Mongolen, Perser und Turkmenen in langen Mänteln und Turbans, Russen, Amerikaner und Europäer. Ein selten buntes Bild.
Vorne, im Rücken des Redners, am langen Tisch auf der Tribüne saßen die namhaftesten Sowjetschriftsteller. Hinter ihnen ein Wald von Palmen und anderem exotischem Blätterwerk, aus dem sich eine riesige Marx-Büste schälte. Wieder dahinter – die ganze Wand ausfüllend, vom Boden bis zur Decke reichend – ein Transparent, das Stalin und Gorki zeigte. Um das vorgeschobene Rednerpult gruppierten sich, sehr störend, gleichsam wie Maschinengewehrschützen, die zahlreichen Fotoreporter mit ihren Apparaten und Quarzlampen. Gorki schien das alles nicht zu beachten. Ich sah ihn sehr aufmerksam an. Das also war der Mann, dessen Jugendbildnisse ich daheim als Schulbub in der »Gartenlaube« und in der »Guten Stunde« gesehen hatte, dessen abenteuerlich-schweres Leben ich kannte, dessen Schicksal mich von früh auf mit romantischer Begeisterung erfüllt hatte, dessen Bücher mich durch meine ganzen Entwicklungsjahre begleitet hatten. Mir fielen viele gute Sätze ein, die er geschrieben hatte, viele Menschen seiner Romane und Novellen erstanden plastisch vor mir. Jetzt – da vorne im grellweißen Licht – sah er aus wie eine dunkle, hagere, scharfkonturige Silhouette, hager, sehr groß und ein wenig steif. Das altgewordene, eingefallene Gesicht mit den Backenknochen, mit dem dichten gewöhnlichen Schnurrbart, den unentzifferbaren, tiefliegenden Augen, die kurze Sattelnase – alles machte einen ganz alltäglichen Eindruck. Ich erinnerte mich, auch von Tolstoi erzählte man, er sei, wenn er neben seinem Kutscher saß, nicht zu erkennen gewesen, und von Stalin hatte man mir berichtet, daß er sich im Aussehen

kaum von irgendeinem Sowjetfunktionär unterscheide. Merkwürdig!
Diese Menschen [28] waren also völlig so wie die gewöhnlichste Masse. Lenin, wohl auch Trotzki, die stachen ab davon, bestimmt auch Dostojewski. Gorki, Tolstoi und Stalin, *sie* waren wie ein Stück dieser Masse, waren in allem wie sie und – vielleicht grade deswegen fühlte sich diese Masse so tief mit ihnen verbunden, deshalb war ihre Wirkung so mächtig. Kein Europäer wird jemals das Geheimnis einer solch zeugenden Anonymität begreifen. Wir urteilen anders, haben zu individuelle Gesichtspunkte ...
Es läutete. Ein Beifallssturm dankte Gorki. Er trat zurück und zündete sich eine Zigarette an. Der Saal leerte sich. Eine ehemalige Angestellte vom Malikverlag, die jetzt in Moskauer Kreisen eine Rolle zu spielen schien [29], nahm mich unterm Arm und sagte gewichtig: »Weißt Du, die Alten hinten im Präsidium haben sich über Dich unterhalten, ob Du so gehen darfst ... Koltzow aber hat gesagt, Du sollst auf keinen Fall Deine Tracht ablegen ... Er hat ihnen hübsch Bescheid gesagt.« Ich staunte insgeheim. »Koltzow? Wer ist das eigentlich?« fragte ich dumm. Meine Begleiterin und die Umstehenden lächelten fast mitleidig über mich. Michael Koltzow – ich lernte ihn noch am selben Abend im Hotel kennen – war in der Hauptsache der Organisator dieses Kongresses gewesen, war Chefredakteur der »Prawda«, Leiter des sowjetischen Zeitungs- und Zeitschriftentrustes »Jourgaz«, ihm verdankte das Riesenflugzeug »Maxim Gorki« sein Entstehen, er hatte jene Flugzeug-Esquadrillen organisiert, die zur Erntezeit Propagandaflüge in die entlegensten Gegenden machten. Einst war Koltzow politischer Kommissar an der Bürgerkriegsfront gewesen, nun bekleidete er den Rang eines Flieger-Obersten, war Verfasser eines sehr amüsanten Buches »Tartaron in der UdSSR« und leitete zum größten Teil die in- und ausländische Propaganda. Er sah aus wie ein alltäglicher jüdischer Intelligenzler und mochte ungefähr 38 bis 40 Jahre alt sein. Ein Mann, klein von Wuchs, mit lässigen Bewegungen und einem runden, leidenschaftslosen, glattrasierten Gesicht, mit winzigen, schlauen Augen hinter den Brillengläsern, gemütlich, humorvoll, absolut unprominent. Er sprach viele Sprachen und unterhielt sich völlig zwanglos

mit jedem über alles [30].
Der Kongreß war überaus glanzvoll. Fast alle Reden standen auf einem hohen Niveau. Das ganze Land, die Betriebe, die Kollektiven, die Presse, jeder Mensch verfolgte die Vorgänge, die Dispute in den Sitzungen. Jeden Tag brachten die Zeitungen lange Artikel, Anekdoten, Bilder und Karikaturen der Teilnehmer. Jeden und jeden Tag umstand eine Menschenmauer das »dom sojus« und lauerte auf Gorki, auf uns Schriftsteller. Zu jeder Sitzung kamen Delegationen aus den Betrieben, aus Kolchosen, von den Frauen, den Lehrern und Kindern, von der Roten Armee und der Marine. Nach einer kurzen Huldigung für Gorki begrüßten sie den Kongreß und brachten durch einen Redner ihre Wünsche vor. Diese Wünsche waren ganz konkret, für europäische Begriffe sicherlich oft naiv, aber man spürte fast körperlich, wie wissenshungrig das ganze Volk auf einmal geworden war. Eine Bäuerin zum Beispiel schimpfte sehr derb auf Scholochows neuen Roman »Neuland unterm Pflug«, weil die Heldin darin eigentlich nur als ewig verliebtes, kußgieriges, sehr weitherziges Weibchen dargestellt war. »Wir wünschen die wahrheitsgetreue Kolchosbäuerin!« verlangte sie unter stürmischem Beifall und deutete stolz auf sich: »Schaut mich an! Vor einigen Jahren war ich noch eine Analphabetin und mein Mann ein Trinker! Jetzt bin ich verantwortliche Leiterin unserer Kollektive ... Heute wenn mein Mann nicht aufsteht oder wenn er so Gedanken hat und Dummheiten machen will, da hilft ihm gar nichts – er muß parieren! Er kann mir nicht dreinreden, ich befehle!« Viele lachten freudig. Stark, knochig stand die Rednerin da. Schwere Arbeit macht nicht schön. Reizvoll sah sie gewiß nicht aus, aber ein ernstes, tätiges Leben schaute aus ihrem Gesicht. Ohne Befangenheit sah sie auf uns hernieder und schloß: »Genossen Schriftsteller, wenn Ihr beim Schreiben Eurer Bücher nur an kokette Weiber denkt, ist Eure Arbeit wertlos! Wir fordern den Genossen Scholochow auf, zu uns zu kommen und dort zu studieren, wie die wirklichen Kolchosfrauen sind.« Die Marine lobte Wischnjewski wegen seiner »Optimistischen Tragödie«, und die Schwarzmeer-Flotte lud Theodor Plivier auf ein Kriegsschiff ein. Eine Frauen- und eine Pionierdelegation forderten Diskussion über die künftige Gestaltung von Kinderbü-

chern. Der sehr bekannte sowjetische Kinderschriftsteller [...] schloß mit ihnen einen Wettbewerb ab. Es ging, wie man sieht, sehr lebhaft zu auf diesem außergewöhnlichen Kongreß. Die Reden der ausländischen Schriftsteller klärten manches. Die Sowjetdichter hatten die Begriffe »Sozialistischer Realismus« und »Revolutionärer Romantizismus« als Losung für das künftige Kunstwerk ausgegeben. Bei richtiger Anwendung und Mischung, folgerten sie, mußte Bleibendes entstehen. Es war nicht recht einzusehen, wieso, immerhin aber war es unterhaltend und anregend, wie scharfsinnig man sich zu dieser neuen und – wie übrigens Gorki ausdrücklich erklärte – *zeitweiligen* Richtlinie der revolutionären Literatur stellte. Insbesondere die Franzosen – André Malraux, Jean Richard Bloch, Paul Nizan und Aragon – hielten bedeutende Reden. Romain Rolland hatte eine lange Sympathie-Erklärung telegraphiert. Henri Barbusse war durch Krankheit am Kommen verhindert. Mit dankbarer Begeisterung gedachte man ihrer und schickte herzliche Begrüßungstelegramme. Es war offensichtlich, daß man russischerseits den französischen Gästen ganz besonders den Hof machte. Der geschickt formulierte Satz Blochs »Keinen Individualismus mehr in unseren Werken, aber um so mehr Individualität« wurde sofort zum geflügelten Wort und, bei der Vorliebe der Sowjetrussen für so schlagwortartige Formulierungen, wie eine neue Offenbarung verkündet. Malraux, den Ilja Ehrenburg aus Paris mitgebracht hatte, wurde ungeheuer gefeiert. Malraux war im chinesischen Bürgerkrieg hervorragender kommunistischer Funktionär gewesen, sein revolutionärer Chinaroman »So lebt der Mensch« hatte vor kurzer Zeit die höchste literarische Auszeichnung Frankreichs, den Goncourt-Preis, erhalten; der Dichter stand im Zenit eines jungen Ruhms. Außerdem wußte man allgemein, daß er in seiner Heimat nicht nur hohes literarisches Ansehen genoß, sondern auch einen starken gesellschaftlichen und politischen Einfluß besaß. Er war reich, hatte mächtige Verbindungen, war begehrt und interessant. Sein Wort galt etwas, sein Name fiel ins Gewicht.
Ganz gewiß war der Unionskongreß eine grandiose Aussprache der Intellektuellen über die vermeintliche Sendung der Dichtung [31], über die Idee des Humanen in der Lite-

ratur, über Wortkunst, über Inhalt, Gestaltung und Form des Dramas, des Romans und der Lyrik. Nirgendwo sonst hätten meine mitverfemten, mitemigrierten, ausgebürgerten deutschen Kameraden solche Reden halten können. Es waren Reden der Bedrängnis und der Freundschaft, sehr unterschiedlich und nicht immer ausgesprochen gescheit, aber mitunter – wie diejenige Bredels – von fast ergreifender Überzeugungskraft. Für Dänemark und die nordischen Länder sprach neben anderen der liebenswerte, weißhaarige Martin Andersen-Nexö. Was er vorbrachte war nur eine warme Huldigung, aber mir ging das Herz auf, als ich ihn hier wiedersah. Brüderlich drückten wir einander die Hände. Beide waren wir bewegt. »Neue Menschen hier! Eine neue Welt!« sagte der Alte und seine Augen leuchteten. Die bäuerlich gedrungene, massive Figur, die derben Hände, das bartlose, robust-gesunde, breite, an einen behäbigen Landpfarrer gemahnende Gesicht mit den à la Schopenhauer auseinander strahlenden, dünnen Haaren – alles war noch wie immer.
Amerikaner, Engländer, Spanier, Griechen, Holländer, Japaner und Chinesen sprachen. Jedem wurde begeistert gedankt. Freilich waren weder Upton Sinclair, noch Dreiser oder Sinclair Lewis da, auch Knut Hamsun, die Lagerlöf, Heinrich und Thomas Mann fehlten. Die Jugend all dieser Länder – wenn man sie bis zu vierzig Jahren gelten läßt – kam hier zu Wort. Wer aber Augen, Ohren und Instinkt hatte, dem entging nicht, daß die Staatslenker und geistigen Führer der Sowjetunion schon damals vor allem sehr starke Hoffnungen auf Frankreich setzten. Die Franzosen bildeten den Mittelpunkt des Kongresses. In Moskau wußte man was wichtig war und täuschte sich nicht. Deutschland war für sie verloren – mochte das stellvertretende Zentralkomitee der KPD in der Komintern auch vorläufig noch so starr an der unmöglichen These »Hitler sei keine Niederlage gewesen« festhalten – Deutschland war für die Sowjetunion faschisiert und konnte vorderhand nicht ins politische Kalkül einbezogen werden. Frankreich war eine vielversprechende Perspektive.
Viel später – man weiß es – hat ja auch die KPD ihre damalige Auffassung korrigiert und aufgegeben. Den Russen war sie schon zu jener Zeit nicht mehr maßgebend, für sie

hieß die Losung, freilich eine unausgesprochene Losung: »Den Blick auf Frankreich!« Dadurch wurde auch der Unionskongreß für sie und für jeden Einsichtigen ein Politikum ersten Ranges.
Ich erinnere mich noch sehr lebhaft an die geschäftig-heiteren Nächte im Hotel, als es hieß, meine deutschen Kollegen kämen nun als Redner an die Reihe. Mein Freund Wieland Herzfelde, dem, wie uns allen, die oberflächlichen Ausführungen Karl Radeks über James Joyce äußerst mißfallen hatten, wollte dagegen polemisieren. Wieland verfaßte eine ziemlich treffsichere Erwiderung, die mir sehr gut gefiel. Auch Plivier schrieb an einer Rede. Radek hatte in seiner großen Rede die deutsche Antikriegsliteratur fast hämisch abgeurteilt. Plivier als Verfasser einer der besten deutschen Antikriegsromane sollte ihm darauf erwidern. Wir sprachen über verschiedene Wendungen. »So, nun müssen wir zur Besprechung«, sagte Wieland und beide erhoben sich. Mir fiel auf, daß am anderen Tag die Reden der beiden ganz anders klangen. »Schwach, sehr schwach habt Ihr's gemacht! ... Keine Lorbeeren für uns«, nörgelte ich. Radek tat diese Entgegnungen mit einigen überheblichen Witzen ab. Wieland ging mit mir ins Hotel zurück. Er war verärgert. »Mensch, gestern war alles viel besser, als Du es mir vorgelesen hast ... Warum bist Du denn so zahm gewesen?« fragte ich ihn in bezug auf seine Rede. Und da erfuhr ich, daß meine überängstlichen, gründlichen deutschen Kameraden gestern nacht noch den Text ihrer Reden bei einer Sitzung vorgetragen hatten, und daß man diese Texte entsprechend korrigiert hatte. Die Parteiinstanzen hatten das letzte Wort gesprochen. »Was will man machen«, brummte Wieland [32]. »Zensur war das also nicht?« fragte ich, ein wenig schmunzelnd. »Nein ... Wir haben uns eben besprochen«, meinte er. »Naja, Deutschland spielt keine Rolle hier. Wir laufen so nebenher mit!« sagte ich [33].
Eines Tages kam Becher zu mir und forderte mich auf, zu sprechen. »O ja, bitte«, stimmte ich zu: »Wann denn?« – »Morgen oder übermorgen ... Du kriegst noch Bescheid«, sagte er. Ich schrieb kein Wort auf, ich wollte frei reden, ich wollte gegen Gorkis schulmeisterliche Auffassung, wonach der Dialekt und dialektgefärbte Worte in einem Buch ver-

dammenswert seien, auftreten. Nicht aus der klassischen Überlieferung, sondern immer nur aus dem Dialekt heraus erfahre eine Sprache Bereicherung und Bildkraft, das waren ungefähr meine Gedanken. Zweimal wurde ich aus dem Saal geholt. »Wo hast Du Deine Rede?« fragte Tretjakow, der meine Worte anschließend übersetzen sollte. Ich erklärte ihm, daß ich nur frei reden könnte, ich beschrieb ihm ungefähr mein Thema. »Ja, das ist ja ganz unmöglich! Da kommt kein Übersetzer mit«, sagte er. »Naja, dann red' ich eben nicht... Ist ja halb so wichtig!« schloß ich. Ich war ganz zufrieden, sehr zufrieden sogar [34].

II.

Als langer, aufmerksamer Zuschauer und sehr interessierter Außenstehender will ich – allerdings ohne Material, ganz aus der zufälligen Erinnerung und völlig subjektiv – versuchen, die Entwicklung der organisatorischen Zusammenfassung der Sowjetschriftsteller zu skizzieren. Sicher können Eingeweihte diese Skizze durch wichtige Daten und Tatsachen vervollständigen, was mir nur erwünscht ist.

In der Zeit vom Sturz des Zarismus, über die Oktoberrevolution und bis nach dem Bürgerkrieg waren die russischen Schriftsteller kaum organisiert, obgleich es an Bemühungen dieser Art nicht fehlte. Es gab wie überall zu dieser Zeit nur eine Unmenge von Gruppen der verschiedensten Richtungen, die sich, soweit dies noch möglich war, literarisch heftig befehdeten. Die jungen, von Alexander Blok und vor allem von dem genialischen Wladimir Majakowski geführten, vielfach vom westlichen Expressionismus beeinflußten Dichter und viele aus dem Proletariat hervorgegangene Talente, die eben erst zu schreiben anfingen, standen auf der Seite der Bolschewiki und kämpften zum größten Teil an den Bürgerkriegsfronten. Die meisten von ihnen hatte Maxim Gorki entdeckt, gefördert und an die Öffentlichkeit gebracht. Sie sahen in ihm den aufrichtigen Freund, er war ihr verehrungswürdiger Lehrer und bestimmte ihre politische Haltung. Ich nenne nur die mir bekannten Isaak Babel, Valentin Katajew, Fjodor Gladkow, Demjan Bednij, Wsewolod Iwanow, Sergej Tretjakow, Nikolai Ognjew, Ilja Ehrenburg, Serafimowitsch, Bessemenski, Michail Scholochow und Panferow, die unvergeßliche Larissa Reissner, die Sejfulina – eine Trotzki-Anhängerin, die nicht mehr gedruckt werden durfte und schon vergessen ist – und den hochbegabten, allzufrüh verstorbenen Verfasser der Erzählung »Taschkent, die brotreiche Stadt«, Newerow.

Die schon in der Zarenzeit bekannt gewordenen, älteren und bereits in Westeuropa vielgelesenen Dichter verhielten sich still und abwartend, führten nun mit einem Male ein kärglich-grämliches, unansehnliches Leben und waren meist giftige Feinde der Leninschen Revolution. Diese Revolution kämpfte noch um ihren Bestand und hatte keine Zeit, sich um Literatur zu kümmern. Außerdem mangelte es zunächst an allem, am meisten aber an Klarheit und Übersicht. Die Zukunft schien dunkel. Allmählich zerbrach die alte russische Welt für jene, mit ihr tief verbundenen Schriftsteller, die im Neuen nur den krassen, endgültigen Untergang oder – um mit dem reaktionären, tiefsinnig mystizierenden Panslawisten Mereschkowskij zu sprechen – den »Anmarsch des Pöbels«, das Herannahen des »Antichrist« sahen. Sie haßten dieses Neue nicht nur ohnmächtig, es war ihnen tief fremd, sie konnten es nicht mehr begreifen, obgleich einige von ihnen einst sogar darum gekämpft hatten. Jetzt, da es brutale Wirklichkeit geworden war, erkannten diese erschreckten Träumer, es war etwas ganz anderes, es war nicht *das* Neue, das sie herbeigesehnt hatten. Viele verlöschten und verstummten damals. Leonyd Andrejew starb als vergrämter Antisemit an seinen Enttäuschungen in Finnland. Mereschkowskij und seine Frau Sinaida Hippius flohen ins Ausland und veröffentlichten in der westeuropäischen reaktionären Presse ihr haarsträubendes antisowjetisches »Tagebuch«, Iwan Bunin, der spätere Nobelpreisträger, Alexej Remisow, Michail Kusmin, Konstantin Balmont, Valerij Brjussow und viele Gleichgesinnte folgten und ließen ihre Werke im Ausland erscheinen. Sie nahmen die Traditionen der großen russischen Literatur mit in die Fremde und hatten es als Schriftsteller verhältnismäßig leicht. Sie brauchten die gewordene Tradition nur fortzusetzen. Die jungen Sowjetschriftsteller hingegen standen vor der schweren Aufgabe, gleichsam wieder ganz von vorn anzufangen, etwas noch nicht Existentes zu er-

schaffen. Das Erlebnis war noch zu nah, zu groß, um reine Gestalt anzunehmen. Die Reportage mengte sich in die Literatur, jede künstlerische Formung versagte vorläufig, und es ist bewundernswert, daß die jungen kämpfenden Dichter kraft ihrer eingeborenen, unvergleichlichen russischen Erzählerbegabung dennoch achtbare, zuweilen erregende, aufwühlende Werke schufen. An Stoff und Kraft waren diese Bücher voll, an literarischer Qualität allerdings konnten sie sich keineswegs mit den Werken der Emigrierten messen. Die Dichter brauchen Abstand, brauchen Zeit und Stille. Erst wenn das mächtige, hinreißende, brodelnde Leben sich im Kessel ihrer Ruhe geläutert hat, kann es zum unsterblichen Gesicht werden.
Manche der emigrierten russischen Schriftsteller schlossen sich anfangs der aktiven Gegenrevolution an, die meisten aber resignierten und führen bis heute ein verlorenes Leben im Ausland. Viele haben inzwischen mit der Sowjetunion ihren Frieden geschlossen und warten darauf, daß sie heimkehren dürfen. Sie schreiben noch immer ihre Bücher und – zieht man deren Zeitferne, deren antiquierte Wirklichkeit ab – so muß man gerechterweise zugeben, daß manche wirkliche Kunstwerke darunter sind. Vom rein dichterischen Werk Mereschkowskijs wird viel bleiben, zweifellos ist Bunin eine weit überschätzte, aber doch ungemein bezaubernde Begabung (Gorki nennt ihn einmal »ein finsteres Talent«), der »Kellner«, »Die Sonne der Toten« von Iwan Schmeljow reichen wahrhaft an Dostojewski heran, großartig und bezwingend ist das Buch des unbekannten Michail Ossorgin »Der Wolf kreist«, ein sehr starkes Talent offenbart sich in der Nemirowski, besonders in ihrer »Marfa«, und wenn auch die mächtige Chronik des tragisch frühverstorbenen Joseph Kallinikow »Frauen und Mönche« zu sehr an Ljesskow erinnert, ich glaube doch, daß dieses Werk und die tiefgründige, sehr selbständige Tolstoi-Studie des gleichen Verfassers geniale dichterische Dokumente sind. Nur einige sind es, die ich aus eigener Kenntnis genannt habe, aber es handelt sich dabei unbestreitbar um gewichtige Gestalter. (Nebenbei, während der Niederschrift überdenke ich unser bisheriges Schicksal als deutsche emigrierte Schriftsteller und frage mich: Werden wir zuguterletzt denselben Weg gehen oder denjenigen Vic-

tor Hugos? Ein schwerer Weg! Die Zeit scheint oft allzulang und die Freiheit wird unter unsäglichen Schmerzen geboren!) Von den damals schon berühmten russischen Schriftstellern stand außer Gorki nur der alte Narodnik Wladimir Korolenko auf der Seite der Revolution. Er war todkrank und verstarb alsbald. Die Sowjetregierung hat ihn mit großen Ehren begraben. Er war einer der aufrichtigsten und liebenswertesten Dichter des neueren Rußland, und viel ging mit ihm verloren. Unbegreiflicherweise sind selbst seine besten Werke fast völlig in Vergessenheit geraten wie etwa »Die Geschichte eines Zeitgenossen«, die Rosa Luxemburg ins Deutsche übersetzt hat.
Bekanntlich versuchte Gorki schon 1914 einen Weltverband der proletarischen Schriftsteller zu gründen und setzte diese Bemühungen während der Revolution fort. Erster Volkskommissar für Unterricht und Bildung war Lunatscharski geworden, ein sehr kunstverständiger Mensch und dichterischer Dilettant, der zwar mitunter gute Einfälle hatte, aber organisatorisch gänzlich unbegabt war. Er rief den sogenannten »Proletkult« ins Leben. Proletkult sollte mehr eine allgemeine Richtung sein, die alle Strömungen der revolutionären Literatur und Kunst auf der Grundlage einer proletarischen Ethik zusammenzufassen suchte. Man rang um einen eigenen Stil, der zeitgemäße Inhalt sollte eine neue Form erhalten. Alles Vergangene schien überlebt, das Erbe der Klassiker galt nichts mehr, man knüpfte an den im Westen schon absterbenden Futurismus und Expressionismus an. Das Individuelle vermischte sich mit dem Kollektivgeist, das europäisierende Intellektuelle mit dem urrussisch Naiven, Volksmäßigen. So entstand beispielsweise eine nie wieder erreichte, propagandistisch außerordentlich originelle, völlig neuartige Plakatkunst. Die ultralinken Literaten mit Majakowski an der Spitze bildeten die Künstlergruppe »LEF« (linke Front), welche sich später spaltete und zur »REF« (revolutionäre Front) wurde. Diese Dichter waren zum größten Teil Intellektuelle. Sie dichteten Verse in der Art ekstatisch-futuristischer Manifeste. Sie waren besessen von einem neuen Formwillen. Sie wollten den Massen ihre Auffassungen und Vorstellungen von Dichtung und Kunst aufzwingen. Ganz anders dagegen verfuhren die proletarischen Dichter, vor allem

Demjan Bednij, welcher aus jeder Parteilosung ein Gedicht formte, das sofort vertont und überall gesungen wurde. Für sie war Dichtung nur untergeordnetes Mittel der Agitation. Gerade in jener Zeit der Auflösung aber feierte die typisch sowjetische, dichterische Reportage ihre ersten großen Triumphe. Larissa Reissner schuf ihre besten Werke und eine Unzahl hoher journalistischer Begabungen reiften heran. Und im Feuer des Bürgerkrieges, mitten in der gestaltlosen Erregung und Spannung, entstanden die bis jetzt noch immer bezeichnendsten und besten dichterischen Werke Isaak Babels, Ilja Ehrenburgs, Serafimowitschs, Katajews und Newerows. Es waren aufgewühlte Jahre stürmischer, planloser und dennoch tief schöpferischer geistiger Entwicklung.
Nach dem Bürgerkrieg war endlich Zeit. Es wurde die »Russische Assoziation proletarischer Schriftsteller«, kurz »RAPP« genannt, gegründet. Diese allgewaltige von Staat und Partei [eingesetzte] Organisation kommandierte und kontrollierte von da ab, bis zum Jahre 1932 nicht nur die sowjetische, sondern die gesamte kommunistische Literatur der Welt. Die Schriftsteller und ihr Schaffen wurden einer parteimäßigen Diktatur unterstellt. Es begann ein einfältiger, engstirniger Kampf gegen die dichterische Individualität, eine [35] anti-intellektuelle, rein von der politischen Zweckmäßigkeit diktierte Linie. Man ging soweit, zu behaupten, wahrhaft bedeutende Werke könne überhaupt nur der manuelle Arbeiter, der Mann des direkten proletarischen Erlebens zustande bringen. Wir alle erlebten die Auswirkungen bei uns und an der Sowjetliteratur. Die meisten wesentlichen Schriftsteller dort und hier wurden verdächtigt, ja verfemt oder zum mindesten bis zur Unkenntlichkeit, bis zum Überdruß korrigiert. Aus Ärger darüber schrieben viele nur mehr für die Schublade. Isaak Babel hat seither kein Werk mehr veröffentlicht. Es war die Zeit, da – wie ein derber Spötter meinte – »am Ende jedes Romans und jedes Dramas der unüberwindliche, fahnenschwenkende, siegreiche Kommunist triumphieren mußte«. Die junge Sowjetliteratur brachte kein starkes dichterisches Werk mehr hervor, wenn es auch an interessanten Dokumenten jener Jahre nicht mangelt. Den bedrängten Schriftstellern erging es damals wie jenen byzantinischen Bildermalern, die sich bei der Formgebung

ihrer Gestalten vollkommen und sehr streng an die Vorstellungen der Liturgie halten mußten. Die Folge war, daß diese Schriftsteller von der Menschen- zur Sachschilderung übergingen. Sie übernahmen gewissermaßen eine parteigenehme Typologie des Menschen, verzichteten auf jede psychologische Durchdringung des Individuums innerhalb der Handlung und versuchten vor allem, die mächtigen politischen, wirtschaftlichen und technischen Wandlungen aufgrund irgendwelcher Fabeln zu formen. Ein Musterbeispiel in dieser Hinsicht ist Gladkows vielbesprochener Roman »Zement«. Die Sowjetliteratur sank zum größten Teil herab zur uninteressanten Propaganda-Dichtung. Die Ausbreitung der subalternen Talentlosigkeit nahm auch in der westeuropäischen kommunistischen Belletristik ungeahnte Ausmaße an und – was das schrecklichste war – die breite Leserschaft zeigte kein Interesse mehr für solche Werke. Die Isolierung dieser Literatur wurde schließlich vollständig, ihre Erzeugnisse wurden nur noch in Parteikreisen gelesen und anerkannt. Keine noch so wohlmeinende Kritik beirrte die »RAPP«. Sie ging noch weiter, sie vedammte und verfemte. Ilja Ehrenburg wurde von ihr zum Konterrevolutionär gestempelt und Boris Pilnjak, der eine realistische Erzählung über das neue russische Dorf geschrieben hatte, die ein unbefugter Übersetzer in Deutschland herausgab, wurde vom engeren Vorsitz und schließlich überhaupt aus dem Verband ausgestoßen. Die Zustände und ihre Wirkungen wurden so unhaltbar, daß endlich – wie glaubhaft erzählt wird – Stalin persönlich eingriff. Er löste die »RAPP« auf [36]. Durch die Reihen der Schriftsteller ging buchstäblich ein Aufatmen. Es gibt eine sehr aufschlußreiche Anekdote darüber. Durch eine Moskauer Straße bewegte sich ein Leichenzug. Zwei Passanten fragen einen bekannten Schriftsteller, wer hier begraben würde. »Die RAPP!« ruft dieser und geht fröhlich kichernd weiter.
Nach der Liquidierung dieser allgewaltigen Organisation trat an ihre Stelle der »Unionsverband der Sowjetschriftsteller« und hielt nunmehr den ersten Kongreß ab. Hier wurde für jeden die radikale Abkehr von der unseligen Vergangenheit fühlbar und vor allem auch sichtbar: Jetzt saß Ilja Ehrenburg am Vorstandstisch der Tribüne, Boris Pilnjak war wieder rehabilitiert und wurde sogar ins Exekutiv-

Komitee des Verbandes gewählt, die ehemals suspekten Kreise um die Leningrader »Serapionsbrüder«, die sich seinerzeit gegen jede Tendenz in der Dichtung ausgesprochen hatten, kamen ausgiebig zu Worte. Mit einem sehr deutlich betonten, fast schon manifestanten Jubel wurden alle Reden der ehemals Geächteten aufgenommen. Noch entscheidender aber war die Forderung auf Anerkennung und sinngerechter Fortsetzung des Erbes der großen klassischen Literatur, die besonders Bucharin in seiner hinreißend gescheiten, fast sechsstündigen Rede begründete. Seine Angriffe auf die nur proletarisch-revolutionären Tendenzdichter waren nicht nur witzig, sie waren teilweise vernichtend und lösten ungemein scharfe Debatten aus. Demjan Bednij raste geradezu dagegen, Bessemenski wütete geschickter, aber die Sympathie war auf Seiten Bucharins, der diese reinen Parteipoeten zwar als interessante Zeiterscheinungen gelten ließ, sie aber keineswegs als Dichter im strengen Sinn des Wortes anerkannte und von ihrer allmählichen Verkalkung sprach. In seiner heftigen Erwiderung meinte Demjan Bednij voll Zorn und Spott, seine Verse gehörten freilich nicht in die »hohe Literatur«: aber ins Revolutionsmuseum, genau so wie die primitiven und dennoch ruhmgekrönten Waffen der Partisanen. Im übrigen hat Bucharin seine allzu scharfen, zum Teil mißverstandenen Ausfälle tags darauf in einer öffentlichen Presseerklärung zurückgenommen, was seine Gegner als Triumph buchten, seine Freunde aber – hauptsächlich Ehrenburg – tief verärgerte. Ehrenburg äußerte auf einem darauffolgenden Bankett offen, er habe den schmählichen Eindruck, daß Bucharin von der Partei dazu gezwungen worden sei, obgleich es bestritten wurde. Bucharin hat vielleicht die beste Formulierung der Begriffe »sozialistischer Realismus« und »revolutionäre Romantik« gegeben, als er sagte: »In der entstehenden sozialistischen Gesellschaft verwischt sich allmählich der Unterschied zwischen der physischen und geistigen Arbeit: ein neuer Menschentypus entsteht, bei dem Wille und Intellekt eins sind. Er erkennt die Welt, um sie zu verändern. Die Beschaulichkeit, eine einfache Schilderung des Gegebenen ohne die Bewegungstendenzen hervorzuheben, ohne Zielrichtung auf die praktischen Veränderungen der konkreten Welt, sind für uns veraltet ... Der sozialistische Realismus darf und muß, auf die realistische Entwicklungstendenz gestützt, ›träumen‹.« Bucharin, bei dessen Anblick ich wegen seiner frappanten Ähnlichkeit mit Lenin fast erschrak, war für uns Ausländer ein höchst ungewohnter Redner. Er sprach anfangs beinahe galoppierend schnell, er schien tonlos abzulesen, die hastig wechselnde Diktion der Gedanken verwirrte, langsam aber wurde man von diesem Redestrom erfaßt und folgte ihm mit größter Spannung. Gelehrt und zugleich kühn formulierte er, seine Definitionen waren lebendig und präzis. »Wir müssen uns völlig darüber klar werden über den ungeheuren Unterschied zwischen Formalismus in der Kunst ... Formalismus in der Literaturforschung und der Analyse der formalen Momente der Kunst, die im höchsten Maße nützlich, und jetzt, wo wir überall die ›Technik meistern‹ müssen, absolut notwendig ist. Formalismus in der Kunst ist Selbstkastrierung dieser Kunst, eine äußerste Verarmung ihrer Komponenten, verbunden mit einer äußersten Verengung des Kreises, auf welchem eine solche ›Sozusagen-Kunst‹ wirkt ... Eng verbunden damit ist der Formalismus der Literaturforschung. Sein himmelschreiender Fehler besteht darin, daß er die Kunst prinzipiell aus ihrem gesamten lebendigen gesellschaftlichen Kontakt herausreißt. Er schafft die Illusion oder Fiktion einer gänzlich unabhängigen ›Reihe‹ von Erscheinungen der Kunst. Die Spezifik der Kunst verwechselt er mit ihrer vollen Autonomie ... Die Analyse formaler Momente der Kunst, die tiefe Erforschung aller Fragen der Struktur der poetischen Sprachen ist ein obligatorischer Teil eines erweiterten Arbeitskreises. Und hier kann man sogar von den Formalisten lernen, die sich mit diesen Fragen schon beschäftigten, als marxistische Literaturforscher für sie nur Verachtung übrig hatten.« Er rühmte Verhaeren wegen seiner hohen Gedanken- und Sprachkultur und sagte: »Bei uns hingegen werden oft gereimte Losungen als Poesie angesehen. Man wird sich auf Majakowski berufen. Auch auf ihm liegt in gewissem Grade der Stempel der damaligen Zeit ...« Diese Lästerung des revolutionären Klassikers trug ihm viel Anfeindung ein. Ich freute mich im stillen aufrichtig. Selbst die bestübersetzten Verse dieses Dichters lassen mich ungerührt, niemals habe ich in diesen, vielleicht im Russischen besser klingenden Rhythmen, den Hauch der großen Dichtung wie etwa bei den Versen von Boris Pasternak gespürt. Pasternak ist reiner Lyriker, der mitunter an Rilke – den er auch übersetzt hat – erinnert. Bis zu diesem Kongreß galt er als Abseitsstehender. Jetzt huldigte man ihm fast zärtlich. Die Zeiten hatten sich grundlegend geändert. Jetzt konnte die gescheite Schriftstellerin Gerassimova ausrufen: »Der Künstler der alten Zeit verstand es, die positive Rolle seines Helden mit seinen subjektiven menschlichen Eigenschaften zu einer Einheit zu verschmelzen. Die Helden unserer Bücher aber treten wie armselige Pedanten auf, denen der Leser aufs Wort zu glauben hat, daß sie irgendwo irgend etwas Nützliches betreiben!« Und sie nannte diese heutigen Buchhelden mit beißendem Hohn »Monumente aus Eisenbeton«. Radek wiederum meinte einmal: »Der französische Durchschnittsschriftsteller schreibt in der Form mindestens nicht schlechter als einer unserer guten Schriftsteller! ... Der französische und englische Arbeiter handhabt sein Werkzeug gleichfalls besser als unser neuer Arbeiter, der erst vor drei und vier Jahren an die Werkbank gelangt ist.« Und Isaak Babel, der eine Sturzflut von grimmigen Witzen von sich gab und immer wieder von lautem, lachendem Beifall unterbrochen wurde, sprach wohl vom »Materialwiderstand und Wortwiderstand«, dem der jetzige Sowjetschriftsteller gegenüberstünde, aber er wurde plötzlich ernst, als er warnend in die Versammlung rief: »Genossen, der in unserem Lande begonnene Kampf wird mit unerhörter Kraft in der ganzen Welt entbrennen. Dieser Kampf braucht wenig Worte, aber es müssen gute Worte sein! Ausgedachte, banale, offizielle Worte spielen sicher den uns feindlichen Kräften in die Hände. Banalität ist heute nicht mehr nur eine schlechte Charaktereigenschaft, sondern ein Verbrechen. Schlimmer noch, Banalität ist Konterrevolution. Banalität – das ist, meiner Meinung nach, einer unserer ärgsten Feinde!« Das aber, was alle einigte, die hier aus einer tiefen geistigen Verantwortlichkeit heraus sprachen, war die Liebe zu ihrer Literatur, zu ihrem Land und Volk, eine fast sichtbare, riechbare Liebe. Und niemand als Ilja Ehrenburg, der unzweifelhaft die schönste Rede auf dem Kongreß hielt, hat es besser ausgedrückt, als er sagte: »Die bürgerlichen Schriftsteller kann man jetzt mit einer großartigen Fabrik vergleichen. Der Fabrik fehlt es an Rohstoff. Diese Schriftsteller haben alles: Traditionen, Linotypen, wunderbares Papier – nur an einem fehlt es ihnen: an Menschen ... Bei uns mangelt es an vielem: an Meisterschaft wie an Papier. Dafür aber besitzen wir das, worüber zu schreiben lohnt. Uns ist die Aufgabe zugefallen, Menschen zu zeigen, die noch nie gezeigt worden sind. Dies erwarten von uns Millionen Erbauer unseres Landes. Dies erwarten von uns auch andere Millionen – jenseits der Grenzen. Weder Zahlen noch Zeitungen können den Künstler ersetzen. Wir haben die Wahrheit zu zeigen, die überall zu erfühlen und doch nur schwer zu bestimmen ist – sie ist wie die Bläue des in Wirklichkeit farblosen Himmels ...« Hier stand ein überzeugter, etwas grämlich aussehender Mensch, der viel gelernt und viel erlitten hatte, der allen Anfeindungen zum Trotz unbeirrbar geblieben war, ein Mann von einer weltweiten Intelligenz, ebenso bewandert in der westlichen wie in der russischen Literatur und Kultur, hellhörig, voll Ironie und Skepsis, scharfsichtig und scharfsinnig – und aus seiner metallisch-gequetschten Stimme klang eine verhaltene Erschütterung, die sich – wir hörten fast alle nicht mehr auf unsere Übersetzer – zwingend mitteilte. Das blieb unvergeßlich. Immer wenn ich mich daran erinnere, immer wenn ich Ehrenburg sehe und spreche, steht dieses Bild auf, wird dieser eigentümlich mächtige Klang lebendig in meinem Ohr. Er stand da, oben auf der Tribüne, und klagte nicht über die Ungerechtigkeit, die ihm widerfahren war, er freute sich, aber das Fluidum, das gewissermaßen von ihm ausging, seine Stimme, seine fast müden Gesten, alles – es war wirklich als stünde er da, vor dem ganzen Volk und würde als einzige Rechtfertigung nur diese übermenschlich liebenden Worte rufen: »Ich lasse Dich nicht, Du segnest mich denn!« Nur Gorki erweckte ähnliche Gefühle. Bei ihm hatte man allemal die Empfindung eines liebenden Vaters, der tief und glücklich weiß, daß ihn alle schrankenlos liebten. Bei Ehrenburg aber spürte man eine leidende, ringende Liebe, die beständig von der Schärfe des Verstandes beunruhigt wurde. Viele von uns, die einen bitter schweren Entwicklungsgang durchgemacht hatten, waren ihm aufrichtig dankbar, als er sagte: »Bei uns sind für die jungen Schriftsteller ausgezeichnete Verhältnisse geschaffen worden. Das ist unser Stolz, und ihr begreift, daß ich keinesfalls geneigt bin, dagegen zu protestieren. Ich möchte nur sagen, daß die Leichtigkeit des Weges auf manche Schriftsteller einen lähmenden Einfluß ausübt.« Der Sowjetstaat hatte es dem Schriftsteller wirklich leicht gemacht. Es gab weder Not noch Hindernisse für ihn. Die Resultate, das gestanden fast alle sowjetischen Redner des Kongresses freimütig, waren bis jetzt eigentlich recht bescheiden ausgefallen für die Literatur eines Staates von 150 Millionen Menschen. Die ungeheure Quantität rasch erzeugter schöngeistiger Belletristik stand überhaupt in keinem Verhältnis zur Qualität. Wenn man nachdachte und ehrlich rechnete, so konnte man die wirklich bedeutenden Bücher der Sowjetschriftsteller an den Fingern abzählen, und selbst da fragte es sich noch, ob sie ihre Zeit überdauern würden. Gerechterweise konnte man der »RAPP« nicht ausschließlich die Schuld an einer solchen Entwicklung geben. Der Grund lag auch darin, daß die junge Sowjetliteratur eine gewaltige Zuflut von neuen Talenten bekommen hatte, Talenten, die vor einigen Jahren noch Analphabeten gewesen waren, die Unglaubliches erlebt und erlitten hatten, aber einfach noch nicht imstande waren, es zu schildern, viel weniger noch, es zu gestalten. Diese proletarischen Schriftsteller in des Wortes wahrster Bedeutung hatte die »RAPP« nur nicht weitergebracht, aber Ehrenburg hatte ebenso recht mit seiner Bemerkung. Im übrigen fand Gorki auf einem Bankett der Dichter des Ostens, wahrscheinlich aus derselben besorgten Einsicht heraus, eine sehr hübsche Formulierung. Er meinte, die russische Literatur von heute sei eine ungemein fruchtbare Mutter, die sich über jedes neugeborene Kind freue. Die Kinder sollten aber dieser Mutter nicht immer nur »Bügeleisen« schenken, sondern schönere und erfreulichere Dinge. Es läßt sich denken, daß diese proletarischen Schriftsteller, auf welche »die Leichtigkeit des Weges einen lähmenden Einfluß« gehabt hatte, erschraken, als Bucharin sie so schonungslos kritisierte, und laut gegen ihn wetterten. Unter stärkstem Beifall des ganzen Kongresses aber rief Bucharin in seinem Schlußwort diesen Widersachern zu: »Meine Opponenten bemühen sich, mich als ›Liquidatoren der proletarischen Poesie‹ hinzustellen. Sie ruhen auf ihren Lorbeeren aus, bleiben zurück, und sind, während sie sich für Genies halten, nicht gerade sehr entzückt von der Forderung nach strenger, angespannter Arbeit. An keinem Abschnitt unserer Kulturfront ist der Individualismus so stark, sind die Überreste des altrussischen Bärenhäutertums so groß und drohen so häufig in Wichtigtuerei überzugehen ...« Und er zitierte aus der Rede des georgischen Dichters Sandro Euli den scharfen, fast proklamatischen Satz: »Wir dürfen in unserer Sowjetliteratur keine Würdenträger und Schwätzer dulden!« Jeder, der solche Reden hörte, bewunderte die ehrliche Selbstkritik der Russen. Noch imponierender war die erregende, voll entfachte Teilnahme des ganzen Volkes, das in diesen Wochen und noch lange nachher die Sache seiner Schriftsteller zu seiner eigenen machte. Wir besuchten auf unserer darauffolgenden Reise durch die Union viele, viele Betriebs- und Kollektiv-Versammlungen und waren erstaunt, wie eingehend die Arbeiter und Bauern, die Marine und die Rote Armee über die Referate der verschiedenen Kongreßdelegierten diskutierten. Skeptiker oder – wie ich sie nannte – »Schattenseitler« hätten dabei freilich immer noch sagen können, man habe solche Veranstaltungen von oben her befohlen, um bei uns Ausländern Eindruck zu machen. Gewiß können unablässige Propaganda und derartige Befehle viel »machen« – eins aber nicht: eine solche besessene Interessiertheit, so ein rührend ruheloses Fragen, einen derartig natürlichen Bildungshunger aller Schichten [37].

Es war doch keineswegs so, daß wir nur Versammlungen besuchten; jeder von uns kam mit allen möglichen Privatmenschen zusammen, ein Freundeskreis traf sich, ein Bekannter begegnete einem und kaum war die Unterhaltung halbwegs im Fluß, da begann schon eine heftige Diskussion über diese oder jene Kongreßrede. Eine unbekannte Komsomolzin, die sehr gut deutsch sprach, redete mich im Hotel an. »Genosse, Ihr Roman ›Bolwieser‹ ist merkwürdig«, sagte sie selbstbewußt: »Zuerst ist er bürgerlich realistisch, die Schlußkapitel sind sentimental ... Warum sind Sie psychologisch und zeigen neben dem Menschlichen nicht auch die gesellschaftlichen Zusammenhänge ... Die Resignation Ihres Helden überzeugt nicht ... Wollen Sie nicht mit uns sprechen?« Und wir unterhielten uns zu viert eine ganze Nacht so heftig, daß wir nicht einmal das Morgengrauen merkten. »Huj, jetzt aber schnell, wir müssen in die Fabrik«, sagten drei meiner Partnerinnen, die vierte mußte zur Universität. Sie waren nicht müde. Sie hatten den Schlaf vergessen, so wichtig schien ihnen diese Aussprache.

In der berühmten Musterstadt »Bolschewo«, die für Sträflinge erbaut worden war und sich außerhalb Moskaus inmitten eines herrlichen Waldes befand, bestürmte eine ganze Gruppe André Malraux. Sie sprachen französisch mit ihm, hatten sein letztes Buch gelesen und diskutiert, nun aber wollten sie wissen, wie der Schriftsteller zu der Auffassung gekommen sei, daß die derzeitige Sowjetliteratur zwar marxistisch sei, aber kulturell wenig entwickelt wäre. Malraux hatte in seiner Rede gesagt: »Der Marxismus ist das Bewußtsein des Sozialen; Kultur ist das Bewußtsein des Psychologischen. Der Bourgeoisie, die sagte: Das Individuum, wird der Kommunismus antworten: Der Mensch ... Die Ablehnung der Psychologie in der Kunst führt zu absurdem Individualismus, denn jeder Mensch müht sich, sein Leben zu denken, ob er will oder nicht ...« Er hatte der Sowjetliteratur zwar fotografische Treue, aber Mangel an »Gefühlen und der Mittel, sie auszudrücken« nachgesagt. Das beschäftigte die Bolschewo-Menschen so heftig, daß einer von ihnen sogar eine Abhandlung in französischer Sprache verfaßt hatte, die er dem französischen Schriftsteller mitgab. Sie ließen Malraux nicht mehr aus, sie stellten immer wieder neue Fragen. Wohlgemerkt, diejenigen, die sich da so heftig um derartig hochgeistige Dinge stritten, waren ehemalige Diebe, Raubmörder, Einbrecher und Betrüger, die hier völlig frei und neuartig zu brauchbaren Menschen erzogen wurden. Wir sahen eine Gemäldesammlung dort, höchst sonderbar und mitunter genialisch. Jede europäische Kunstausstellung hätte stolz auf so eigenartige Talente sein können.

In Orel, auf der Rückfahrt nach Moskau, traf mich ein Araber, der schon jahrelang in der Sowjetunion lebte. Er hatte verschiedene Bilder und Karikaturen von mir in der Presse gesehen und erkannte mich. »Warum benützen Sie soviel Dialekt in Ihren Büchern, Genosse Graf?« fragte er: »Ich habe mich nur schwer hineinlesen können ... Die paar russischen Übersetzungen sind schlecht ... Haben Sie nicht gehört, daß Gorki eine Sprachreinigung verlangt?« Ich ver-

teidigte den Dialekt als ein sprachbereicherndes Element. Er dachte lange nach und sagte: »Hm, das muß man diskutieren, das ist wichtig ... Schade, Sie sollten doch auf dem Kongreß gesprochen haben! Oder schreiben Sie eine Arbeit darüber, bitte ...«
Viele Male mußte unser Freund und Reiseführer Sergej Tretjakow in den Versammlungen über bestimmte Punkte des Kongresses Aufklärung geben. Unermüdlich bedrängten ihn die wißbegierig Fragenden. Es waren Fabrikarbeiter und Arbeiterinnen nach der Schicht, müde Bauern, Jungpioniere, Soldaten und Intelligenzler – ihre Augen leuchteten, ihre Gesichter waren voll Spannung ... Nein, die »Schattenseitler« kamen nicht auf ihre Rechnung, sie wurden Lügen gestraft. Der Geist des Kongresses bewegte das ganze Volk. »Früher, Genosse«, sagte ein Naphta-Arbeiter in Baku zu mir, »ja, früher einmal, da haben wir in der Union auf die Hilfe unserer ausländischen Genossen gehofft ... Wir wissen ja, ihr seid viel klüger als wir ... Jaja, bei uns funktioniert sehr viel noch nicht ..., auch noch recht schlechte Bücher haben wir, nicht bloß schlechtes Papier, aber wir haben jetzt so viele Schriftsteller ... Jeder Mensch kann schreiben und lesen ... Jetzt geht es vorwärts. Wir können uns schon allein helfen ... Wenn wir mehr Zeit haben, werden auch unsere Genossen Schriftsteller bessere Bücher schreiben ... Sie lernen vom Ausland, aber sie verlassen sich nicht mehr drauf ...« Als ich ihm entgegenhielt, daß Lesen- und Schreibenkönnen noch keinen Schriftsteller macht, meinte er mit stolzem Lächeln, Naphta müsse ja auch erst filtriert und gereinigt werden, bevor es verwendungsfähig sei. »Aber wir haben sehr viel, sehr viel Naphta!« schmunzelte er. Und ich mußte denken: Glückliches Volk, das so an eine große Zukunft glauben kann.

**KUNTERBUNTE ERLEBNISSE**

Merkwürdig, wie schnell ich mich an das Moskauer Leben gewöhnte. Schon nach den ersten Tagen fühlte ich mich fast wie zu Hause. ›Das kommt wieder nur daher, weil Du kein Heimweh kennst‹, fiel mir manchmal flüchtig ein, und es beschäftigte mich ernstlich, woher nun eigentlich dieses Gefühl einer derart raschen Geborgenheit kam. Etwa von der unbeschreiblichen Gastlichkeit oder von all den Annehmlichkeiten und Freuden, die man uns hier schier zu reichlich bot? Seit der erzwungenen Emigration, seitdem das derzeitige deutsche Regime meine Wohnung, meine Bibliothek beschlagnahmt und mich ausgebürgert hatte, war es freilich für einen so seßhaften Menschen wie mich ein bißchen schwer, und die Existenzmöglichkeiten als deutscher Schriftsteller im Ausland waren gering – immerhin, es ging, wie man in meiner Heimat sagte, »immer noch halbwegs um« und, ehrlich gestanden, im Grund genommen war ich sogar froh, nicht mehr zu besitzen als das, was in einige Koffer zu packen war. Frei und unbeschwert, voller Überraschungen und Abenteuer, genau so wie einst während der Bohémezeit bot sich das Leben dar. Jede spießbürgerliche Bedachtsamkeit, jede Besitzgier und Zukunftsberechnung hatten aufgehört. Man lebte gewissermaßen nach den Gelegenheiten. Seltsamerweise hatte ich es bis jetzt überall sehr schön gefunden. Das Jahr in Wien war bis zuletzt ziemlich geordnet und geregelt verlaufen, und Brünn liebte ich ungemein. Und jetzt – in Moskau? Wieder war es, als sei's gar keine Fremde!
Woher kam das? Lag vielleicht der Grund darin, daß mir hier mehr wie irgendwo anders jeder Mensch – ganz gleichgültig, wer er war und ob er deutsch konnte – als vertrauter Genosse erschien, mit dem ich mich vom ersten Augenblick an unausgesprochen, aber geradezu schrankenlos verstand?
Verstand ich mich denn mit meinen deutschen Kameraden hier nicht auch? Oja! Aber anders. Ich bin ein sehr verträglicher Mensch, ich mag alle Menschen gern, leider aber – wirklich lieben kann ich fast keinen. Ich weiß nicht einmal warum, aber ich schaue zu viel und zu gründlich zu, bin zu besessen von einer rein egoistischen Neugier und – es ist

manchmal schauerlich – immer, wenn ich mich ganz intensiv mit einem Menschen beschäftige, wenn ich ihn anschaue – Augen, Gesicht, Hände, den ganzen Körper – wenn ich die Stimme höre, die kleinen Schwächen und Eitelkeiten erspähe, immer springt mich der schreckliche Gedanke an: »Hm, wie wird er als Toter aussehen? Hm, er bleibt nicht ... Nichts bleibt, gar nichts, verflucht!« Das ist nichts Schönes und nichts Gutes an einem Menschen, wahrhaftig! Daher vielleicht kommt mein Humor, meine Ironie, meine – mich selber oft peinigende – Ungläubigkeit. Daher aber wohl auch die Unersättlichkeit meines Hungers nach immer wieder neuen Menschen. Meine deutschen Kameraden waren mir schon zu sehr bekannt. Die Sowjetmenschen nicht. Die deutschen Freunde unterschieden sich gründlich von ihnen, so gründlich, daß es mir oft grotesk vorkam. Einmal im Hotel – ganz unerwartet – hieß es, wir deutschen Kollegen sollten uns zu einer Besprechung in einen oberen Hotelsaal begeben. Ich kam an und sah meine Freunde ziemlich ernsthaft beraten. Was berieten sie?
Ob man den Hotelkellnern, die doch auch Genossen, vielleicht sogar GPU-Funktionäre wären, Trinkgeld geben könnte. »Trinkgeld?« rief ich erstaunt mittenhinein: »Ja, das geb' ich schon von Anfang an! ... Von uns verdient doch jeder massenhaft Geld hier, vom Radio, von Zeitungsbeiträgen, von den Verlagen – was sollen wir denn damit anfangen?« Es war wirklich so. Jeder hatte die Brieftasche voll leichtverdienter Rubel, die er in der Sowjetunion unbedingt verbrauchen mußte [38]. Komischerweise aber sparten die meisten meiner deutschen Freunde. Sie waren nicht selten knauserig. »Soso, hm ... Soso, Du gibst schon immer Trinkgeld?« fragten sie etwas sonderbar. Sie gaben natürlich nie eins. Jetzt erst wurde mir klar, warum ich stets so zuvorkommend bedient wurde. Ich bekam sogar – was keinem bis jetzt gelungen war – ohne Valuta, sondern mit meinen Rubeln zu jeder Mahlzeit Wodka. Ich verbiß ein Kichern und sah in die Gesichter rundherum. Eine kleine Pause war entstanden. Offenbar grübelten alle sehr ernsthaft darüber nach, wie diese schwierige, allem Anschein nach hochpolitische Frage zu lösen sei. Endlich kamen sie zu dem Beschluß, drei Rubel Trinkgeld zu akzeptieren. Nur, meinten etliche, man

sollte es stets diskret unter den Teller schieben. Das fand ich dumm und geschmacklos, aber ich sagte nichts dagegen. Am anderen Tag sahen einige, wie ich dem Kellner einen Schein gab. »Wa-was? Was gibst Du denn da?« fuhren sie alle gleicherzeit auf mich los, als der Kellner weg war. »Naja, das was ich immer gegeben hab'! Drei Rubel! Ist doch beschlossen!« rief ich und zeigte so eine Banknote. Eine große 3 stand drauf. »Mensch! Mensch!! Bist Du denn total verrückt! Das sind doch drei Tscherwonzen! 30 Rubel!!!« belehrten sie mich empört. Ziemlich verstörte Gesichter hatten sie. »Aber was! Ich kenn' doch das Geld nicht – und überhaupt, wir haben doch soviel!« warf ich hin und sah die Freunde lächelnd an: »Hm, seltsame Käuze seid Ihr! Zu was spart Ihr denn? ... Ich kauf jeden Tag ein ... Das Geld muß weg! Deswegen ists doch da ... Und es gibt jetzt schon massenhaft schöne Sachen! ... Überhaupt, was ist das für ein Sozialismus von Euch? Wollt' Ihr Millionäre werden hier? ... Ich versteh' das nicht!« Ich gab unentwegt meine dreißig Rubel Trinkgeld. Ich kaufte im staatlichen Warenhaus »Mostorp« alles, was ich sah. Vom Rasierapparat bis zum Pelzmantel, von der Seife bis zur Lederjacke, von den Schuhen bis zur wunderbaren Aktentasche. Ich wollte doch wenigstens, wenn ich wieder in mein Emigrationsland zurückkehrte, das haben, was ich dort nie und nimmer kaufen konnte. Wie ein Bauer in der Inflationszeit kaufte ich ein. Meine Kameraden musterten mich oft sehr mißfällig, wenn ich mit einem großen Paket ins Hotel zurückkam. Im übrigen, es war angenehm, in der Sowjetunion einzukaufen. Der Verkäufer zeigte die Ware – zum Beispiel einen Koffer – und sagte, indem er drauf hinwies, ganz ruhig: »Sehn Sie, das Schloß funktioniert nicht ... Fehlerhaft, aber wir haben diesmal keine anderen.« Er drängte nichts auf. Er war freundlich, korrekt und stolz. Ich sah ein Paar Halbschuhe. Sie paßten wunderbar. »Großartig ... Charascho Sowjetski!« lobte ich die Schuhe. »Nein«, sagte das Fräulein und drehte den Schuh um: »Das ist nicht Sowjetware ... Englisch ... Wir bekommen erst in einer Woche Sowjetschuhe [39].«
Es war lehrreich und sehr amüsant, Sowjetrussen einkaufen zu sehen. Sie hatten dabei einen Glanz in den Augen, aber doch sehr bedachtsame Gesichter. Sie prüften mit einer ge-

wissen, noch erstaunten, leicht zweiflerischen Neugier die Ware. Ich sah einen Arbeiter im »Mostorp«, der allem Anschein nach seinen freien Tag zu notwendigen Einkäufen benützte. Er trug schon allerhand Pakete und landete jetzt bei der Abteilung Damenwäsche. Da lagen Büstenhalter, schmale und breite Hüftgürtel und Korsetts. Er musterte alles sehr interessiert, nahm endlich einen Büstenhalter und legte ihn ohne jedes Genieren um seine breite Brust. Die Verkäuferin sah ihm ruhig zu und zeigte eine ernste Miene. Einige Passanten lächelten verstohlen. Der Arbeiter war vollauf beschäftigt und achtete nicht auf seine Umgebung. Er legte den Büstenhalter wieder hin, nahm einen anderen — nein, auch der schien der rechte nicht zu sein. Er probierte noch etliche, und endlich fragte die Verkäuferin. Er beschrieb nun mit sehr deutlichen Arm- und Handbewegungen die ungefähre Figur seiner Frau, und die Verkäuferin fand einen Halter in solcher Größe. Er nickte. Dann nahm er einen breiten Hüftgürtel und manipulierte ebenso herum — es sah recht grotesk aus, bis er den passenden fand. »Da-dadada«, sagte er zum Schluß und ließ sich die Sachen geben. Dabei schien er, soviel ich verstehen und aus seinen Gesten lesen konnte, sich fortwährend zu entschuldigen, daß seine Frau nun einmal so dick sei. Seinen Blicken nach zog er auch irgendwelche Vergleiche mit ihr und der schlanken Verkäuferin. Die aber bekam plötzlich ein sehr ernstes, fast böses Gesicht und schlug die Augen nicht mehr auf. Eine derartige, beinahe unnatürliche Prüderie fiel mir in Moskau sehr oft auf. Man konnte in keinem Lokal oder auf der Straße verliebte Blicke werfen, das sogenannte »Schäkern« nahmen Mädchen und Frauen sehr übel. Alsogleich bekamen sie beleidigte Mienen. Irgendwie ging ihnen der Humor für so etwas ab. Ganz zufällig und ungewollt wandte ich mich im Hotel einmal an eine nette Intourist-Angestellte, von der ich wußte, daß sie deutsch verstand, und fragte nach der Toilette. Sie sah mich mit einem geradezu giftig strafenden Blick an und ging, hochrot im Gesicht, weiter. Während unserer Reise nach der Krim saß ich einmal mit einer völlig russifizierten amerikanischen Ingenieurin und ihrem Mann im Coupé. Der Mann schwärmte davon, später, wenn er seinen Plan erfüllt habe, sein Leben in einem kleinen weltabgelegenen Häuschen zu

verbringen. Seine Frau opponierte heftig dagegen. »Hm, er ist eben ein Träumer, Genossin«, sagte ich: »Sie aber, Sie sind der Motor! Sein Motor!« Die Genossin wurde flammend rot und wies mich streng zurecht, ich solle gefälligst solche Anzüglichkeiten lassen. Meine entschuldigenden Erklärungen machten nichts besser. Erst mein Freund Serjoscha Tretjakow glättete mit einer langen Debatte diesen Sturm im Wasserglas. Als ich mit ihm allein war, sagte ich: »Das ist echt amerikanisch.« – »Nein-nein-nein«, widersprach er: »Die Sowjetfrau ist sehr empfindlich ... Sie haßt Anzüglichkeiten. Sie versteht sowas gar nicht.« – »Ja, du lieber Gott, das mit dem Motor war doch absolut keine Anzüglichkeit! Ich hab' doch bloß ihn und sie psychologisch unterscheiden wollen«, wehrte ich mich. Er begriff zwar, aber er riet mir doch, sehr acht zu geben. »Aber, Mensch! Serjoscha, das ist doch nicht echt! Das ist doch unnatürlich«, sagte ich. Er antwortete nur: »Du Dummkopf! ... Für solche Lächerlichkeiten haben wir keine Zeit.«
Nein, es war keineswegs echt amerikanisch, dieses Prüdetun! Am Strand auf der Krim sah ich ein verliebtes Ehepaar engumschlungen zum Badeplatz gehen. Am Meer trennten sie sich auf einmal, sie ging zirka hundert Meter weiter, er blieb zurück. Sie badete – wohlgemerkt nicht nackt, im Anzug – weit weg allein, er in der Badehose hier. Später kam sie völlig angezogen zurück. Sie setzten sich zusammen und sie manikürte ihm die Fingernägel. Er war ein Arbeiter, sie eine Arbeiterin. Er hatte schwielige Hände. Es störte sie nicht, daß wir zusahen. Mir kam das höchst lächerlich vor. »Warum macht Ihr das? Das paßt doch nicht zu Euch, das ist auch in Europa bourgeois für einen Genossen?« ließ ich sie durch einen russischen Genossen fragen. »Aber es ist kulturell«, erwiderten sie. Unter »kulturell« verstanden sie nicht etwa eine aus dem Volksgeist gewordene Kultur, sondern nur die letzten Errungenschaften einer technisch vollendeten Zivilisation.
Wir Westeuropäer waren noch größtenteils mit jener traditionellen Vorstellung vom russischen Menschen in die Sowjetunion gekommen, die wir aus der russischen Geschichte und aus der russischen klassischen Literatur gewonnen hatten. Irgendwo lebte in uns noch der unterwürfige Muschik, der

rechtlose Arbeiter als Bild, wenn auch nicht mehr ganz als Wirklichkeit. In uns war mit dem Begriff »Rußland« das Dumpfe, Vergrübelte, Religiöse und Mystische noch immer tief verbunden. Wir glaubten letzten Endes eben doch noch – wenn auch uneingestanden – an ein asiatisch-geheimnisvolles Volk, dessen Seele auch die sozialen und politischen Veränderungen gleich gelassen hatten. Aber das jetzige Sowjetvolk war ganz und gar anders!
Was waren das doch für beunruhigend-interessante Menschen, die ich hier beobachten und kennen lernen konnte! Skepsis kannten sie nicht. Ehrenburg war die einzige Ausnahme selbst unter den Schriftstellern. Er hatte jahrzehntelang im Westen gelebt und dort seine intellektuelle Reife erhalten. Nein, Skepsis war dem Sowjetmenschen fremd. Jeder von ihnen war optimistisch und heiter, merkwürdig geheimnislos und dennoch tief skurril. Ob Kind, ob Erwachsener, ob Arbeiter, Funktionär oder Intellektueller – sie waren alle ein bißchen provinziell, vielleicht mehr bäuerlich. Sie waren voll des breiten, etwas drastischen Humors, aber ohne Verständnis für europäischen Witz. (Ein Blatt wie etwa der »Simplizissimus« in seiner besten Zeit würde hier nie verstanden worden sein.) Unsere Art von Intellektualität, von Ironie oder auch wirklichem Tiefsinn verstand man nicht. Dagegen aber waren die Sowjetmenschen ungemein einfallsreich im sinnlich Erfaßbaren, spielbegabt wie selten ein Volk, hingerissen von allem sichtbar Neuen, kindlich bewundernd, wenn es sich etwa um technische Fortschritte oder hygienische Errungenschaften handelte. (In dieser Hinsicht war zum Beispiel Maxim Gorki, der seit jeher Wissenschaft, Technik und Zivilisatorisches in seinen ganzen Schriften allzu einseitig überschätzt hat, der erste und echteste sowjetische Mensch.) Es machte wirklich manchmal den Eindruck, den zwingenden Eindruck sogar, als sei dieses Millionenvolk über Nacht amerikanisiert worden und als freue es sich darüber gewaltig. Dennoch war dieser Amerikanismus echt russisch, denn die Nüchternheit, die eine solche Wandlung zur Folge hatte, war keineswegs plump und geschäftsbedacht, nein sie war fast weich, lustig, ja gewissermaßen charmant. Hier war man betont gesund und – was überhaupt nicht zur Nüchternheit paßte – ungeheuer neugierig.

Eine Arbeiterin auf der nächtlichen Moskauer Straße trat an uns heran und fragte: »Sagen Sie, Sie sind Ausländer? ... Was trägt man im Westen? Skunks oder Maulwurf?« Russinnen, die ins Hotel kamen, schielten höchst interessiert auf die ausländischen Damen, wenn diese sich puderten und die Lippen bestrichen. Nicht anders machten es die hünenhaften Stoßbrigadlerinnen, die beim Bau der berühmten Moskauer Untergrundbahn, der »Metro«, mithalfen. Sie kamen in ihren lehmstarrenden Overalls mittags vom Schacht herauf in die Sonne. Was war ihr Erstes? Sie besahen sich im kleinen Taschenspiegel, sie puderten sich, der Lippenstift trat in Funktion, sie rauchten, und sie lugten mit gierigen Forscherblicken auf jede europäische Frau, um ihr etwas abzusehen: Wie man sich bewegt, auf welcher Seite der Herr geht, was man trägt und vor allem, wie man es trägt. Ich erfuhr, daß das Kaufhaus »Mostorp« siebzig französische Schneider engagiert hatte. Die ersten Damenkleider, Kostüme und Mäntel waren ausgestellt. Jeden und jeden Tag standen nun Dutzende von Arbeiterinnen davor und zeichneten mit hingebungsvollem Eifer, mit freudigem Fleiß die Modelle ab. Ihre Gesichter waren belebt und gespannt, ihre Wangen zeigten eine leichte Röte, ihre Augen glänzten vor erregtem Glück und ihre Hände arbeiteten flink und geschickt. Sie konnten sich nicht satt sehen an diesen Herrlichkeiten, ihre Eile im Zeichnen verriet, daß sie kein Stück auslassen wollten. Komischerweise wurde ich bei all dem immer an eine reichgewordene, heftig antisemitische Brünner Wirtin erinnert, die stets die Eleganteste sein wollte und darum – nur bei den teuersten jüdischen Modefirmen einkaufte. »Wissen Sie«, war ihre Meinung, »diese Juden sind ja eine furchtbare Bagage, aber die Jüdinnen, die verstehn den Chik aus dem FF ... Die treffen das großartig raffiniert ... Bittschön, richten Sie mich genau so her! Putzen S' mich auch so jüdisch nobel raus!« Es schien mir immer – abgesehen von der sichtlichen Freude darüber, daß sie nun nach langen schweren Jahren so etwas haben konnten – als triebe die Russinnen dasselbe Gefühl. Sie wurden fast magisch angezogen von allem Neuen und Unbekannten. Das Fremde beunruhigte, ja, überwältigte sie geradezu. Ich sah Frauen und Mädchen in Moskau und später an der Krim, die waren gekleidet wie nach der Mode von vorgestern und heute zugleich, halb russisch, halb europäisch. Es war ihnen anzusehen, daß sie besonders stolz auf die neuen Stöckelschuhe, auf den modern geschnittenen, anliegenden Rock oder auf die unmöglich buntgeblumte Seidenbluse waren. Auf der Krim begegnete ich Arbeiterinnen, die in den wunderbaren Sanatorien ihren Urlaub verbrachten. Sie trugen am Vormittag, bei der Strandpromenade, kühn ausgeschnittene dunkle Abendkleider und Sandalen dazu. Sie waren so aufdringlich bemalt, als seien sie bei einer Varietébühne engagiert. Es genierte sie nicht im geringsten, ob das, was sie trugen, zusammenpaßte. Geschmack schien bei ihnen nicht ausgebildet. Kindlich naiv schwelgten sie im Glück ihrer tätigen Neugier. Diese Neugier ging durch das ganze Volk.

Im »Mostorp« sah ich im ersten Stock, vor der Abteilung Herrenanzüge, einmal eine Schlange von Arbeitern. Die Kleiderbügel hingen voll. Ich bemerkte nicht, daß ein Verkäufer irgendeinen Anzug anbot. Ich drängte mich nach vorne und erstaunte. Da lagen, hochaufgestapelt, nagelneue Smoking-Anzüge. Die Arbeiter probierten eifrig. Sie waren ganz dabei. Zum Schluß zog jeder mit strahlendem Gesicht, das Paket mit dem Smoking unterm Arm, ab. Nach kurzer Zeit war der Stapel weg. »Wart' einen freien Tag ab«, sagte der mich begleitende deutsche Genosse: »Da siehst Du sie wie Eintänzer rumlaufen.«

Als wir – eine Kolonne von Autobussen – nach der schon erwähnten Sträflingsstadt »Bolschewo« fuhren, bemerkten wir etwas abseits von etlichen Häusern, mitten auf einer Wiese, zirka ein Dutzend Menschen mit einem Sarg, vor einem aufgeworfenen Grab. Es war ein kärglich-trauriger Anblick. Kaum aber sahen die Trauernden unsere heranbrausenden Autobusse, da ließen sie den Sarg schnell in die Grube fallen und rannten allesamt wie besessen auf die Straße zu, johlend und mit lachend-freudigen Gesichtern. Der Tote war vergessen, sie staunten die Autobusse an und winkten noch lange. Moskau glaubt nicht an Tränen [40], fiel mir ein, und [ich] gab mir selbst die Antwort: »Nur an das Neue und Lebendige, an das Überraschende!«

Mit einem deutschen Freund ging ich auf der Straße. Er griff in die Tasche und zog eine winzige Leporello-Broschüre her-

aus und fing an, sie in der Art einer Ziehharmonika auseinanderzuziehen. Sofort sammelte sich eine Menschenmenge um uns, Hälse reckten sich, neugierige Gesichter drängten sich heran, staunende Ausrufe erschollen. Es blieb nichts anderes übrig, wir mußten in die Straßenbahn, um loszukommen.
Wir besuchten ein Moskauer Kino. Dort wurde ein europäischer Lustspielkitsch gegeben. Die Russen lachten nur bei ganz drastischen Stellen. Dann aber ereignete sich etwas Rührend-Groteskes. In der Handlung kam eine Rolltreppe vor. Sofort setzte ein besessenes Klatschen ein, ein jubelnder Beifall brach aus. Immer, wenn die rollende Treppe auf dem Bild erschien, das Gleiche, schier so, als sei nur sie das einzig Sehenswerte. Ich glaube, die Menschen hätten stundenlang nur diesem spielzeugähnlichen Mechanismus zugejubelt.
In der riesigen Moskauer Lastkraftwagen-Fabrik »Amo«, die wir besichtigten, führte uns ein österreichischer Ingenieur, der schon jahrelang als Spezialist hier tätig war. Auffallenderweise begleiteten uns dabei vier stumme Arbeiter mit typisch bäuerlich russischen Gesichtern. Einige Mißtrauische unter uns munkelten siebengescheit etwas von GPU. »Sagen Sie, Genosse«, wandte ich mich an den Ingenieur, »was sind das für Genossen? Etwa von der GPU?« Ich habe die Erfahrung gemacht, daß direkte, fast abrupte Fragen nie eine Mißstimmung oder gar einen Verdacht aufkommen lassen, im Gegenteil, sie entwaffnen den Befragten. Er glaubt meistens, man ist völlig arglos oder naiv. Der Ingenieur lächelte kurz und blickte fast mitleidig auf uns. »Das?« erklärte er: »Das sind Arbeiter aus dem Schwarzerdegebiet ... Neulinge noch ... Sie müssen erst den Schrecken und die Neugier vor den Maschinen verlieren ... Früher, da haben wir einfach soundso viel Arbeiter eingestellt und an die Maschinen gelassen. Wir haben ihnen alles gezeigt und sie angelernt ... Hör' zu, Genosse, hat man ihnen gesagt, du mußt so drehen, dann klappt's, aber dreh ja nicht so, da geht die ganze Maschine kaputt ... Gut, die Neuen sind drangegangen ... Es war nichts zu machen, es hat sie förmlich gejuckt – sie haben den Hebel unbedingt nach der verkehrten Seite drehen müssen und der Schaden war da. Sie wollten einfach dahinterkommen, ob's wirklich so ist ... Jetzt gehn wir anders vor. Wir gewöhnen sie langsam dran. Das hat sich sehr bewährt ...

Menschen und Zeit haben wir ja mehr als viel ...« Er sagte etliche freundliche Worte zu den vier Arbeitern. Sie lächelten, sahen uns an und wurden ein wenig verlegen.
Hoch droben in den kaukasischen Bergen, als unsere Autos ein Dorf passierten und vor dem örtlichen Sowjet Halt machten, sammelten sich Tataren und Muselmänner in ihren phantastischen Trachten. Scheu betrachteten sie unsere Autos. Aus dem Halbkreis trat ein alter Muselmann, ging vorsichtig auf ein Auto zu, betastete es und legte endlich seine flachen Hände auf den erwärmten Kühler. Er begann das Blech zu streicheln und sein Gesicht verlor die Spannung. Er machte auf einmal beschwörende Bewegungen und schaute immerzu unverwandt auf uns. Er streichelte wiederum das Auto und fing merkwürdig laut zu reden an. Es klang wie geschimpft, sanft wieder, dann herausgestoßen. Er trat zurück, trat vor, sah uns an, wandte sich an seine Landsleute, breitete die Arme aus, klagte, schrie, schien zu beten oder zu fluchen. Endlich kamen die Beamten vom Dorfsowjet, die Tretjakow geholt hatte. »Was hat er!? Ist er wütend? Flucht er?« fragten wir. Tretjakow erkundigte sich bei den Sowjetgenossen. Sie erklärten und lächelten dabei. Der Alte unterbrach seine seltsame Zeremonie nicht. »Er hält eine Rede!« wurde uns übersetzt: »Er sagt – wo Ihr herkommt mit diesen wunderbaren Maschinen, die Berge bezwingen, das muß ein gewaltiges Land sein ... Sagt, liebe Freunde, wir wollen zu diesem Land gehören, das solche Wunder schafft ...« Es war wirklich wie in einem Märchen. Jetzt wagten auch die anderen Dorfgenossen, unsere Autos zu berühren und redeten freudig auf uns ein. Sie liefen uns begeistert bis zum Dorfende nach und winkten noch lange. Zuletzt standen sie wie gebannt, bis wir verschwanden.
Wie stark, wie zwingend diese ganze kindlich stolze Stimmung aller Sowjetvölker aber auch auf europäische Menschen einwirkt, die lange Zeit in der Union lebten und sich dort assimilierten, das habe ich sehr oft erlebt. Das sind dann die einfältigsten und unkritischsten Lobhudler. Ihre Unechtheit und Übertreibung sind ärgerlich.
Mit einem anderen Österreicher, der schon seit 1925 hier lebte und die Union viele Male durchreist hatte, fuhr ich einmal mit dem Auto aufs Land. Weite, glatte, satte Wiesen

kamen. »Stopp Towarisch, stopp!« rief mein Begleiter plötzlich dem Chauffeur zu. Der Wagen hielt an. »Da komm raus ... Ich muß Dir was zeigen«, rief der Österreicher und ich folgte. Wir gingen auf ein niederes Holzhaus zu, davor grasten zwei Kühe. Mein Begleiter trat auf sie zu, hob der einen den Kopf, klopfte sie zärtlich auf den Hals und sagte zu mir: »Schau Dir das an! ... Hast Du schon einmal so schöne Kühe bei unseren Kleinbauern gesehen? Solche Prachtstücke?!« Mir blieb die Luft weg. Mir blieb das Wort in der Kehle stecken. Entgeistert schaute ich ins Gesicht dieses Menschen. »Sag' selber – gibts so etwas bei uns daheim?« fragte der erneut. Ich hielt es nicht mehr aus. »Du bist doch ein vollkommener Idiot!« rief ich: »Solche Kühe gibts doch auf der ganzen Welt! Jeder Kleinbauer bei uns hat genau so schöne! Quatsch doch nicht so einen aufgelegten Blödsinn daher!« Er schnitt eine Miene, als habe ich ihm eine Ohrfeige verabreicht. Ich glaubte, er habe seinen Verstand verloren. »Und deshalb hast Du anhalten lassen?« fragte ich und setzte höhnisch dazu: »Ich glaub', Du bist geisteskrank.« Ich lachte hellauf. Er faßte sich wieder. Wir gingen zurück. »Also ich muß sagen, bei uns in der Steiermark, da hab' ich noch keine solche Kuh – allerdings, ich betone, bei einem Kleinbauern gesehen!« wollte er mir absolut einreden und schloß: »Sie waren mager, ausgerackert und sie haben kaum noch Milch gegeben ... Ich schwör' Dir's!« Er legte die Hand auf's Herz. »Jaja, schließlich wirst Du ja auch noch sagen, bloß in der Sowjetunion ist der Himmel blau!« spöttelte ich weiter. Wir fuhren zurück nach Moskau. »Ihr seid eben alle Snobisten und Literaten!« murmelte mein Begleiter einmal. Ich widersprach nicht, es schien hoffnungslos.
Es läßt sich denken, daß meine bayrische Tracht überall hitzige Neugier erweckte. Man rätselte herum. »Amerikanski!« hörte ich ab und zu im Vorübergehen. Einige wiederum hielten mich für einen Schotten. In der Moskauer »Deutschen Zentral-Zeitung« stand eine heitere Glosse, in welcher ich – so wurde erzählt – von einem sowjetrussischen Kostümfachmann als »Älpler aus dem Kaukasus« rekognosziert wurde.
Zwei Tage vor dem Abschluß des Kongresses führte uns Koltzow in den berühmten Moskauer Kulturpark. Diese

riesenhaft ausgedehnte Erholungsanlage für die Arbeiter ist mustergültig und enthält alles nur Erdenkliche: Freilichttheater, moderne Kinos, mächtige Badeanlagen, Tennisplätze, Skigelände, Klubhäuser, Ausstellungsgebäude für Malerei und Literatur, Kinderhorte und Spielplätze, endlich einen ständig belagerten Fallschirmspringturm und weiß Gott was noch. Mir mißfiel nur eins am Tag unseres Besuches dort: Das staunende Volk wurde durch Milizionäre von uns ferngehalten. Es stand in dichten Spalieren die Wege entlang. An jeder Ecke durfte irgendeine Delegation Blumensträuße überreichen. Mit Blumen ging man überhaupt ungemein verschwenderisch um. Ich erfuhr bei einer solchen Gelegenheit auch, daß die Regierung die Losung ausgegeben hatte: »Blumen ins Volk! Blumen überall! Jede Woche mindestens einmal sowas wie einen Blumentag!« Ich sah überall riesige Blumenanlagen: Vor den Theatern und Fabriken, vor den Schulen und inmitten von breiten Avenuen. Blumen stehen auf den gedeckten Hoteltischen, in den besseren Eisenbahn-Coupés, Blumen kaufen die Menschen beim Spaziergang. Ich ging in der vordersten Reihe und mußte – wahrscheinlich, weil ich am meisten auffiel – jeden Strauß übernehmen. Schrecklich, zuletzt schleppte ich einen ganzen Berg mit, versuchte zu verteilen, aber kaum hatte ich mich etwas erleichtert, schon wurde mir wieder ein Riesenstrauß aufgeladen. Ich schleppte, schwitzte wie ein Lastesel – und, nun ja – ich lachte allereinnehmendst.

Wir sahen reizende Kindertänze unter freiem Himmel und freuten uns über die zahlreich herumspazierenden, überlebensgroßen, sehr witzig gestalteten Karikaturen, die ihre Kapriolen vorführten. Sie spielten gewissermaßen Theater für sich und bewiesen einen großen Einfallsreichtum. Da war zum Beispiel ein trostlos dreinschauender »witziger Herr« mit zerzaustem Strohhut, der mit seinem Stöckchen jonglierte, da war der stirnrunzelnde »Kritiker«, die »Bourgeoisdame«, die sich beständig empörte und endlich der raunzende »Kleinbürger«. Wir kamen durch eine breite Straße, an der rechts und links kleine Holzbuden mit Transparenten standen. Hinter einem Tisch saß ein Mann oder eine Frau. Man konnte sich hier für einen Rubel Honorar Auskunft in medizinischen, sanitären und juristischen Angelegenheiten holen. Zum Schluß

erreichten wir das »Grüne Theater«, eine Freilichtbühne mit Tausenden von Sitzplätzen. Turnerische Glanzleistungen, Akrobatik, Volkstänze und Gesänge wurden geboten. Hinreißend begabt waren einzelne Gruppen. Es war schon dunkel. Aus dem gegenüberliegenden Hügel, rücklings von den Zuschauerbänken, stand ein ehemaliges Lustschloß der großen Katharina II. Dort begann man nun ein mächtiges Feuerwerk anzuzünden, das den schwarzen Himmel phantastisch beleuchtete. Da holte mich eine Genossin ab, die mich zu den österreichischen Schutzbündlern bringen wollte. Wir gingen. Der Park war menschenvoll. Es roch nach frischem Gras. Die Wege entlang leuchteten gelbe Laternen. Wir schritten über eine dunkle Wiese, um den Weg abzuschneiden. Kaum aber tauchte ich auf, da rannten aus allen Ecken und Enden heitere junge Menschen herbei. Mädchen hängten sich an meine Arme, singend und lachend marschierten wir weiter. Eine dichte Masse folgte uns. Es war sehr lustig. Ich verlor im Trubel meine Begleiterin und rief ihr ab und zu entgegen: »Hallo, da bin ich, hallo! Halt Dich nur irgendwo in der Nähe!« Ich war glücklich in diesem Menschenstrom, denn Massen lösen in mir immer fast berauschende Gefühle aus. Ich hörte das Lachen, hörte das Singen und Johlen, spürte die Körper, welche nachdrängten und sang und schrie immerfort ganz sinnlos, aber vollkommen selig die zwei russischen Worte, die ich kannte, nämlich: »Charascho, Towarisch! Spasibo! ... Charascho! Spasibo!« Zu deutsch heißt das »Es ist gut, Genosse« und »Danke«. Der Jubel um mich wurde immer größer.
»Otschin Charascho! Otschin Charascho!« tönte es von allen Seiten. »Wunderbar! Großartig!« brüllte ich aus Leibeskräften meiner abgedrängten Genossin zu: »Großartig!« Und je mehr ich schrie, desto wilder wurden die Menschen um mich. Sie sprangen, tanzten, sangen und zupften an mir, als wär' ich ein fremdes Tier. Ich schrie noch mehr. Sie schrien auch noch mehr und lachten toll durcheinander. Ich spürte einen leichten Nadelstich in meinem Hintern und zuckte ein ganz klein wenig. Das Schreien und Springen hörte nicht auf. »Wunderbar! Großa-a —« holte ich eben wieder aus, aber, verflucht, was war denn das? Ich zuckte wiederum zusammen und fuhr mit meiner Hand abwehrend nach hinten. Ein Stich, mehrere, viele Nadelstiche. Ich stampfte ärgerlich und

fing bayrisch zu fluchen an. Das löste erst recht Lustigkeit aus. Das Gebrüll wurde ohrenbetäubend. Und wieder Stiche durch die Lederhose. »Ja, Himmelherrgottsakrament-Kruzifix!« donnerte ich stehenbleibend: »Laßt doch den Unsinn!« Vergeblich. Wie besessen fing die Masse zu lachen und zu toben an und sie stachen mehr. »Charascho!« schimpfte ich hilflos. »Otschin Charascho!« dröhnte es aus allen Kehlen voller Lust und – stach von neuem. »Kruzifix! Spasibo!« plärrte ich zornig und drängte die Menschen weg. Ein schallendes Gelächter war die Antwort. Plötzlich, mitten in mein schimpfendes Brüllen, schrillte ein Pfiff, und im Nu zerteilte sich der Haufen. Hurtig und scheu wurde er zum weitgespannten Ring von undeutlich bewegten Gestalten. Ein Zivilist trat auf mich zu, und ganz still war's auf einmal. Der Fremde sah energisch aus. »Was ist da?« fragte er. Ich zog meine rote Kongreßkarte und erzählte flüchtig.
»Was? Gestochen? Verwundet?« fragte der Mann einfältig. »Nein-nein, es ist weiter gar nichts... Bloß, sagen Sie doch zu den Genossen, sie sollen das lassen... Sie sind so lustig«, erklärte ich. »Also nicht verletzt?« erkundigte sich der strenge Mann und wandte sich an die gespannt herumstehenden Menschen. Sie wagten, heranzukommen, und er hielt eine scharfe Rede. Wie barsch zurechtgewiesene Schulkinder hörten sie zu. »Kommen Sie, ich bring Sie ins Hotel... Wir rufen ein Auto! Bitte!« wandte sich der Mann an mich, ging mit mir in ein Haus, telefonierte heftig, schließlich fand sich auch die österreichische Genossin wieder ein, mein ganzes Dawiderreden half nichts, nachdem kein Auto kam, brachte mich der witzlose Zivilist ins Hotel. Ziemlich enttäuscht suchte ich mein Zimmer auf. Schon rasselte das Telefon. »Sind Sie zu Hause? Sind Sie gesund, Genosse Graf? Befinden Sie sich wohlauf?« fragte jemand ohne Einleitung, sagte: »So, gut« als ich bejahte und war schon weg, als ich »Wer ist denn am Apparat?« fragte. Ich legte den Hörer hin, ärgerte mich kurz und mußte schließlich lächeln. ›Ein ordentliches Land‹, dachte ich, ›die Polizei funktioniert ausgezeichnet‹.
Als meine Freunde spät in der Nacht zurückkamen, erzählte ich den Vorfall. Es gab große Heiterkeit. Tretjakow notierte und wollte die Anekdote am nächsten Tag in der »Prawda« veröffentlichen. Doch – es wurde entschieden abgelehnt. War-

um? Es sei unangebracht, dem Publikum und dem Ausland zu zeigen, daß ein Gast des Unionskongresses angeflegelt und mit Nadeln gestochen worden wäre, hieß es. Erst viel später hat mein Freund Balder Olden diese lustige Geschichte, die ich beim besten Willen nicht als Flegelei ansehen konnte, im »Neuen Tagebuch« [41] wahrheitsgetreu erzählt. Sie macht heute noch in verschiedenen Variationen die Runde. Witz war nicht geeignet für die Sowjetunion ...

VOM GROSSEN GORKI UND VON DER KLEINEN BÜROKRATIE

An einem trostlosen verregneten Tag fuhren wir ausländischen Schriftsteller in vielen Autos aus Moskau hinaus, zum Wohnsitz Maxim Gorkis [42]. Einige, die in den Salons der Welt und deren Gebräuchen bewandert waren, hatten zu diesem Zweck dunklen Abendanzug angelegt, die Damen große Abendtoilette. Eine unbeschreiblich häßliche, zaundürre, verrunzelte Engländerin, von der es hieß, die sei millionenreich und habe seinerzeit bei der Befreiung Dimitroffs mitgeholfen, trug all ihren Schmuck und sah dadurch nur noch abschreckender aus. Sie war mir schon immer aufgefallen: Jeden Tag erschien sie in einem anderen, schreiend grellfarbigen Kleid, ihr zerfallenes, blaugeädertes Gesicht mit den hervorgequollenen Fangaugen war dick geschminkt wie ein kreidebestrichener Totenkopf, und stets funkelte nur alles so an ihr von Perlen und Brillanten. Es wollte sich eigentlich niemand recht mit ihr abgeben, aber sie half dem insofern ab, als sie sich einfach an irgendeinen Tisch setzte, ihre Partner mit allen möglichen Fragen bestürmte. Dauernd hatte sie eine schockierte Miene und beschwerte sich über Nichtigkeiten. Mich in der Tracht schien sie zu fürchten, vielleicht war sie auch nur verärgert über mich. Vielleicht hatte sie bemerkt, daß ich jeden Tag danach trachtete, mit ihr das Hotel zu verlassen. Kaum tauchte sie auf dem Theaterplatz auf, da umsprangen sie schon die zwei, von mir so geliebten Bresprisornis, und sie wurde jedesmal heftig erregt darüber. Erregt, aber immer wehrloser, denn die Burschen schienen ihren Spaß dran zu haben, sie zu bedrängen. Sie blieb empört stehen, sie stieß irgendwelche Laute heraus, sie fuchtelte, hielt Ausschau nach einem Milizionär, und die Bresprisornis – der mit der Krücke war besonders behende – lachten frech und sekkierten sie noch mehr. Natürlich bekamen sie nie etwas. Es schien ihnen auch gar nichts dran zu liegen. Mir kam dieses groteske Schauspiel stets vor, als umtanze das wilde Leben ein aufgetakeltes Skelett. Es endete meistens damit, daß die Engländerin die Flucht ergriff und dem nächstbesten Bekannten ihre entsetzlichen Erlebnisse erzählte. Mir begegnete sie immer mit giftigem Blick.

Unsere Autos fuhren eine lange Zeit auf der breiten, vorzüglich asphaltierten Straße dahin. Rechts und links breiteten sich Ebenen aus, ab und zu tauchte ein niederes Holzhäuschen oder auch ein langgestrecktes Dorf auf. Die Menschen traten hastig vor die Tür, Kinder liefen zusammen und staunten mit großen Augen. Nach ungefähr einer Stunde bog unsere Kolonne in eine lehmige Nebenstraße ein. Die Motoren arbeiteten schwer brummend. Der Morast wurde immer tiefer. Endlich ging es hügelan, in einen Wald und auf einmal hatte unser Auto eine Panne. Der Chauffeur stoppte, die hinter uns Herfahrenden hielten ebenfalls an. Wir stiegen aus, vertraten uns die Füße ein wenig, rauchten und unterhielten uns, während die Chauffeure sich an die Arbeit machten. Aus dem Gehölz kam ein verschlampter, barfüßiger Bresprisorni, ein Bub, vielleicht von neun bis elf Jahren. Langsam und arglos pfeifend kam er auf uns zu. Er troff vor Nässe, doch er schien darüber nicht unglücklich zu sein. Er lächelte ein wenig, und seine lebhaften, geschwinden Augen forschten uns an. Offenbar sortierte er Russen und Ausländer in aller Eile, drückte sich schnell an uns heran und bettelte um eine Zigarette. Ich muß sagen, er lächelte schön, listig und sehr geistesgegenwärtig. Ich gab ihm einige Zigaretten und wollte ihm eben Feuer reichen. Da wurden unsere russischen Begleiter unruhig und bekamen ärgerliche Gesichter. Der Junge erwischte aber doch noch einen Funken Feuer und fing hastig zu paffen an. Einer unserer Russen schrie ihn scharf an. Er wich geschickt aus, machte einen Sprung und blieb, verschmitzt dreinblickend, stehen. Breitbeinig blieb er stehen, gar nicht furchtsam. Er deutete lachend mit der einen Hand

auf seine Brust und sagte irgend etwas, wiederholte es einige Male und – unsere russischen Begleiter mußten auf einmal lächeln. Der Junge, dem diese frappante Wirkung nicht entging, bekam ein freieres Gesicht und rief eifriger: »Gorkowa molodjosch! Gorkowa molodjosch!« Ich verstand es ganz deutlich.
»Was? Was meint er? Was sagt er?« fragten wir unsere Begleiter. »Hm, ein Schlaukopf! ... Er sagt ›Gorkis Jugend‹!« verdeutschten sie uns: »Alexej Maximowitsch's Jugend, meint er, ist genau so gewesen!« Sie waren entwaffnet. Noch einmal lächelte der Junge. »Spasiwo, Towarischtschi!« rief er keck, drehte sich um, fing wieder zu pfeifen an und tappte langsam in den regenschweren Wald hinein. Ich verfolgte ihn, bis er im dichten Blätterwerk der Büsche verschwand. Eine unbestimmte Ergriffenheit erfaßte mich. Gorkis furchtbare Jugend, meine Jugend fiel mir ein. Ich hätte am liebsten dem Jungen nachlaufen mögen.
»Charascho!« sagte der Chauffeur. Der Motor surrte. Wir stiegen ein. »Das sind natürlich vollkommen Einzelerscheinungen«, erklärte der Katechet während der Weiterfahrt: »Der Kerl ist sicher erst kürzlich wo ausgebrochen und geflitzt ...« »Ob das schöner ist, so ein Vagabundenleben? ... Ich weiß ja nicht!« murrte Adam aus einer nachdenklichen Ärgerlichkeit heraus. Ich schwieg und schluckte nur.
Wir fuhren um ein mächtiges, dichtblumiges Gartenrondell und hielten vor dem Portal an. Das Haus mußte früher der Sommersitz eines Adeligen gewesen sein. Es machte einen leicht verwahrlosten Eindruck. Äußerst protzig und geschmacklos waren die unmotivierten hohen Säulen vor dem Eingang. Die Fenster zeigten keine Vorhänge und waren trüb, hin und wieder hing eine grüne Holzjalousie halb herab. Wir traten ein und stiegen eine breite Steintreppe empor. Droben auf dem Absatz stand Gorki, drückte ab und zu einem die Hand oder grüßte nickend. Er kam mir heute noch größer und hagerer vor. Sein eingefallenes Gesicht war angegriffen und dicke Tränen rannen unausgesetzt über seine leicht zuckenden Wangen. An seiner Brust lehnte die kleine, kapriziös aussehende Chinesin Emi Siao, die wegen ihrer letzten revolutionären Arbeit in Berlin aus Deutschland hatte fliehen müssen und nun wieder in ihre Heimat zurück

wollte. Ihre Rede auf dem Kongreß war ein leidenschaftlicher Appell für die unterdrückten Massen und die geknebelte Literatur in China gewesen. Sie hatte uns auch viel über die letzten Vorgänge in Deutschland erzählt. Jetzt, da sie Gorki zum erstenmal so nahe sah, weinte sie schluchzend. Gorki hatte einen Arm um ihre schmalen Schultern gelegt, drückte das zerbrechliche Geschöpf manchmal inniger an seine Brust und streichelte mit der anderen Hand unablässig über ihr kohlschwarzes, glattes Haar.
Wir versammelten uns in einem größeren, sehr hohen, ziemlich öden Saal mit einem langen Tisch in der Mitte. Gorki kam mit Emi Siao herein, setzte sich, und sie nahm neben ihm Platz. Von Zeit zu Zeit legte sie ihre Hand auf die seine, küßte sie, und er streichelte wieder über ihr Haar. Auf der anderen Seite Gorkis saß Umanskj [43], den ich noch von München her kannte. Er hatte in der Sowjetunion eine große Karriere gemacht, war so etwas wie Attaché im Volkskommissariat des Auswärtigen und fungierte hier als Übersetzer. Neben ihm hatte sich die häßliche Engländerin hingesetzt und löcherte ihn fortgesetzt mit Fragen. Es fing nun eine ziemlich regellose Diskussion darüber an, wie sich der Schriftsteller im Falle eines Krieges verhalten sollte. Jeder sprach und keiner sagte etwas. Ich sah immerzu auf Gorki, dachte an den Bresprisorni im Wald und kam mir recht feig vor. Warum hatte ich eigentlich – was wär' schon dabei gewesen! – den Jungen nicht einfach hierher mitgenommen? Gorki, der die Jugend ungemein liebte, hätte sich sicher gefreut und den kecken Burschen ebenso gestreichelt wie die kleine Chinesin. Vielleicht – wer weiß – hätte sich dessen grausames Schicksal günstig entschieden. Ich schaute wieder auf Gorki, und seltsamerweise verfing sich dabei mein Blick im Gesicht der gespenstischen Engländerin. Irgend etwas wie ein mit Ekel vermischter Schauder stieg in mir auf. Leibhaftig, da saß der Dichter – und neben ihm wackelte ein Totenkopf! Ich biß die Zähne verstohlen aufeinander. Der Junge im Wald, dieser von einem wilden Leben kühn- und hartgewordene, verschmitzte, nicht umbringbare Bursch sollte da gesessen sein, ja, ja! Ich schämte mich noch mehr. Ich wurde giftig verdrossen und fragte mich auf einmal, ob nun dieser gehetzte Junge auf irgendeiner Landstraße verkommen oder schließlich mit

Hilfe des Staates in ein nützliches Leben finden würde, ob er als Mann einen ähnlichen Aufstieg wie Gorki nehmen würde oder ob er – weiß Gott, nichts auf der Welt hält ewig und bleibt *das,* was es am Anfang war! – am Ende gar einmal mithelfen würde, den bis dahin vielleicht schon starr und unfruchtbar gewordenen Sowjetstaat zu erneuern? Ich gab mir fast erschrocken einen Ruck, um von diesen frevlerischen Gedanken loszukommen und mischte mich in die Diskussion. Ganz dumm, absichtlich derb und verletzend sprach ich von der Unwichtigkeit der Literatur und verlangte vom Schriftsteller im Kriegsfalle eine aktive Stellungnahme gegen den Angreiferstaat, forderte Dienstverweigerung im Heere, Sabotageakte und ähnliches. Mitten drinnen ging die hohe Flügeltür auf, und rundherum flüsterten die Informierten: »Jetzt muß Schluß gemacht werden, die Regierung ist da!« Ich war froh, ich wußte sowieso nicht mehr weiter, schwieg und setzte mich. »Nämlich das könnte von der ausländischen Presse als Regierungskundgebung ausgelegt werden«, belehrte mich der Katechet flüsternd. Ein allgemeines Begrüßen begann. Molotow, Woroschilow, Shdanow, Kaganowitsch drückten Gorki die Hand. Radek und etliche Prominente der Presse tauchten auf.

»Es wird spät ... Wir müssen schaun, daß wir heimkommen«, meinte Adam. »Aber wo! ... Jetzt wird doch gleich gegessen«, sagte Wieland Herzfelde: »Ich hab' schon wieder Hunger ...« – »Diese ewigen Bankette ... Ich hab mir den ganzen Magen verdorben«, raunzte Adam. Wir erhoben uns und gingen ins Erdgeschoß hinunter. Ein prachtvoll erleuchteter Saal mit einer riesigen, hufeisenförmigen, überreichlich gedeckten Tafel empfing uns. Alle nahmen aufgefrischt Platz. Alexej Tolstoi hielt eine kurze, lustige Rede, in welcher er die Trinkregeln erklärte. Zum Schluß ließ er Gorki hochleben, wir erhoben uns und leerten das Glas zu Ehren unseres Gastgebers. Nun begann – wie es bei ähnlichen Anlässen immer war – während des Essens und Trinkens ein ununterbrochenes Wechseln von Trinksprüchen. Tolstoi leitete alles mit witzigster Umsicht. Jeder von uns bekam die Aufgabe auf je ein Regierungsmitglied oder einen Sowjetdichter zu trinken, die Sowjetdichter hinwiederum leerten uns zu Ehren ihr Glas. Mir passierte dabei ein arges Malheur, das aber –

wahrscheinlich weil die Stimmung schon sehr heiter war – nicht weiter verübelt wurde. Ich sollte Kaganowitsch in einem Trinkspruch feiern, sah aber dabei irrtümlicherweise immer auf Molotow und rühmte diesen als energischen Erbauer der Moskauer »Metro«. Ich merkte nicht, daß das Gesicht Molotows unbewegt verwundert wurde. Was blieb ihm aber übrig – er prostete mir zu.
»Mensch, das ist doch gar nicht Kaganowitsch! Der sitzt doch da! ... Der dritte Mann neben Dir!« flüsterte mir Wieland Herzfelde zu, als ich mich setzte. Ich sah mich um. »Jaso, entschuldige!« lachte ich breit auf, erhob mich abermals, rief: »Also, Genosse Kaganowitsch, hoch!« ging unter allgemeinem Gelächter auf ihn zu, stieß kräftig mit ihm an, umschlang ihn ungeniert und küßte ihn. Er küßte mich wieder und drückte mir fest die Hand. Man muß trinken, um alle Menschen lieben zu können! Ich umschlang nun jeden, küßte jeden und schloß Freundschaft mit ihm: Shdnow, Woroschilow, Molotow, Koltzow und weiß Gott wen noch. Ich ging zu Gorki, stieß mit ihm an und bedrängte Koltzow, er sollte ihm doch sagen, wie unwahrscheinlich schön seine Aufzeichnungen über Tolstoi seien. Gorki nickte immerzu, drückte mir nochmal die Hand und sah mir in die Augen. Es war eine natürliche Ungezwungenheit, die uns alle zusammenhielt bis tief in die Nacht hinein. Ich glaube, in keinem Land der Welt sind Regierungsmitglieder so ungeziert wie hier. Während ich mich mit Woroschilow ausgezeichnet in deutscher Sprache unterhielt, bemerkte ich, wie all diese doch fraglos mächtigen Männer, nur um keinen zu verstimmen, nach einer gewissen Zeit ihre Gläser stets mit Mineralwasser füllten, damit sie sozusagen der anstrengenden Etikette des Anstoßens nachkommen konnten. Oder war es nur Vorsicht? Ganz gleich, es war rührend, denn als ich zu Woroschilow, der wohl bemerkte, daß ich es gesehen hatte, ausgelassen ironisch sagte: »Schade! Schade! ... Euer Wein und Wodka sind so gut! Aber na, Pflicht ist halt Pflicht, da kann man nichts machen!« da lachte er mit einem vielsagenden Blick auf mich. Beim Aufbruch steckte ich mir eine Flasche Wein unter den Arm und bat Gorki, sie mitnehmen zu dürfen. Er nickte nur lächelnd. Als unsere Autos in der grauen Frühe vor dem »Metropol« anhielten, stand ein ellenlanger Milizionär da.

Beglückt umschlang ich ihn und rief laut: »Guter Towarsch! Vivat Sowjetski Union!« Es hallte weit über den nebligen Theaterplatz.
Zum letzten Mal sah ich Maxim Gorki auf dem schon erwähnten Bankett der Dichter des fernen Ostens im Moskauer Haus der Schriftsteller. Demjan Bednij führte mich zu ihm, weil Gorki es gewünscht hatte. Während ich mit Bednij durch den Saal schritt, sagte dieser: »Du mußt zu uns kommen ... Alexej Maximowitsch liebt solche wie Du.« Ich freute mich aufrichtig darüber, wenngleich ich solche Freundlichkeiten nicht ernst zu nehmen pflegte. Ich drückte Gorki fest die Hand, er sah mich an und streichelte sie. Er murmelte irgend etwas, das sehr väterlich klang. »Wir danken Ihnen alle, Maxim Gorki ... Es ist so schön in der Sowjetunion!« sagte ich und – ich weiß selber nicht, wie ich dazu kam – auf einmal sagte ich, während ich noch immer seine knochige Hand in der meinen fühlte: »Du guter, großer Dichter!« Dann ging ich wieder an meinen Platz zurück. Als Gorki starb, dachte ich zuallererst an diese letzte Begegnung mit ihm und sah den unvergeßlichen Mann leibhaftig vor mir ...
Es wird nicht weiter wundernehmen, daß ich seit unserer Ankunft in Moskau, nachdem ich nunmehr doch eine Menge neuer Menschen kennengelernt hatte, mit Adam nur hin und wieder und meistens sehr flüchtig zusammensaß. Seine eigensinnig-störrische Art lebte sich aber immer noch aus. Gleich in den ersten Tagen kam ich mit ihm sogar heftig ins Streiten. Damals nämlich gab es in Moskau nur äußerst selten Kaffee. In unserem Hotel bekamen wir welchen, freilich, er war sehr schlecht. Adam ließ sich einen geben. Der Kellner brachte ihn im Teeglas. Adam verlangte ihn in der Tasse. Der Kellner zögerte und machte ein hilfloses Gesicht. »Ich kann einfach den Kaffee nicht aus dem Glas trinken! Eine Tasse, bitte!« rief Adam ziemlich barsch und fragte herabmindernd: »Oder gibts denn im ganzen Hotel keine Tassen?« Der Kellner schaute noch ratloser drein. Mir stieg der Zorn in den Kopf. Ich schämte mich für Adam, gab dem Kellner einen Wink und sagte: »Gehn Sie nur, Genosse! Ist schon gut, charascho!« Als wir allein waren, rückte ich näher an meinen Freund heran. »Adam!?« stieß ich halblaut heraus und er merkte meine ernstliche Wut: »Schämst Du Dich denn

nicht? ... Was bildest Du Dir eigentlich ein, sag' mal? ... Du spielst Dich da auf, direkt schandbar! ... Die Russen haben wahrscheinlich keine Tasse! ... Ganz gleich aber, Du solltest froh sein, daß Du hier bist!« Adam wußte auf einmal keine Antwort mehr. Er vermied es von da ab, Kaffee zu bestellen.
Adam, den ich den »Hypochonder« nannte, hatte übrigens einen Konkurrenten bekommen: den österreichischen Dichter Albert Ehrenstein, einst eine Leuchte des Futurismus, heute ein seltsam vergrämter, in sich verkrochener Mensch, der fortwährend Angst vor Bazillen und Krankheiten hatte und eine ganze Hausapotheke mit sich führte. Er wusch sich wenig und trug in Ohren und in der Nase dauernd Wattepfropfen. Durch seine Unfrohheit nahm er nicht ein für sich. Ich erfand die Bezeichnung »Misanthrop« für ihn. Adam war immerhin geweckt, konnte hitzig werden, Ehrenstein schien beständig zu dösen. Sein bartloses, leicht an ein Schaf erinnerndes Gesicht hatte etwas lähmend Schläfriges. Er war still, wenn man so sagen darf, stets halblaut und – jammerte meistens über irgendwelche Beschwerden oder über eine vermeintliche Zurücksetzung.
Über Adam dachte ich oft nach. Mitunter tat er mir fast leid. Er hatte sicher wenig Glück im Leben gehabt. Obgleich er schon nahe an den Fünfzigern war, schien noch immer alles in ihm in größter Unordnung zu sein. Auch die vehemente äußere Umgebung hier irritierte ihn. Seine Frau, die mit jedem Tag verstörter wurde, war ihm lästig. Ich hatte das Gefühl, als müsse Adam irgendwo allein in einer Kammer sitzen, nachdenken, spintisieren, an einem Buch oder an sich arbeiten. Da er aber hier überhaupt nicht dazu kam, geriet er immer mehr in Verwirrung und wurde unmäßig gereizt. Er wehrte sich bissig gegen die ihm scheinbar aufgezwungene Umgebung und wußte nicht, daß das nur ein Wehren gegen die eigene Hilflosigkeit war. Vielleicht nahm er auch die Ereignisse und vor allem die Menschen zu ernst. Das zeigte sich schon daran, daß er sich – notabene, da er selbst sehr umständlich war – absolut nicht an die russische Umständlichkeit gewöhnen konnte. Freilich, er war nicht der einzige, dem es so erging, aber er fiel durch seine Verbissenheit am meisten auf. Er konnte nicht begreifen, daß man beispielsweise nach

dem Abendessen, das meistens um zwei oder drei Uhr morgens endete, festlegte, um 8 oder 9 Uhr müsse alles abfahrtbereit vor dem Hotel stehen, es ginge da und da hin – und daß wir dann doch erst um elf oder gar erst um ein Uhr wegfuhren. Einige von uns hatten das sehr schnell begriffen. Ich blieb stets ruhig liegen, bis man mich polternd und vorwurfsvoll weckte oder ich ließ mich vom gemütlichen Frühstück wegholen. Adam hingegen stapfte mit seiner Frau wirklich seit acht Uhr vor dem Hotel auf und ab und bestürmte diejenigen, die nach und nach daherkamen, mit giftigen Fragen. Es läßt sich denken, wie der Ärger in ihm von einer Viertelstunde zur anderen stieg. Er war zuletzt derartig verdrossen, daß er über alle und alles schimpfte und das Interessanteste nicht mehr schön fand. Das nahmen ihm die Russen am meisten übel. Sie glaubten zuweilen, er sei nicht nur ihr persönlicher Feind, noch mehr, sie mißtrauten ihm und seinesgleichen! Sie hielten sie für ausgesprochene Feinde der Sowjetunion, obgleich sie sich das nicht anmerken ließen. In überwiegend politisierten Zeiten und Ländern verliert sich das Vermögen, einen Menschen charakterologisch richtig einzuschätzen. Er wird nur noch danach gewertet, ob er Exponent irgendwelcher Massenstimmungen ist, ob er für oder gegen das geltende politische Regime ist. In dieser Befangenheit befinden wir uns alle, nicht nur die Sowjetmenschen. Es ist heutigen Tages nicht mehr als natürlich. Vielleicht ist's grundnotwendig, aber letzten Endes gibt eben doch der Mensch den Ausschlag.

Die meisten von uns sahen sehr schnell, wie kindlich stolz die Sowjetmenschen auf jede, selbst die geringfügigste Errungenschaft in ihrem Lande waren, wie wunderlich ausschließlich sie manchmal daran glaubten, so etwas gäbe es nur bei ihnen und sonst nirgends und wie aufrichtig sie sich freuten, wenn es uns Gästen gefiel. Eine sympathische, deutschsprechende »Intourist«-Dame sagte schon in den ersten Tagen zu mir: »Jetzt ist's ja schön bei uns, wunderschön! Jetzt können wir unseren Gästen was bieten ... Vor zwei oder drei Jahren sind die Menschen bei uns noch sehr arm gewesen. Viele sind im Winter barfuß gelaufen.« Und sie schaute mich mit ruhigen Augen an: »Jaja, auch ich bin damals ohne Schuhe gelaufen ... Heute gibt's für jeden Schuhe.« Das erklärte mir viel, und wer nur halbwegs die blutige Geschichte dieses schwergeprüften Volkes von der muffigen Barbarei des Zarismus, über die Revolution, den Bürgerkrieg bis heute verfolgt hatte, begriff noch mehr. Jetzt endlich, nach so vielen Opfern, sahen und spürten die Menschen die wohltuenden Erfolge und darum machte das Volk mit einer solchen Begeisterung am schwierigen Aufbau mit, darum aber auch stand es hinter Stalin und liebte ihn, denn er war nun einmal der Inbegriff des greifbaren Fortschrittes [44]. Es kam mir während jener Wochen in der Sowjetunion stets vor, als sei der uralte russische Patriotismus, den ich fast in allen Werken der großen, klassischen Dichter und Denker dieses Landes immer wieder feststellen konnte, nämlich das echte, unausrottbare Verliebtsein in die Heimat, jetzt erst ganz und schrankenlos ausgebrochen aus der tiefen Seele dieses Volkes. Ich fühlte mich hier wie auf Besuch bei nahen Freunden, die nach schwerer Zeit in gute Verhältnisse gekommen waren. Nichts begreiflicher also als das: Freute man sich über ihre Freude, so hatte man ihr Herz gewonnen.

Neben Adam regten sich viele meiner westeuropäischen Freunde oftmals und heftig über die Umständlichkeit der Sowjetmenschen auf. Es fiel dann meistens das ungute Wort, alles sei eben hier überbürokratisiert. Sie sahen hinter all dieser Schwerfälligkeit einen geheimnisvollen und manchmal auch bösartigen Apparat. Warum man aber gerade der Sowjetunion ihre »Bürokratisierung« so übel nimmt, warum gerade unsere Europäer diese Erscheinung mit so feindlicher Herabminderung betrachteten, das scheint keineswegs an dieser Bürokratie zu liegen. Ich glaube, es hat einen ganz anderen Grund. Jedes Land auf der Welt wird schließlich mehr oder weniger bürokratisch verwaltet. Die Sowjetunion macht also keine Ausnahme.

Mir sagte im tiefsten Frieden einmal ein Russe: »Ihr Deutsche habt tüchtige Leute, wir Russen haben nur Menschen.« Ich habe in der Sowjetunion sehr oft an diesen Ausspruch denken müssen und insbesondere dann, wenn uns irgendetwas »Bürokratisches« auffiel. Dabei machte ich eine eigenartige Entdeckung, nämlich die, wie unbeschreiblich fremd, wie völlig ungewohnt den dortigen Menschen Bürokratie an sich war, wie geradezu hilflos sie allem mechanisch Administrativen, jeder sogenannten »preußischen Ordnung« gegenüber waren. Man hatte ihnen damit etwas beigebracht, oder vielmehr beizubringen versucht, das sie schrecklich verwirrte. Sie konnten sich einfach nicht darein finden. Sie waren unsicher geworden, hatten die Initiative und den richtigen Blick verloren, weil sie mit derartig verzwickten Instanzenwegen und Anordnungen niemals zurechtkamen, und dadurch – teils aus Angst, etwas falsch zu machen, teils aus einem kindlichen Respekt vor diesem geheimnisvoll Neuen – erst recht alles komplizierten. Aufrichtig gesagt, mich belustigte das meistens, denn nicht nur diejenigen, welche sich nach der Bürokratie und ihren Maßnahmen richten sollten, nein, auch jene, die sie ausübten, schienen absolut nicht zu wissen, was man damit anfängt, wie man Diesbezügliches durchzuführen habe. Und ich fragte mich nicht nur einmal, nein, hundertmal, wer es denn nun bei alledem schlechter habe: Die Menschen oder die Bürokraten?

Ich erlebte zum Beispiel dasselbe, was Theodore Dreiser erzählt. Die Dusche in meinem Baderaum funktionierte eines Tages nicht mehr. Ich meldete es im Hotel, meldete es wiederum, meldete es zum drittenmal, schließlich gab ich es auf und ließ einfach jeden Tag die Wanne vollaufen, um baden zu können. An einem Abend nun wollte ein Freund, der weit außerhalb von Moskau wohnte, bei mir nächtigen. Das war streng verboten. Immerhin, wir warteten lange in der Nacht, bis das Hotel leer und still wurde, und ich schmuggelte den Freund in mein Zimmer. Wir schliefen schon, da auf einmal klopfte es heftig an die Tür und ich hörte einige Männerstimmen. »Herrgott, was machen wir?« rief ich meinem Freund zu, dachte vergeblich nach, wo ich ihn schnell verstecken könnte, kam aber dann zur Einsicht, daß das ja – wenn es entdeckt würde – viel verdächtiger aussehe und öffnete kurz entschlossen die Tür. Es mochte vielleicht drei oder vier Uhr in der Frühe sein. Zwei Männer in Zivil standen da. Mir war gar nicht geheuer. »Bitte, was wünschen Sie?« fragte ich. »Bad! ... Dusche funktioniert nicht!« antwortete einer und zeigte meine Beschwerdezettel. Hm, komisches Land, das, ging mir durch den Kopf, seltsame Sitten, das! Die beiden Besucher sahen keineswegs aus wie Installateure. Sie trugen kein Werkzeug bei sich. Ich ließ sie herein und führte sie ins Bad. Sie sahen meinen Freund wohl auf dem Sofa liegen, aber sie nahmen keine Notiz davon. Sie blieben ziemlich lange im Baderaum stehen, manipulierten an den Wasserhähnen herum, sahen empor zur Dusche, redeten miteinander, machten Aufzeichnungen, schauten wieder in die Höhe, entschuldigten sich endlich wegen der Störung und wollten gehen. »Tja, aber Sie sehen doch, Genossen, die Dusche funktioniert immer noch nicht!« rief ich erstaunt. Sie nickten unverblüfft. »Dadadada ... Wir sind nur Kommission! Reparatur kommt morgen«, antworteten sie und verabschiedeten sich höflich. Nach zirka einer Woche, als ich heimkam, auf einmal funktionierte die Dusche wieder.

Ich verlangte einen Schuhlöffel im Hotel. Nirgends war einer aufzutreiben. Auch im »Mostorp«, wo ich einen kaufen wollte, konnte ich keinen entdecken. Wir bekamen einen großen Wunschzettel, was uns besonders interessieren würde und was wir noch besichtigen wollten. Ich schrieb in eine Rubrik: »Größter Wunsch – Schuhlöffel.« Ich tat's mehr aus Spaß, ich hoffte nicht und hatte recht damit. Endlich brachte mir Olga Tretjakow einen Schuhlöffel. »Leihweise«, sagte sie. Wir fuhren später nach dem Süden. In Sebastopol endlich sah ich eine ganze Auslage voll Schuhlöffel in allen Größen, aber kein Mensch schien sie zu brauchen [45].

In Charkow traf ich alte deutsche Freunde, die im dortigen großen Traktorenwerk arbeiteten. »Hm, eins fällt mir auf – warum seid Ihr eigentlich alle so schauderhaft schlecht angezogen? ... Gibts hier so wenig Stoffe und Anzüge?« fragte ich sie. »Eigentlich nicht – das heißt, es dauert bloß alles so lang«, erzählte einer dieser Freunde gleichmütig: »Wir sollten grad jetzt, zirka vor einem Monat, schöne Anzüge und wunderbaren Stoff kriegen ... Die Waggons von Moskau sind abgegangen und auch hier eingelaufen, aber da hat der Genosse Bahnhofsvorstand bemerkt, daß auf dem Frachtbrief eine Rubrik nicht ganz richtig ausgefüllt war. Statt anzurufen oder zu telegrafieren, was tut er? ... Er läßt einfach die Waggons abhängen und sie rollen wieder nach Moskau zurück ... Das dauert jetzt wieder allerhand Zeit, bis alles in Ordnung ist ... Langsam gehts bei uns, sehr langsam.«

In der Krim sprach ich einen bedeutenden deutschen Arzt, der hier ein Röntgeninstitut eingerichtet hatte. »Jaja, wunderbar

ists jetzt, aber, Genosse, sehn Sie her ... Sehn Sie meine Haare an! Die sind grau drüber geworden«, erzählte er: »Da sind zum Beispiel in zwei Sälen unausgetrocknete Stellen vom Plafond runtergefallen ... Natürlich auf die teuren Instrumente. Ich geh zum Genossen Bauleiter, zum Genossen Architekten ... Jaja, sejtschass ... Saftra! sagen sie und besehn sich den Schaden. Sie nehmen ein Protokoll auf ... Ich dränge ... Sie versprechen, protokollieren heute, morgen, übermorgen – zum Irrsinnigwerden! Ich brülle! ... Brüllen hilft hier gar nichts! ... Nämlich, sehn Sie, da wird einfach für jeden Bau nur so und soviel geliefert, alles ist genau berechnet ... Nun muß von neuem alles erst weiß der Teufel wo angefordert werden. Ein langer Weg – aber schließlich wird's dann doch ... Freilich, es geht manches kaputt dabei ... Hier hat man Zeit, unendlich viel Zeit!«
Ähnliches erzählte mir ein Mann, der nach langer Zeit den Stadtsowjet dazu gebracht hatte, öffentliche Kaffeehäuser einzurichten. Ich habe das wunderschöne, ungewöhnlich geschmackvoll »Café Puschkin«, das er leitete, sehr oft besucht. »Aber das ist nicht nach dem Geschmack der Russen ... Ich hab zusagen müssen, etliche Luxuskaffeehäuser in meinen Plan zu nehmen. Sie sollen in der nächsten Dekade fertig werden ... Pomp, wissen Sie«, berichtete der Mann. Er war aus Düsseldorf. Und die Entstehungsgeschichte schon dieses einen Kaffeehauses wäre ein Romanstoff. »Woher kommt denn nun diese fürchterliche Umständlichkeit?« erkundigte ich mich. »Ja, wissen Sie, Genosse, Planung hat ihr Gutes und hat ihre Schattenseiten ... Da wird bürokratisch genau am grünen Tisch berechnet, soundso viel Ziegelsteine, soundso viel Zement, Kalk, Sand, Holz und so weiter ... Für unvorhergesehene Zwischenfälle richtet man sich nicht ein, das ist das Malheur ... Es ist zuviel Schema bei uns«, klagte der Mann. Aber er war nicht darüber verstimmt. Er seufzte nur ab und zu wie erlöst. »Bürokratie steht diesem Volk nicht«, schloß ich: »Dieses Volk ist zu lebendig ... Na, warten wir ab, bis es sich auch an das gewöhnt hat ... Bürokratie ist ja überhaupt erst dann was wert, wenn man sie nicht mehr spürt, wenn man über sie hinausgewachsen ist ...« – »Oh, ich versteh! Ich versteh«, meinte der Mann: »Wenn's einmal soweit ist, wird hier das Paradies sein ... Schon jetzt ist die

Sowjetunion ziemlich obenauf in der Welt.« Er war einer der wenigen West-Europäer, die ihre neue Heimat liebten und nicht in eine widerwärtige Ruhmredigkeit verfielen.


KLEINE EINSCHALTUNGEN


Jetzt erst fällt mir auf, daß ich zugunsten der Beobachtung das Chronologische meines Berichtes verabsäumt habe. Einiges Nebenherlaufende, das mir nicht allzu unwichtig erscheint, will ich aber schnell nachholen.
In den Kreisen meiner deutschen Freunde unterhielt man sich seit den großen prinzipiellen Kongreßdebatten eifrig und sehr lebhaft über Wortkunst, über das vernachlässigte Erbe, das uns die große deutsche Klassik hinterlassen hatte und über Formalismus. Hans Becher schrieb urplötzlich eine Reihe formstrenger Sonette und las sie eines Tages im Redaktionsraum der »Internationalen Literatur« vor. Hernach wurde diskutiert darüber, und es war ein wenig erheiternd, wie nun fast alle, die noch gestern und vorgestern die Bemühung um die Form und die Abwägung des Wortes verdammt hatten, begeisterte Reden darüber hielten und Bechers Sonette geradezu als »neuen Abschnitt in der antifaschistischen Lyrik« priesen. Ein bißchen hatte man dabei den Eindruck von gelehrigen Schulbuben, denen es leider nie geglückt war, sich eine selbständige Meinung zu bilden. Nie hatten sie sich von sich aus bemüht etwa mehr als den einen oder anderen Klassiker zu lesen, die meiste Kenntnis verdankten sie den zahlreichen Literaturgeschichten [46]. Es war auch oft, als habe für sie die Literatur erst begonnen, als sie sich damit beschäftigten. Sie sprachen von Realismus und wußten wohl von Balzac und Zola einiges, aber nichts von Jeremias Gotthelf, von Raabe oder Fontane. Der Naturalismus war für sie ungefähr Hauptmann, Holz, Schlaf und Wedekind. Es war fast erschreckend, daß sie wohl Baudelaire, Mallarmé und Rimbaud als große Sprachkünstler verehrten, daß sie Stefan George, der zur Zeit ihrer Entwicklung befruchtend auf sie gewirkt hatte, halbwegs kannten, kaum einer aber wußte

wirklich um die Sprachkunst Conrad Ferdinand Meyers, und Hofmannsthal oder Rilke beurteilten sie äußerst überheblich. Es war mir oft, wenn ich mich mit ihnen unterhielt, als hätten sie um 1910 herum ihre im Gymnasium erworbene Kenntnis der klassischen deutschen Literatur gewissermaßen als allzeit benutzbaren, aber ziemlich nebensächlichen Fundus auf Eis gelegt. Nie dachten sie auch nur daran, dieses Erbe – das nun auf dem Moskauer Unionskongreß auf einmal neu entdeckt, als äußerst wichtig erkannt und gepriesen wurde – zu übernehmen und organisch weiterzuentwickeln. Die Klassiker überließen sie den Professoren, den dramatischen Dilettantenvereinen und der Reaktion. Ungemein selbstgefällig übergingen sie ganze Epochen dieser deutschen geistigen Entwicklung und bildeten sich an dem weiter, was um ihre Zeit gerade modern war. Nie war eine literarische Jugend so vergangenheitslos, so wenig erfüllt vom inneren Drang der vererbten Berufung, nie so schauerlich versnobt und zugleich weltfremd, nie so schroff getrennt von der Masse und ihrem Leben. Ibsen war schon vorüber, Bernard Shaw noch nicht durchgedrungen, Tolstoi wirkte nur auf ethische Sektierer und unliterarische Menschheitsbeglücker. Die werdenden Schriftsteller lasen damaligerzeit Hermann Bang, Strindberg, Huysmans, Verhaeren, Maeterlinck und Walt Whitman, sie orientierten sich – ohne zu erkennen, wie gerade diese mit dem geistigen Erbe ihres Landes zusammenhingen – an den jungen Franzosen, nahmen gerade noch Stefan George, Wedekind, Thomas und Heinrich Mann mit und schöpften alles Urteil, alle scheinbar selbständige Meinung aus Karl Kraus. Dann wurden sie Futuristen und Expressionisten. Nicht wenige von ihnen wurden Mystiker, beschäftigten sich mit Kierkegaard und Swedenborg, lasen Jakob Böhme und Tauler, entdeckten das »innere Leben« und belächelten verächtlich die »sinnlose Welt«. Ja, nicht einmal der Krieg schreckte sie auf. Sie wurden nur noch verwirrter und mit unvorbereitetem Herzen und Hirn büßten viele von ihnen als Freiwillige ihr Leben ein, ohne zu wissen wofür und warum. Nur einige Außenseiter rebellierten damals. Abseitsstehende, die in die Schweiz geflüchtet waren, schrieben die ersten Antikriegsbücher und hatten einen ungewöhnlichen Erfolg. Eine kleine Schar Aggressiver im Lande versuchte mit

dem sogenannten »Dadaismus«, der als überbetonte literarische Verulkungsnarretei auftrat und sich sehr bald zur giftigen Satire gegen das herrschende System auswuchs, zu wirken. Aber die Arbeiter standen dem allen fern. Kein Sozialist nahm diese Intellektuellen ernst. Der größte Teil der jungen deutschen Schriftsteller, die lebend vom Krieg heimkamen, entdeckte sein revolutionäres Herz erst, nachdem die Revolte halbwegs gesiegt hatte, und er schrie sein ekstatisches »Bruder!« Dostojewski und Tolstoi wurden jetzt die Wegweiser. Kein Literat aber las Marx.
Aus einer verworrenen »Menschenliebe« schlossen sich diese Dichter der Revolution an, doch das Literarische in ihnen war noch weit, weltenweit entfernt vom Leben. »Dichter für Dichter« waren diese Schriftsteller und nur – um einen Spott Heines zu gebrauchen – »berühmt bei allen ihren Bekannten«. Ihre Erzeugnisse las das breite Publikum nicht. Sie führten gleichsam ein absonderlich-abstraktes Eigenleben. Mit Schaudern erinnere ich mich der Zeiten, da die dichterischen Ergüsse und expressionistischen Holzschnitte während der Münchner Räterepublik im amtlichen »Mitteilungsblatt« des Zentralrates erschienen. Noch klingt mir das berechtigte Schimpfen über einen solchen Unfug in den Ohren. Es kam von den Arbeitern, und die sagten beim Lesen oder beim Anblick solcher Kunstäußerungen: »Ja, wir lassen uns doch nicht von Irrenhäuslern was vormachen!« Eine derartige zwiespältige Erscheinung war der deutsche Intellektuelle, der junge Literat während der Revolution. So furchtbar rächte sich seine Negation der natürlichen Vergangenheit. Die Schriftsteller, die damals in die Arbeiterbewegung gingen, waren niemandem fremder als dem Arbeiter. Ihre Sprache, ihr Denken, ihre nunmehrigen Dichtungen mit »revolutionärem Inhalt« konnte er nicht verstehen, er lehnte sie mit dem sicheren Instinkt des Massenmenschen ab, weil er fühlte, nichts, aber auch gar nichts von *seinem* Leben, von *seiner* Wirklichkeit war darin. Das ist vielleicht eine Ursache, warum die deutsche Revolution zusammenbrach. Erst als die stabilen Jahre der Verbürgerlichung kamen, als die Reaktion von Etappe zu Etappe jede revolutionäre Errungenschaft aus dem Bild der Weimarer Republik auslöschte, gelang es einigen von diesen Dichtern, sich selber zu finden. Erst nach acht

und zehn Jahren schufen sie Werke, die Gewicht hatten und in die breiten Massen wirkten. Langsam, so scheint es, mahlen auch die Mühlen der Dichter.
Der sichtbarste Repräsentant einer solchen Entwicklung, Ernst Toller, kam eines Tages aus seinem Londoner Exil nach Moskau. Ich hatte ihn zum erstenmal auf den historisch berühmten Eisnerversammlungen 1917 in München kennen gelernt. Er war damals kriegsverwundeter Student und erfüllt von radikalem Pazifismus. Emphatisch begann er seine Reden mit: »Ihr Mütter! Ihr Brüder und Schwestern [47]!« Er mußte erleben, daß ihn die Münchner Arbeiter sehr derb ablehnten. Vor dem Volksgericht der Reaktion verhielt er sich mannhaft wie viele. Fünf Jahre war er damals in der bayrischen Festung Niederschönenfeld gesessen und hatte dort einige Dramen und sein lyrisches »Schwalbenbuch« geschrieben. Als er entlassen wurde, war er berühmter als die meisten seiner Altersgenossen und wurde überall gefeiert: In den literarischen Salons, in linken Zirkeln und bei der Arbeiterschaft. Der Neid seiner Kollegen hob seinen Nimbus nur noch mehr, und er war einer von jenen klugen Schriftstellern, die einen solchen Nimbus auszubauen und zu wahren wußten. Zudem war er kindlich eitel.
»Du, den müssen wir besonders seriös empfangen«, sagte Hans Becher zu mir. »Toller gilt doch weitum als schöner Mann. Wir müssen ihn bei der Schönheit anpacken«, meinte ich. Als Toller mich am anderen Tag begrüßte und leger herablassend lächelte, machte ich sofort fast besorgt erstaunte Augen.
»Ja, Ernst! Ernst ... Wie siehst Du denn aus?« rief ich: »Mensch, Du bist ja schauerlich alt geworden! ... Graue Haare hast Du, und Tränensäcke! ... Sag' mal, säufst Du oder ergibst Du Dich zu arg den sexuellen Lüsten? Sekkieren Dich die Weiber so? ... Wirklich, furchtbar siehst Du aus! Mensch, und dabei sind wir doch ungefähr im gleichen Alter! ... Oder bist Du herzleidend? ... So Tränensäcke, das deutet auf Herzleiden!« Er wehrte sich gnädig gegen meinen Redestrom und lächelte wiederum: »Aber Oskar Maria! ... Du bist immer noch der Alte ... Schön, daß wir uns wiedersehn!« Und scheinbar nebenbei fragte er: »Seh' ich denn wirklich so alt aus?« Er griff mit der Hand um sein Kinn:

»Ich bin bloß nicht rasiert.«
»Mensch, wenn ich Dir sag'! ... Ich schwör Dir, ich hätt' Dich beinah' nicht erkannt, so gealtert bist Du!« beharrte ich, und er lächelte wiederum so gönnerhaft: »Aber Oskar Maria!« Sein weibisch schönes Gesicht mit dem langen, zurückgekämmten, dichten graumelierten Haar machte ihn interessant. Seine stets bedeutend dreinblickenden Augen, die gerade Nase und der gewissermaßen kokett geschlossene, starklippige Mund, seine weltmännischen Allüren und die betont nachlässige Eleganz seiner Kleidung – das alles belehrte den Kenner sehr schnell, daß er es hier mit einem Menschen zu tun hatte, der sich nur deshalb so leutselig mit seinen geringeren Kollegen abgibt, weil er sich hoch über sie erhaben fühlt [48]. Naturen mit derartig übersteigertem Selbstbewußtsein sind die schlechtesten Beobachter. Ihre Eitelkeit macht sie unkritisch, sie sind mitunter belustigend naiv. Toller sprach mit mir stets im Tone eines milden Gönners, dem – wie man so sagt – »nichts Menschliches fremd ist«, und ich hatte eine diebische Freude daran, beständig feststellen zu können, wie ahnungslos er sich meiner gutgespielten Biederkeit gegenüber benahm. Es entging mir nicht, daß er selbst meinen Spott, meine betont ironischen Bemerkungen als etwas für sich Vorteilhaftes buchte.
»Ernst«, sagte ich und musterte ihn einnehmend: »Wenn ich Dich so anschaue – Du bist trotzdem ein schöner Mensch. Ein sehr schöner Mensch!« Es schmeichelte ihm [49]. »Weißt Du an wen mich Dein Gesicht erinnert?« fragte ich höchst interessiert. »Na, an wen denn lieber guter Oskar Maria?« lächelte er verzeihend. »An Oscar Wilde ... Du bist sozusagen unser revolutionärer Oscar Wilde!« sagte ich und wandte mich an alle: »Sagt Ihr's nicht selber? Er hat was von Oscar Wilde! ... Absolut!« Sie betrachteten ihn alle mit listig verhaltenem Spott. »Schau Dich einmal im Spiegel an, Ernst! ... Es stimmt!« bekräftigte ich schonungslos und setzte hinzu: »Bloß eins ist schade, Deine Stücke könnten alle, wenn sie nicht revolutionär wären, von Theodor Körner sein ...« Toller tat klugerweise ungetroffen. Er begab sich auf sein Zimmer. Ich suchte ihn jeden Tag auf. Er hatte stets Besuch. Alle möglichen Frauen und Mädchen kamen zu ihm, bemutterten und verhätschelten ihn. Er spielte den Verwöhn-

ten ausgezeichnet. Den weiblichen Besuchern war ich, wie sich denken läßt, sehr unangenehm. Meine laute Respektlosigkeit fanden sie abstoßend. Außerdem fragte ich jedesmal geradezu: »Ernst, störe ich? Sag's ruhig! ... Ich weiß ja, ich störe Dich! Lüg' doch nicht! Stör' ich Dich?« Ich drang derart in ihn, daß er meist gutmütig lachend herausstieß: »Jaja-ja! Du störst mich! ... Bist Du jetzt zufrieden?« – »Ja! Siehst Du, das hab ich so gern, wenn ich weiß, daß ich störe!« antwortete ich dickfellig. Die Mädchen und Frauen maßen mich mit giftigen Blicken. Ihnen gegenüber betitelte ich Toller stets als »Herr Ernst« und das schien sie natürlich erst recht zu ärgern. Die Derbheit meiner Ausdrücke quittierte Ernst mit irgendeiner nachsichtig-humorigen Bemerkung, etwa wie: »Hahaha, ein echter Bajuware! ... Köstlich, Genossin! Großartig! ... Ein Muschik!«
Ich traf ihn meistens am Telefon. Er telefonierte unentwegt an alle möglichen Prominenzen, verabredete sich mit ihnen, notierte. Die Post brachte täglich Stöße von Briefen und Zeitungen. Er telegraphierte fast stündlich ellenlange Botschaften in alle Windrichtungen, denn nichts ist ja in der Sowjetunion so billig als Telegraphieren. Sein Zimmer sah manchmal aus wie ein gewichtiges Pressebüro. Er besprach sich mit den Frauen, diktierte, telefonierte, überlegte. Ich stellte mich hin, sah ihn geradezu herausfordernd bewundernd an und rief: »Also Ernst, siehst Du, bei Dir lernt man erst den Schriftstellereibetrieb ... Lach' nicht! Lach' nicht! Siehst Du, Du arbeitest mit Deiner Berühmtheit ... Respekt! Respekt! ... Jaja, man muß sich immer und überall bemerkbar machen, verstehst Du, das hab' ich noch nicht begriffen! ... So einfach Bücher schreiben, das ist ja Unsinn! Unfug! ... Wirbel! Wirbel muß man machen! Wirbel, daß grad alles so fetzt!« Er wollte schon wieder lächelnd abwehren, aber ich war im schönsten Schwung. »Heut' nacht, verstehst Du? ... Heut' nacht hab ich über Dich nachgedacht«, fuhr ich sehr interessiert fort, und er erkundigte sich begütigend: »Na, was hast Du denn da gedacht, mein lieber Oskar Maria?« – »Ja, weißt Du, die Welt und die Frau, die sind eigentlich völlig gleich ... Hör' zu! Laß' mich ausreden! Warte!« redete ich weiter: »Ich hab' einmal einen sehr gescheiten Bekannten gehabt, der war sehr scharf auf ein Mädchen, aber das Mädchen

hat nichts von ihm wissen wollen ... Das hat den guten Menschen ganz rasend gemacht ... Und weißt Du, was der getan hat? ... Der – er hat damals zwei Wochen bei mir in München gehaust – ist jeden Tag in der Früh um sieben Uhr aufgestanden, ist zu einem Blumenladen gelaufen und hat dem Mädchen einen Strauß geschickt! ... Jeden Tag! Unentwegt! Ununterbrochen! ... Ich sag' zu ihm: ›Mensch, was bist Du für eine verrückter Idiot!‹ Und weißt Du, was er drauf gesagt hat? Das ist sehr klug, sehr schlau! Er hat gesagt: ›Du verstehst das nicht, Oskar! Eine Frau, wenn man sie will, die muß dauernd beunruhigt werden! Je mehr Du sie beunruhigst, um so mehr glaubt sie, sie ist Dein Ein und Alles und so kriegst Du jede!‹ [50] ... Er hat auch wirklich das Mädchen 'rübergekriegt! ... Siehst du, ich seh's bei Dir am besten! Du machst das ausgezeichnet ... Nein-nein, Du bist ein sehr gescheiter Mensch, Ernst ... Du begreifst das! Wir müssen die Welt ständig beunruhigen! Sie muß immer merken, daß wir vorhanden sind, verstehst Du! ... Wirbel! Wirbel!!« – »Hahaha, Oskar Maria, Du bist ein richtiger Bauernfänger!« lachte Toller: »Du glaubst wohl, ich will mich bloß ständig in Szene setzen, was?« – »Nein-nein!« bestätigte ich bieder und nahm einen wahren Hundeblick an: »Schau, Du hast Dir eben einen Haufen Bekannte gemacht, die nützlich sind! ... Nein-nein, Ernst, Du begreifst das nicht ... Du weißt, daß die Welt eine Frau ist, die man nie in Ruhe lassen darf ... Siehst Du, ich werd' jetzt auch immer so rumtelegraphieren ... Wenn ich bloß wüßt', wohin ... Aber das wird sich schon machen lassen!« Derartige Gespräche führten wir eine ganze Menge und vertrugen uns dabei sehr gut. Oft wog ich ab, wer denn nun amüsanter sei, Adam oder Ernst? Es war schwer zu entscheiden. Es kam auf die Situation an.

Bei Isaak Babel waren Toller und ich einmal eingeladen. Babel hauste mit einem österreichischen Ingenieur zusammen. Der hatte sich die größte Mühe gegeben, mit der russischen Köchin Salzburger Nockerln herzustellen. Uns empfing eine reizende Tafel, und ich freute mich, mit dem witzigsten sowjetrussischen Schriftsteller zusammenzusein. Toller kam zu spät. Er stürzte herein und war außer Atem. »Lieber guter Isaak Babel! Lieber guter Genosse ... Leider, leider, ich kann

nicht bleiben ... Ich muß gleich wieder weg zu einer Besprechung!« rief er flötend. Man setzte sich, nahm etwas von der Speise, trank etliche Wodkas, fing gerade ein Gespräch an, da verabschiedete sich Ernst. »Er ist eine Primadonna!« sagte Babel, als er draußen war. »Nein!« rief ich: »Ernst ist ein Juwel! Er glaubt wirklich, ohne ihn dreht sich die Welt nicht ... Solche Menschen hab' ich gern ... Sie machen sich ihr Leben erst ungemütlich ...« – »Sie sind ein Phlegmatiker«, sagte Babel: »Nur faule Leute haben Humor ... Und er, diese Primadonna? ... Er hat viel Erfolg? Er schreibt sehr viel, ja? ... Man hat mir erzählt, seine Theaterstücke werden auch in England und Amerika viel gespielt ... Ist er ein Dichter? Was glauben Sie?« – »Sicher ist er ein Talent ... Ganz bestimmt!« meinte ich. Babel lugte auf mich und verzog seine Mundwinkel. Seine großen Augen hinter den Gläsern glänzten.
»Alle Talente muß man abschlachten«, sagte er mit seiner etwas blechernen Stimme: »Es ist kein Platz für das Genie da ... Die Talente machen das Publikum zu anspruchslos.« Er stand auf und stapfte auf und ab. Klein und gedrungen war sein Körper, der große Kopf schien zu schwer. Seine breiten Wulstlippen lächelten immer noch.
»Was schreiben Sie jetzt?« fragte ich ihn. Er sah mich flüchtig an: »Oh, ich schreibe wenig ...« – »Babel braucht für einen Satz ein Jahr«, sagte der österreichische Ingenieur: »Er schreibt alles für die Schublade ...« – »Ich besuche die Remonten ... Pferde, wissen Sie, Pferde sind schöner als Menschen!« sagte Babel. Er hielt einen Augenblick inne und sagte wiederum: »Aber Toller ist ein dummer Mensch, glauben Sie!« – »Aber er ist glücklich«, sagte ich. Babel lachte. Er sah mich wieder so listig forschend an und murmelte: »Sehr gescheit ist das, sehr gescheit!« – »Und dumme Menschen können mitunter sogar dichten«, rief ich lustig. »Das ist zynisch ... Sie sind ein Bauer, der nichts glaubt ... Tolstoi war nicht dumm!« sagte Babel schnell nacheinander. »Tolstoi war ein Genie ... Er ist mein Lehrer«, sagte ich, in die Enge getrieben. »Er paßt zu Ihnen ... Er war auch zynisch und hat nichts geglaubt«, lächelte Babel. Ich hatte den ersten Menschen getroffen, der Tolstoi begriff. Wir unterhielten uns noch stundenlang über Literatur. Babel urteilte über fran-

zösische Dichter sehr treffend, obgleich sein Hausgenosse erzählte, er kenne kein einziges Buch von ihnen. Er sei »intuitiv«. »Pferde sind schöner als Menschen«, sagte Babel manchmal wie aus einem schwermütigen Nachdenken heraus. Dabei aber hatte er stets ein heiteres lächelndes Gesicht. Ich sah den gedrungenen Mann manchmal unvermerkt an, ein wenig erinnerten seine Füße noch an Budjonis Reiterarmee. Er hatte einen seltsamen kurzschrittigen Gang. Schade, wir haben uns nicht wiedergesehen [51].
Er hat seither kein Buch veröffentlicht. Menschen, die ihn kennen, erzählten mir, er schriebe ganz altmodische russische Dramen, die nicht anerkannt würden.
Ich höre noch immer, wenn ich an ihn denke, seine blecherne Stimme sagen: »Pferde sind schöner als Menschen.« Und ich sehe sein rundes, volles Gesicht lächeln ...
Der Unionskongreß ging langsam zu Ende. Ich lernte in den letzten Tagen noch einige Menschen flüchtig kennen, an die ich gerne denke. Mit Boris Pasternak unterhielt ich mich im »Grünen Theater« kurz über Rilke. Ich war gerührt, wie fieberhaft sich Pasternak interessierte, mit welcher hingebungsvollen Leidenschaft er an diesem großen deutschen Dichter hing. Das gleichgültigste Wort, das ich über Rilke sagte, schien ihn freudig zu erregen. Seine tiefen, glänzenden, dunklen Augen wurden dabei ungewöhnlich lebhaft und glücklich. Pasternak hatte die meisten Gedichte Rilkes ins Russische übertragen und freute sich sichtlich, als er erfuhr, daß ich den Dichter in seiner Münchner Zeit gekannt hatte.
»Sie waren auch Lyriker? ... Rilke fand Ihre Gedichte gut?« fragte Pasternak. »Jaja, aber das hat ihm sicher keine Ehre gemacht«, lachte ich: »Meine Gedichte sind sehr miserabel gewesen ... Große Dichter urteilen meistens nur aus Mitleid ... Sie urteilen schrecklich falsch.« Pasternak lächelte ein fast verzeihendes, verlegenes Lächeln. Seine schönen, langen Hände lagen dabei auf dem Tisch und die Finger zuckten ein wenig. »Eins war wirklich schön an Rilke – er war genau so wie seine Gedichte«, sagte ich und sah in Pasternaks Gesicht: »Er war zart und gebrechlich wie ein Mädchen und dunkel wie ein Mystiker ...« – »Ein großer Dichter!« murmelte Pasternak. »Ein ganz großer, ein wirklich unsterblicher Dichter!« rief ich, weil ich spürte, daß mein

Partner ebenso aufrichtig hingerissen war von jeder echten Dichtung. Pasternak drückte auf einmal mit beiden Händen meine Hand. Ich merkte, er zitterte am ganzen Leibe. Ich sah ihn mit einem verborgen bestürzten Lächeln an. ›Ja‹, mußte ich glücklich denken, ›das ist ein echter Dichter ... Er fiebert, wenn er von seinem Metier spricht.‹ Ich sah seine schlanke Gestalt an. Sie hatte etwas Knabenhaftes. In seinem länglich-schmalen, dunkel getönten, vielfurchigen Gesicht spielte ein Lächeln, ein sehr eigentümliches Lächeln. Seine dichten, schon ein bißchen angegrauten, glänzenden, strudlig-gelockten Haare schienen an diesem Lächeln beteiligt zu sein, sie zitterten irgendwie mit ...
Ich erinnere mich auch noch des düster-melancholischen Dichters Oljescha, der eine so seltsam verworrene, tiefsinniglyrische Kongreßrede gehalten hatte. Sie hatte beinahe wie eine Beichte geklungen. Er sprach höchst dichterisch von seinen inneren Zerwürfnissen, von den geistigen Widerständen, die er erst überwinden mußte, um die Sowjetwelt als Dichter begreifen und gestalten zu können. Erst die Jugend habe ihm wieder Kraft und Glauben gegeben, führte er aus. Oljescha war, das war nicht schwer zu erraten, eine ungemein komplizierte Individualität. Ich erfuhr, daß er sehr merkwürdige, genialische, vielumstrittene Romane geschrieben hatte, die leider noch nicht übersetzt waren und es bis heute nicht sind. Oljescha war ein schwerer Trinker und eine für das Sowjetleben ungewohnte Bohémefigur. Sein Trinken hatte Gorki schon einmal öffentlich gerügt. Das kam einer gewissen Degradierung gleich. Dennoch trank Oljescha weiter. Damals, in der Kaukasischen Weinstube an der Gorkowa, hockte er in sich geduckt da, und sein scharfgeschnittenes, vom Trinken etwas schweißglänzendes Gesicht hatte einen verlorenen Ausdruck. Die unentzifferbaren Augen starrten abwesend ins Leere, und manchmal lächelte er vereinsamt, aber so wissend, wie nur echte Trinker lächeln können. Er verstand kein Wort deutsch. Ich trank ihm kräftig zu und hatte mit einem Male – wie es mir in solchen Augenblicken sehr oft ergeht – ein sehr herzliches Bedürfnis, ihm etwas Gutes zu sagen. Ich hob das Glas und begann den Andrejewschen Vers zu singen:
»Flüchtig verrinnen die Tage des Lebens,
leeret den Becher der Freude nun aus ...«

Das aber wurde mir von meinen russischen und deutschen Begleitern sehr verübelt, denn Andrejew, der Gegenrevolutionär, durfte auch als Dichter nicht vernommen werden. Oljescha murmelte irgend etwas, prostete mir zu und lachte leise in sich hinein ...
Zwei Nächte lang war ich mit Bekannten bei Bela Kun. Er hatte erfahren, daß ich über seine Broschüre vom Feberaufstand der österreichischen Arbeiter [52] empört war. Deshalb wünschte er mich zu sprechen. Kun ist fleischig beleibt, und wenn man ihn zum erstenmal sieht, erschrickt man. Sein sicher durch eine Krankheit deformiertes Gesicht erinnert unwillkürlich an eine Kröte. Die unangenehm roten, sehr dicken Wulstlippen hängen wie Lefzen, die wässerigen, großen Augen sind krankhaft herausgedrückt, darunter lagern blaugeäderte Tränensäcke. Die Nase ist kurz und großlöcherig. Kurze Arme, massive, behaarte, kurzfingerige Hände hat er. Er schnaubt ein bißchen pfeifend asthmatisch. Ich begann sofort heftig mit ihm zu streiten. Aus eigener Kenntnis konnte ich mit Fug und Recht behaupten, wie oberflächlich und leichtsinnig Kun bei der Abfassung seiner Broschüre vorgegangen war. Maßgebend waren ihm die amtlichen Lügenmeldungen des Wiener Radios gewesen, die die Regierung Dollfuß während des Kampfes in die Welt hinausgesandt hatte. Er hatte leicht nachweisbare Unwahrheiten behauptet und – jetzt, da viele glaubten, die Zeit der Einheitsfront aller Arbeiter sei gekommen – Otto Bauer, Julius Deutsch giftig, aber keineswegs den Tatsachen entsprechend, diffamiert. Ich, der ich gegen die Politik Bauers und des Wiener Parteivorstandes war, fand es verächtlich, derart gegen sie zu schreiben. Ich schlug die Broschüre auf und zeigte auf eine Planskizze: »Sehn Sie! Was haben Sie hier gemacht ... In Ihrem Plan sind Städte eingezeichnet, wo überhaupt nicht gekämpft worden ist ... Salzburg, Innsbruck! ... Die österreichischen Genossen pfeifen auf so einen Mist! So bringen wir nie und nimmer fertig, daß sich die Arbeiter einigen! ... Ganz gleich, wie man zu Otto Bauer und zu Seitz, zu Deutsch und Renner steht .. Sie sind für den österreichischen Arbeiter auch heute noch viel ... So gewinnt man sie nicht! Das ist leichtsinnig!« Bela Kun versuchte Witze zu machen, aber er wurde doch nervös und entschuldigte sich

damit, daß die Broschüre innerhalb von vierzehn Tagen herausgekommen sein mußte, da sei es schwer gewesen, gründlichere Informationen zu erlangen.
»Dann hätten Sie lieber keine Broschüre geschrieben ... Bloß daß das Papier voll ist! Bloß daß man der erste ist – was ist das für eine seltsame Einstellung!« warf ich ein.
»Kommen Sie essen«, sagte Kun, »in vierzehn Tagen kommt eine neue Broschüre ... Eine Erwiderung auf Otto Bauer!«
Wir setzten uns in der bescheidenen, gemütlichen Stube um den runden Tisch, aßen ungarischen Speck und tranken guten Krimwein. »Otto Bauer ist ein anständiger Mensch! ... Für viele Proleten Österreichs ist er ein Symbol ... Man kann die Tradition nicht einfach auslöschen!« sagte ich wieder. »Anständige Menschen machen immer schlechte Politik, da werden sie unanständig!« meinte Bela Kun.
Ich schaute ihn ironisch an. Dann sagte ich unvermittelt: »Wissen Sie, warum Sie Otto Bauer hassen, Genosse Kun? ... Weil er weit gescheiter und fundierter ist wie Sie! ... Sie sind nur witziger ... Im Grunde genommen seid ihr sogar ein bißchen ähnlich ... Jeder will mehr gelten bei den Arbeitern, verstehn Sie! ... Aber Bauer, schau'n Sie, Bauer ist ein marxistischer Gelehrter, bei dem nur langsam was reif wird ... Und Sie, Genosse Kun, sind ein geschwinder Journalist mit einem Schuß Draufgängertum – und, natürlich, Sie haben mehr Witz ... Bauer ist etwas trocken und viel solider ... Er hat nur ab und zu einen bedächtigen Humor ...« Die am Tische sitzenden Bekannten lachten ein bißchen einfältig. Bela Kun erzählte interessant von Lenins und Stalins Art, eine Rede zu halten. Er gab amüsante Anekdoten aus seinem Leben während des russischen Bürgerkrieges zum besten, insbesondere Erlebnisse mit Nestor Machnow. Er verstand nett und geistreich zu erzählen.
Ich traf ihn noch einmal bei Ernst Ottwalt – der inzwischen als faschistischer Spitzel verhaftet worden ist [53] – im Hotel »Nowo Moskowskaja«. Mir war Ottwalt, den ich seit 1929 aus Deutschland kannte, immer tief zuwider. Er hatte die aufdringlichen Allüren eines deutschen Korpsstudenten und sprach immer besonders betont parteitreu. Bela Kun rühmte ihn während des Heimwegs ungemein. »Er ist kein anständiger Mensch, aber ein wichtiger Genosse«, spöttelte er

einmal dazwischen. »Nein, ich glaub' auch nicht, daß er ein anständiger Mensch ist«, sagte ich ironisch: »Aber ich versteh ja nicht, was man für die Politik für Leute braucht ...« Er betrachtete mich geschwind mit einem zerschlissenen Blick. Wir verabschiedeten uns.
Auch mit Knorin [54] und dem verstorbenen [Fritz] Heckert [55] kam ich etliche Male zusammen. Knorin sah sehr gut aus. Ein solider Mann, halb Gelehrter, halb gewissenhafter Bürovorsteher. Er war blond, groß und gab sich natürlich. Ganz und gar feldwebelmäßig trat Heckert auf. Er trug – und wahrscheinlich hatte ihm jemand gesagt, daß dies sehr gut zu seinem markanten Gesicht und den weißen, dichten Haaren passe – eine lange, schwarze Russenbluse mit bunten Stickereien am schmalen Halskragen und lange, schwarze Schaftstiefel. Er hatte eine etwas helle, im Grunde völlig klanglose, sehr laute Stimme und stapfte während des Redens fortwährend in seinem Büro auf und ab, als hielte er Volksreden. Kein einziges eigenes Wort kam aus ihm – und er sprach über alles: Davon, daß Hitler für die deutsche Arbeiterschaft keine Niederlage gewesen sei, davon, daß jetzt in der Emigration erst die echte bolschewistische Härte über die Genossen komme und endlich von Bechers Gedichten, die er gleichgültig lobte. »Weißt Du, wie mir der vorkommt«, sagte ich zu Hans Becher, als wir weggingen: »Wie ein wildgewordener Schrebergartenkürassier, dem das Büro in den Kopf gestiegen ist.« Becher widersprach mir gutmütig. Er lobte ihn als »guten Menschen und Kameraden«.
In der »Meshrabpom« sah ich Wertoff, das »Fotoauge«, wieder. Wir waren einander im Jahre 1930 oder 31 in München begegnet. Jetzt führte uns Wertoff seinen schönen, wunderbar stimmungsvollen Film »Drei Lieder um Lenin« vor. Auch den hochbegabten belgischen Filmregisseur Ivens lernte ich dort kennen. Er zeigte Teile und Vorstudien aus seiner berühmten »Borinage«. Beim Schlußbankett im großen Kongreßsaal wurde ich mit dem weltbekannten Tscheljuskin-Führer Professor Schmidt [56] bekannt. Im Gedränge unterhielten wir uns, und ich war baff. Professor Schmidt sprach das reinste Schwäbisch, das man hören kann. Er erzählte, als er meine Verwunderung merkte, daß seine Ururahnen einst Schwarzwälder gewesen seien. Heiter und froh

wie ein Junge war er und wurde überall gefeiert. Er lachte breit, und dabei erzitterte jedes einzelne Haar seines langen, wallenden Vollbarts.
Menschen, immer neue Menschen lernte man hier kennen. Es war mir nie zuviel. An jedem gab es etwas zu entdecken.
Nein, Vera Topper, ich habe Dich nicht vergessen. Deine Klugheit und Heiterkeit erfrischten oft. Und Du, Genossin Scheinina? Ach, wenn ich an Dich denke, werde ich seltsam sanft und träumerisch, und man könnte glauben, wir seien verliebt. Ich sehe, wenn Du irgendeine Zeile schreibst, immer Deine kleine, gebrechliche Gestalt mit der ewig vollgepfropften Aktentasche. In Deinem mageren, fast durchsichtig bleichen Gesicht glänzt beständig die gleiche unbeschreiblich muttergute Besorgtheit um jeden einzelnen von uns. Oft meine ich, Deine großen, dunklen, unerschrockenen und doch so frauenhaft sanften Augen blicken mich an. Ich spüre noch den Druck Deiner zarten, kleinen, ausgezehrten Hand, als wir abfuhren. Und wo bist Du jetzt? Eine »Genossin« sagte mir vor meiner Abfahrt: »Der Vogel ist ausgeflogen [57].«
Eines Abends saßen wir im Hotel beisammen: Adam und seine Frau, Ehrenstein, Toller, Balder Olden, Plivier mit Frau, die beiden Spanier Theresa Leon und der Dichter [Rafael] Alberti. Dazu noch ich, Scheinina und Sergej Tretjakow.
Morgen, hieß es, gings auf die Reise nach dem Süden. Wir erhielten ein Informationsblatt, das die Stationen der Route enthielt [58]. Der Kongreß war zu Ende.
Am anderen Tag durchfuhren wir in komfortablen weichklassigen Waggons die unübersehbaren russischen Ebenen ...


IN DIE UNBEKANNTE FERNE


Der im Jahre 1919 von den Weißgardisten viehisch ermordete hochbegabte Anarchist Gustav Landauer schrieb lange vor dem Krieg einmal in seinem Wochenblatt »Der Sozialist« einen sehr eindringlichen Artikel über sozialistische Erziehung. Darin machte er sich schon damals, als die Begriffe

Oskar Maria Graf in einem Moskauer Rundfunkstudio mit Willi Bredel (dritter von rechts), Adam Scharrer (erster von rechts) und anderen Teilnehmern des Kongresses.

Kollektivismus und Kollektive in ihrer heutigen Bedeutung überhaupt noch nicht erkannt und noch keineswegs in unseren Wortschatz übergegangen waren, ernsthafte Gedanken darüber, wie man individualistische Menschen von heute im kollektiven Denken und Handeln schulen sollte. Indem er die klösterliche Erziehung der katholischen Kirche zum Vergleich heranzog und an die Stelle des religiösen Glaubens den von ihm propagierten »Geist der Freiwilligkeit«, die bewußte Überzeugung und die nüchterne Erkenntnis des Lebensnotwendigen zu setzen versuchte, schlug er unter anderem vor, eine Gruppe von Gleichgesinnten sollte ein Schiff pachten oder kaufen und etliche Jahre lang die Weltmeere durchkreuzen. Auf diese Weise gezwungen, in allem Geistigen, Menschlichen und Notwendigen zusammenzustehen, würden die Genossen schließlich fast gewohnheitsmäßig das wahrhafte Kollektivbewußtsein bekommen.

Daran mußte ich denken, als wir nun unser abwechslungsreiches Reiseleben begannen, denn – abgesehen davon, daß wir auch in den Städten und Gegenden, wo wir uns aufhielten, stets gemeinschaftlich unsere Tage verbringen mußten – so eng aufeinander hatten die meisten von uns höchstens im Kriege gelebt. Wir verbrachten viele Tage und Nächte in den bequemen Coupés unseres Zuges und zwar stets zu zweit oder viert. Und wir waren eine ziemlich zufällig zusammengewürfelte Gruppe verschiedenster Charaktere. Ob wir nun wollten oder nicht, wir mußten unter den gegebenen Umständen einander ertragen, mußten uns an eine bestimmte Einteilung gewöhnen und mußten uns der Führung Sergej Tretjakows, seiner Frau und der Intourist-Funktionärin Natalie Iwanowna fügen. Für mich, der ich schon als Dorfbub, später als Arbeiter, dann während des Krieges, während meiner langen Irrenhauszeit und im Gefängnis so ein aufeinander gedrängtes Gemeinschaftsleben sehr gründlich kennengelernt und es auch – vielleicht kraft meiner glücklichen Veranlagung – stets unterhaltlich, lehrreich und schön gefunden hatte, war das keineswegs schwer. Im Gegenteil, ich fand es diesmal ganz besonders großartig. Schon deswegen, weil wir ja die unbeschreiblich generöse Gastfreundschaft eines ganzen Volkes gleichsam in vollen Zügen genossen. Kein Wunder also, daß ich in Anbetracht dessen vom ersten bis zum letzten Tag fast ausgelassen lustig war. Wie sich aber meine Mitreisenden dabei verhielten, das war ein ergiebiger sozialpsychologischer Anschauungskurs. Unsere russischen Führer hatten es mitunter wahrhaftig nicht leicht mit diesem seltsamen Kollektiv europäischer Intellektueller. Da waren zum Beispiel schon von Anfang an jene menschlichen Kleinigkeiten, die zu den ersten nichtigen Reibereien führten: Der eine war nervös, überempfindlich und hatte eine Antipathie gegen den, der mit ihm das Coupé teilte. Dieser konnte das Schnarchen seines Schlafgenossen nicht vertragen. Ein anderer wieder hatte einen Ekel vor bestimmten Gewohnheiten seines Nachbarn. Der fühlte sich zurückgesetzt und vernachlässigt. Der andere wieder glaubte so bedeutend zu sein, daß er takt- und schamlos irgendwelche Vergünstigungen für sich forderte und dadurch die anderen verärgerte. Es war oft peinlich, aber es war unvermeidlich, denn nirgends entblößt sich der Mensch so kraß als in einer aufgezwungenen Enge, im allzunüchtern Alltäglichen.

»Schön ist das ja nicht«, sagte ich zu Sergej Tretjakow, »aber, mein Gott, ich hab das bei Literaten, die in einem fort vom proletarischen Leben und vom sozialistischen Ideal schwärmen, immer erlebt ... Da kann man nichts machen.« Kaum nämlich war unser Zug im Rollen, da kam schon »Herr Ernst« und beschwerte sich darüber, daß man ihm nicht ein eigenes Coupé zugewiesen habe. Er müsse bis zu dem und dem Datum ein Film-Exposé fertig haben, und außerdem ekle er sich vor Ehrenstein rein zu Tode. Alle Töne schlug er an.

»Aber Ernst, quatsch doch keine Opern!« rief ich: »Ob Du Deinen unsterblichen Mist früher oder später schreibst, ist doch wurscht ... Ich glaub Dir sowieso kein Wort ... Und außerdem: Seit wann willst Du eine Ausnahmestellung? Wie vereint sich das mit Deiner Überzeugung?« Herr Ernst lächelte, schwätzte, bettelte, jammerte und nahm schließlich seine Koffer, lief schnell in ein anderes Coupé und schloß ab. Das war ärgerlich. Wir klopften und wollten ihn zur Rede stellen. Er flötete in einem fort durch die verschlossene Tür: »Aber laßt mich doch in Ruhe, bitte! Ich hab doch so schauerlich Kopfweh! Ich kann doch nicht!« – »Ich denk', Du willst arbeiten?« fragte ich. »Ja! Aber wie soll ich denn mit dem Kopfweh!? ... Laßt mich, bitte, in Ruh'!« gab er an. »Es ist

eigentlich unverschämt!« sagte ich sehr laut zu den Umstehenden: »Warum hat die Sowjetregierung für den großen revolutionären Dichter nicht einen eigenen Salonwagen bereitgestellt ...« Ich richtete mich mit Olden und dem Misanthropen in einem Coupé ein. »Hmhm, mit Dir kann ich nicht schlafen! ... Sicher nicht! Du schnarchst!« jammerte Ehrenstein. Ich schaute ihn verdutzt an: »Ah, vielleicht brauchst Du auch einen eigenen Salonwagen, was?« Adam saß im Coupé Pliviers, der ihn wegen irgendwelcher Taktlosigkeiten zur Rede stellte. Es fing schon langsam zu dunkeln an. Über die unendlichen Mais- und Sonnenblumenfelder strich der warme Sommerwind. Die wogende Erde floß mit dem Himmel ineinander. Nur manchmal tauchte ein langgestrecktes Dorf auf. Wir standen am offenen Fenster.
»Das sind die stillen, weiten ukrainischen Nächte, wie Gogol sie beschreibt«, sagte Natalie Iwanowna. Sie war eine zartbesaitete Dame mit einer klanglosen Stimme, schlank und fraulich, mit Spuren vergangener Schönheit im Gesicht. Auf einmal schob sich die Coupétüre auf und Herr Ernst stand da. Er mischte sich ins Gespräch. Seine Stimme bekam einen milden Ton. Er kokettierte mit Natalie Iwanowna.
»Ernst – wirklich, Du bist bewundernswert!« sagte ich beißend: »Großartig bist Du! ... Ein echter Dichter – lyrisch wirst Du, wenn Du eine Frauenstimme hörst, unverschämt, wenn's nicht nach Deinem Kopf geht, hysterisch, eitel und mit *der* Dummheit ausgestattet, die man als Dichter braucht, um als originell zu gelten ... Großartig, wie Du zum Beispiel ein eigenes Coupé erobert hast ...!« – »Aber jetzt laß' doch .. . Morgen muß ich arbeiten!« wehrte er ab.
»Morgen sind wir schon in Charkow ... Da mußt Du doch, wie ich Dich kenne, eine Rede halten und kommst nicht dazu!« warf ich ein. Wir plauderten wieder versöhnlicher und machten Witze. »Ja, Natalie Iwanowna, solche Landschaften müßte man beschreiben können«, sagte Ernst und setzte dazu: »Die russischen Dichter haben es schön ...« Das verfehlte die Wirkung nicht. »Jaja, Landschaften haben sowas Objektives, verstehst Du?« wandte ich mich an Olden: »Eine Landschaftsbeschreibung verpflichtet zu nichts, beim Menschen ist's was anderes ... In den muß man ja schließlich eindringen ...«

Der Misanthrop kam aus dem Coupé. Ernst neigte sich mit Natalie Iwanowna mehr zum Fenster hinaus.
Serjoscha kam und nahm uns mit zum Abendessen. In den Coupés der harten Klasse hatten die Menschen schon ihre Betten gemacht, breit und träg lagen sie auf den Bänken, verzehrten ungeheure Portionen und unterhielten sich heiter. Olden und ich warteten, bis der Misanthrop eingeschlafen war. Wir lachten hell auf, als wir ins dunkle Coupé kamen. Unser Genosse schnarchte wie zehn Sägemühlen. Wir weckten ihn und ulkten: »Tja, ausgeschlossen! Ausgeschlossen, wenn Du so schnarchst, können wir nicht mit Dir zusammenliegen ... Unsere Nerven, Mensch!« Er drehte sich verdrießlich auf die andere Seite und bestritt heftig, jemals geschnarcht zu haben. Er hatte die Nase verstopft und konnte gar nicht anders. Er klagte über die heiße dumpfe Luft, schlief aber trotzdem wie ein Murmeltier.
Am anderen Tag waren noch immer die endlosen wogenden Felder vor den Fenstern. Am Nachmittag erreichten wir Charkow. Eine Regierungs- und Schriftsteller-Delegation mit den obligaten mächtigen Blumensträußen empfing uns. Menschen standen auf dem Perron. Ernst und Plivier hielten gleicherzeit kurze Begrüßungsreden. Die Charkower erwiderten. Es sah ein bißchen nach Veteranenverein aus, als jetzt die Blechmusik zu schmettern begann, während wir in den Bahnhofssalon gingen. Tretjakow hielt nun eine Rede, in welcher er uns vorstellte. Diese Rede hielt er in der Folgezeit jedesmal, wenn wir wo ankamen. Ich war den Gleichlaut der Worte schon so gewohnt, daß ich genau ausrechnen konnte, an welcher Stelle er gerade angelangt war. Zuerst hieß es, wir seien ausländische Gäste des Unionskongresses und aufrichtige Freunde der Sowjetunion. Alsdann wurde Plivier als Verfasser des Antikriegsromans »Des Kaisers Kulis« und ehemaliger revolutionärer Matrosenrat gefeiert, Toller als weltberühmter sozialistischer Dramatiker und Führer der Münchner Räterepublik, Scharrer als antifaschistischer Bauernschriftsteller, Ehrenstein als bedeutender freiheitlicher Lyriker Österreichs, Olden als antihitlerischer deutscher Romancier, die beiden Spanier als revolutionäre Schriftsteller ihres Landes, und ich bekam – den Rang eines Abgesandten der österreichischen Schutzbündler. An Reden wurde

auf dieser Reise – man kann's nicht anders bezeichnen – schier Unermeßliches geleistet. Olden, Adam, der Misanthrop und ich schwiegen stets, höchstens daß wir gezwungenermaßen einmal einen kurzen, inhaltslosen Trinkspruch hersagten. Um so drolliger war es, wie nun mit der Zeit geradezu ein Wettkampf zwischen Toller und Plivier entstand. Jeder von ihnen wollte stets der Ehre teilhaftig werden, die Empfangsrede zu halten. Kaum erfuhren sie während der Fahrt, daß alsbald eine Station komme, da zogen sie sich rasch ins Coupé zurück und skizzierten ihre markanten Sätze. Kaum hielt der Zug an, da sprang auch bereits – je nachdem – hinten Herr Ernst und vorne Plivier aus dem Waggon, und beständig konnten wir uns daran belustigen, wie der eine oder andere von ihnen mit zornrotem, fast beleidigtem Gesicht dastand, während der ihm Zuvorgekommene seine Rede vom Stapel ließ. Tretjakow, der das dumme Zeug jedesmal übersetzen mußte, hat es ja, wie wir bald merkten, auch immer irgendwie zurechtgebogen, wenn er glaubte, es seien unpassende Worte gefallen.

Charkow ist eine völlig moderne Stadt mit breiten Asphaltstraßen und vielen Hochbauten. Der riesige runde Platz mit den Häusern der Schriftsteller macht einen sehr geschmackvollen, imposanten Eindruck. Ich bat den Regierungsvertreter Kulik, einen schlichten kleinen Menschen mit Lederjacke, der Bucharin nicht unähnlich sah, er solle mich mit den mir bekannten Schutzbündlern zusammenbringen. »Saftra!« sagte er. Das hieß »morgen«. »Aber Du hast doch gesagt, wir fahren noch heute nacht weiter?« wandte ich mich an Serjoscha und drängte: »Ich muß die Schutzbündler sehen! ... Sie nehmen es mir sehr übel, wenn ich sie nicht besuche.« Er vertröstete mich. Noch öfter am Tage mahnte ich, und es war mir unverständlich, warum Tretjakow durch meine Bitten so nervös wurde. Er versprach immer wieder, doch ich habe die Schutzbündler in Charkow nicht zu sehen bekommen. Sehr wütend schimpfte ich darüber. Erst viel später, als wir schon wieder nach Moskau zurückgekehrt waren, erfuhr ich, daß um jene Zeit ein wüster Streit zwischen den Schutzbündlern ausgebrochen war. Kulik, der an jenem Moskauer Abschiedsabend dabei war, wollte mich in derselben Nacht noch nach Charkow mitnehmen.

Wir besichtigten einen sehr schön angelegten Sportplatz, auf den man in Charkow besonders stolz war. »Zwanzigtausend Menschen fassen die Tribünen«, sagte Kulik. »Schön ... Das Wiener Stadion faßt sechzigtausend, und wenn es pumpvoll ist, siebzigtausend«, sagte ich. Ich bemerkte, wie betreten auf einmal die Gesichter der Sowjetrussen wurden. Noch sehr oft habe ich etwas ähnliches beobachten können. Sie waren mit vollem Recht stolz auf all ihre Errungenschaften, aber sie glaubten – eng und provinziell –, nirgends auf der Welt gäbe es so etwas wie bei ihnen. Zuviel Not und Blut hatte sie jeder Quadratmeter Boden, jeder Ziegelstein gekostet – in [West-]Europa kosteten solche Dinge nur Geld.

Im großen Traktorenwerk sah es nicht viel anders aus, als in ähnlichen Fabriken des Westens. Auffallend viele Frauen verrichteten hier schwerste Arbeiten. Sie sahen kräftig und wohlgenährt aus. An einer ihrer Arbeitsstellen war sogar – zum Zeichen, daß sie Spitzenleistungen vollbracht hatten – eine rote Fahne. Hier traf ich meinen alten Münchner Freund Steinbeisser, der seit 1930 in der Sowjetunion war. Er erzählte mir in seiner mürrischen Art, daß die Arbeit sehr schwer sei, daß die Bürokratie viel verderbe. Von ihm erfuhr ich jene seltsame Geschichte mit dem Anzugstoff, der wieder nach Moskau zurückgerollt war. »Und wie geht's Dir sonst?« fragte ich ihn bei der Abfahrt am Bahnhof. »Ganz anständig ... Ich hab mit meiner Frau eine neue Dreizimmerwohnung mit Bad ... Die Häuser haben leider die »Spez« (Spezialisten) gebaut ... Als »Spez«, mußt Du denken, sind damals alle möglichen Idioten in die Union gekommen ... Die haben hinten und vorn nichts verstanden von der Arbeit, aber eine große Fresse gehabt«, berichtete er: »Weiß der Teufel, was sich da alles eingeschmuggelt hat. Jetzt geht das nimmer. Die Russen haben sehr viel gelernt und lassen sich nichts mehr vormachen ... Bei uns war ein Berliner Flötist als Ingenieur ... Mensch, den sollst Du gehört haben! Alles hat er verstanden mit dem Maul, bis sie ihn davongehaut haben ... Und ein Bauzeichner aus Thüringen war da, der hat den Architekt gespielt ... Die Mauern sind geplatzt, die Wasserleitung hat nicht funktioniert, alle Augenblick lang sind die Gasrohre geplatzt, einfach zum Auswachsen war's! Aber der Herr Architekt hats immer so gedreht, daß die Arbeiter

schuld gewesen sein sollen, bis man ihm draufgekommen ist, dem Banditen! ... Jetzt sitzt er wieder in Deutschland und hetzt gegen die SU.« Der Zug rollte schon. Er drückte mir schnell die Hand: »Auf Wiedersehn in München!« Er stand noch lange bewegungslos da und sah dem Zug nach. Er hat mir nach meiner Rückkehr [nach Brünn] noch etliche Briefe geschrieben, dann hörte ich nie wieder was ...
Am andern Tag war heitere Sonne vor den Coupéfenstern. Unser Zug rollte das Asowsche Meer entlang. Weit draußen lagen einige Schiffe vor Anker. Die Wasserfläche schimmerte grün. Die Landschaft war sehr flach und schien leicht sumpfig an manchen Stellen. Kleine Datschen standen ab und zu hinter winzigen Vorgärten. Sonnenblumenfelder dehnten sich aus. »Hier hat Tschechow gelebt«, erzählte Tretjakow. Die Gegend erinnerte an viele seiner melancholischen Geschichten, an die Langeweile, an der die Menschen starben. Am selben Tag kamen wir in Rostow am Don an. Wieder gab's einen lauten, herzlichen Empfang. Vom Hotel aus machten wir eine Rundfahrt durch die Stadt. Das wunderbare, berühmte Theater der Fünftausend, das heute längst fertig ist, war damals noch Gerüst. Es fing dünn zu regnen an. Das grellweiße, gipsern schimmernde Karl-Marx-Denkmal stand da, als friere der dicke mächtige Mann. Dicke Tropfen troffen an ihm herab. Adam besuchte deutsche Genossen in den neuen Wohnblocks vor der Stadt, wir andern begaben uns auf eine Versammlung der Fabrikarbeiter. Als wir eintraten, sprach eben eine ältere Arbeiterin über irgendwelche Parteiangelegenheiten. Ein österreichischer Schutzbündler erkannte mich und erklärte lächelnd: »Mensch, die sagt's ihnen ... Schau, wie sie klatschen ... Sie hat grad gesagt: ›An den Bonzen, Genossen, da seid Ihr selber schuld! Bonzen entstehen nur deswegen, weil Ihr sie duldet!‹« Jetzt war sie fertig. Tretjakow stellte uns vor, und ein mächtiger Beifall erscholl jedesmal, wenn er einen Namen nannte. Ernst und Theodor schwangen ihre Reden. Der Schutzbündler erzählte mir von seinem Leben. Gut ginge es ihm, aber das Wohnen im Vergleich zu Wien, in den Gemeindebauten sei schlecht, meinte er überheblich. Ich kannte ihn gut von Wien her. Zwei Jahre war er dort arbeitslos gewesen.
»Wie hast Du in Wien gewohnt? ... Soviel ich weiß, bei

Deinen Eltern im Matteottihof?« fragte ich. »Ja ... Mein Gott!« wurde er fast schwärmerisch: »Der Unterschied ist natürlich kaum auszumalen ... Ich hab ja da schon ein Zimmer für mich, weißt Du! Aber was für eins halt ...« Nach der Versammlung fuhren wir mit ihm in die Wohnbaublocks hinaus. Es waren etwas nüchterne Mietskasernen. Der Klubraum sah gemütlich und gepflegt aus. Adam hatte seine Rede eben beendet. Man diskutierte. »Komm mit ... Droben warten noch andere Genossen auf Dich«, sagte der Schutzbündler und zog mich über die breiten Steintreppen hinauf. »Siehst Du, da haus' ich!« sagte er und riß eine Zimmertür auf: »Sehr einfach halt, sehr primitiv! ... Kein Wiener Gemeindebau!« Ich schaute mich um. Das Zimmer war geräumig und hoch und zweifensterig. Ein Bett stand da, eine Ottomane, ein Schrank, etliche Stühle, ein Tisch, ein Bücherregal, eine Gitarre an der Wand und mit Reißzwecken befestigte Bilder. Die anderen Genossen hatten uns gehört und kamen daher. Ich drehte mich um und schaute dem Schutzbündler hart ins Gesicht.
»Sag' mal – das heißt Du primitiv? In Wien hast Du keinen Raum für Dich gehabt und bei Deinen Leuten gewohnt? ... Seltsam, seltsam!« stieß ich ungut heraus: »Ich möchte jedem Arbeiter so ein Zimmer wünschen ... Ich hab in Moskau sehr verdiente Genossen besucht, die haben eng und arm gewohnt ... Schauerlich sogar! ... Komisch, sehr komisch quatschst Du daher!« Alle schwiegen auf einmal benommen. Ich sah die anderen Zimmer der Genossen an. Sie waren genau so geräumig. Jetzt setzte keiner mehr was aus.
Am anderen Tag fuhren wir zum Donufer. Breit und gemächlich rann der Fluß dahin, ganz flach. Man bekam Lust, hier zu baden. Aber wir bestiegen schon wieder den Autobus und es ging über Hügel und bucklige Steppen zu den Donfischern. Das Dorf hing am Flußabhang, lustige Schulkinder empfingen uns schreiend und sangen eigentümlich kreischende Lieder. Ein Junge tanzte höchst geschickt. Seine Bewegungen waren graziös und dennoch unweibisch. Ich habe in der Union eine Menge solch bewundernswerter junger Tänzer gesehen. Sie waren völlig kindlich, im Augenblick aber, da sie zu tanzen begannen, wurden sie heitere, erstaunlich gewissenhafte Künstler, denen man ansah, daß sie nunmehr

ganz und gar einem fast zauberhaften Rausch hingegeben waren.
Das Kind wurde auf einmal zum Gebilde ...
Wir gingen auf engen, holperigen, staubigen Gassen an kleinen Häusern vorüber und stiegen hinab zum Fluß. Hauchdünner Nebel lag schon über dem Wasser. Die Fernen waren überdunstet. Auf der glatten Wasserfläche schwammen langsame Boote und die Fischer drauf hantierten mit ihren Netzen. Weit weg klang eine Ziehharmonika, ab und zu drangen einige Laute durch die Luft und hinter den geflochtenen Zäunen bellten hie und da Hunde. Feucht und lehmig roch die Luft.
Ich blieb stehen und schaute träumerisch ins Weite.
»Das ist fast wie bei uns daheim ... Sehr schön«, sagte ich.
»Und da sagst Du Trottel immer, Du magst Landschaften nicht und hast kein Heimweh!« rief Adam. »Aber was!« gab ich zurück: »Das ist ja ganz was anderes ... Verstehst Du, da sieht man auf einmal wie winzig man ist ... Ich hab' da immer so ein Gefühl, als ob ich mit Riesenschritten über diese Weiten weggehen möchte ... Ich weiß nicht, oft möcht' ich sowas alles verschlucken, verstehst Du?« Und ich wandte mich Tretjakow zu und sagte ebenso: »Siehst Du, Serjoscha, das klingt ja ketzerisch, aber sowas, das ändert kein Lenin, kein Stalin, kein Hitler, das bleibt immer gleich ...« Mein Freund machte eine sonderbare Miene.
Am Ufer hockten wir uns auf große Steine und unterhielten uns mit den kräftig gebauten, kupferbraun gebrannten Fischern. Tretjakow stellte Fragen. Sie erzählten von ihrer Kollektive, vom Ertrag und von ihrem Leben. Einige notierten die Übersetzung Serjoschas. Vom Fluß draußen schrien die Fischer abgehackte Laute. Ganz leise rauschte das friedliche Wasser. Zwei alte Frauen kamen und stellten sich vor. »Das ist eine ehemalige Dorfarme. Sie leitet jetzt einen Sektor der Kollektive«, erklärte Tretjakow. Seine Frau Olga lispelte mir zu: »Siehst Du, Oskar ... Hier findet kein Mensch Deine Tracht auffällig, weil das selber Bauern sind ...« Das stimmte. Immer wenn wir in der Folgezeit in ländliche Gegenden kamen, fanden die Menschen nichts Sonderbares an meiner Tracht.
Wir stiegen mit den zwei Frauen hangaufwärts und besuch-

ten das niedere, schwachbeleuchtete, engzimmerige Häuschen der ehemaligen Dorfarmen. Zuerst kam eine russische Küche mit Steinboden und einem Ofen aus roten Lehmziegeln. Es roch nach Fischsuppe. Wir traten in die kleinfensterige, saubere Stube, die genau so aussah wie ähnliche Stuben in meiner Heimat. Sogar derselbe Geruch nach Erde und Moder herrschte hier. An den Wänden hingen einige Fotos. Sie zeigten Männer in zaristischer Soldatenuniform mit hohen Kosakenpelzmützen. »Das ist der gefallene Vater, das die zwei Söhne, die auch im Weltkrieg gefallen sind«, erläuterte Tretjakow. Einige schwärzliche Heiligenbilder hingen in der Ecke und daneben Lenin. Blumentöpfe standen auf den schmalen Fenstergesimsen. Kinder krochen herum. Die Schlafstube zeigte eigentümlich hohe, sehr kurze, schmale Betten, daneben eine eiserne Kinderbettstatt. Zwei- und dreifach waren auf all diesen Betten weiße, sehr kleine, spitzenbesetzte Kissen gelegt, die der besondere Stolz des Hauses zu sein schienen. Ich sah, als ich wieder in die Stube zurückging, irgendein zerlesenes, deckelloses, schon angegilbtes Büchlein und fragte Olga. »Novellen von Tschechow«, sagte sie. Die hochgewachsene, starkgebaute Tochter, die bis jetzt am Herd draußen hantierte, drehte sich um und wurde flughaft rot. Olga trat auf sie zu und sagte irgend etwas, wovon ich nur den Namen Tschechow verstand. Jetzt wurde das schöne, blondumlockte Gesicht frei. Es lächelte. »Tschechow ... Anton Pawlowitsch! ... Otschin charaschi pysatili!« sagte ich und drückte dem Mädchen die Hand. Ihre mandelgroßen Zähne wurden sichtbar. Sie nickte: »Dadada-da, charascho Tschechow ...« sagte sie.
Als wir aus dem Hause traten, traten zwei junge Menschen an uns heran. Sie murmelte irgend etwas. Tretjakow fragte. Sie seien Dichter, meinten sie. Ob einer dabei sei, der ihre Gedichte begutachten könne. Sie zogen verschmierte Papierfetzen heraus, drauf standen lange Verse.
»Der Don ist unsere Mutter – der Fisch unser Brot und die Kollektive unsere Heimat«, verdeutschte Serjoscha und lachte ein wenig: »Sie sagen, sie können schon eine Stunde ununterbrochen schreiben –« und er las wieder: »Wenn der Tag anfängt, denken wir an unser großes Vaterland, die Sowjetunion und an den Plan ...« Er sah nicht, wie puterrot, wie

glühäugig die beiden jungen Menschen waren. Tretjakow notierte ihre Namen und Adressen, nahm die Verse mit und versprach sie zu veröffentlichen. Sie begleiteten uns bis zu dem Autobus. Ihre erregt staunenden Augen hingen an uns. Ich beneidete sie fast. »Sag' ihnen doch, sie sind viel größere Dichter als wir!« rief ich Serjoscha begeistert zu: »Sag's ihnen doch!« – »Du spinnst ja im höchsten Grad!« sagte Adam mißfällig. Die Burschen standen zögernd da und ich war todunglücklich, daß ich mich nicht mit ihnen verständigen konnte. »Sag ihnen doch, daß sie viel mehr können als wir, Serjoscha!« rief ich abermals und bedrängte meinen Freund: »Gorki hat einmal gesagt: Wie alles, so verliert auch die Poesie ihre heilige Einfachheit und Ursprünglichkeit, wenn man ein Gewerbe daraus macht ... Wir sind doch bloß mehr gewerbsmäßige Talentausbeuter, die aber sind echte Dichter ... Bitte, bitte, sag' ihnen das!« Wahrscheinlich verstanden die Burschen nur den Namen Gorki, aber sie schienen meine Freude zu begreifen. Sie strahlten, sie lächelten und ich lächelte. Wieder bat ich Serjoscha. Der aber sagte auf einmal ziemlich schulmeisterlich: »Nein, nein, das ist falsch! ... Du bist ein Dummkopf! Sie müssen noch viel lernen!« Was sollte ich denn tun. Ich umarmte die zwei Burschen plötzlich und küßte sie wie liebe Brüder. Erstaunt und glücklich küßten sie mich wieder. »Ein Wahnsinniger!« brummte Adam, und seine Frau meinte halblaut: »Na, sehr sauber sind die nicht ... Ekelhaft!«

»Towarischtschi! Ihr seid otschin charascho pysatili!« kauderwelschte ich auf die zwei Burschen ein und drückte ihnen die Hand. Dann schwang ich mich in den Autobus. Immer noch standen die beiden Burschen da. Ich sah auf sie durch das verstaubte Fenster. Wir fuhren an. Ich winkte noch einmal. Undeutlich sah ich, wie sie schnellen Schrittes im Dunst des dunklen Dorfes verschwanden.

»Der Don ist unsre Mutter, der Fisch ist unser Brot«, summte ich in einem fort, während wir dahinfuhren.

»Normal bist Du ja nicht«, meinte Adam wiederum. Er schüttelte den Kopf.

»Hoffentlich werd' ich's nie, Adam«, sagte ich: »Hoffentlich ...«

Ich dachte immerzu an die zwei Dichter. Sicher konnten sie

heute die ganze Nacht nicht schlafen vor Freude. Sicher hofften sie, hofften, wie nur junge Menschen hoffen können...
Nach einem heiteren Bankett, bei dem wiederum unsere bewährten Festredner Theodor und Ernst in Funktion traten, fuhren wir tief in der Nacht von Rostow ab.
»Naltschik! Aserbeidschan«, unterrichtete uns Tretjakow: »Dort ist mein Freund Kalmikoff ... Er wird Dir gefallen, Oskar.« Plivier studierte die Karte. Es ging in den vorderen Kaukasus. Vor den Fenstern stand klebrig feuchtes Dunkel ...


SCHÖNER WILDER KAUKASUS!


Naltschik ist ein wunderschönes, gepflegtes kleines Provinzstädtchen, das ein bißchen an einen ausgedehnten, wohlhäbigen Fremdenort im bayrischen Gebirge erinnert. Es liegt flach an den Vorbergen des nördlichen Kaukasus, im autonomen Gebiet Kabardie-Balkarien. Der Menschenstamm, erzählte uns Tretjakow, hat sich aus der Vermischung eingewanderter Araber, aus Türken und Tataren herausgebildet. Besonders am Gesichtsschnitt der Frauen merkt man diese Abkunft. Die Männer in ihren hohen Pelzmützen, in ihrer kriegerischen Tracht – hohe Schaftstiefel, am Gürtel den berühmten »Chinschall«, den kaukasischen Dolch – sind sehnig gebaut, groß und breit, wuchtig, aber gelenkig, nicht vierschrötig wie unsere Gebirgler. Sie sind ausgezeichnete Tänzer. Leicht gebogen sind ihre Reiterbeine, und wenn sie die starre, glänzend schwarze, an den Schultern scharfeckige Ziegenfellpelerine tragen, mit umgehängtem Gewehr und hoch zu Roß – das sieht phantastisch aus. Ihre bärtigen Gesichter mit den leicht geschlitzten Augen verraten Wildheit und Schläue, eine bewegliche Intelligenz und unerschrockenen Mut. Der Schädel ist meist glatt rasiert und sieht aus wie eine sonngebräunte Billardkugel. Der Kabardiner ist stolz, schweigsam und freundlich. Er ist ebenso tüchtig als fleißig und keineswegs konservativ, wie etwa die Wolgadeutschen in diesem Gebiet. Er verschließt sich dem Neuen und Fortschrittlichen nicht,

begreift schnell, was nützlich ist, und er scheint organisatorisch begabt zu sein. Wir sahen sorgsam gehaltene kabardinische Kollektiven mit mustergültigen Magazinen, alles war fein säuberlich sortiert vom Nagel bis zum Pferdekummet. Die sauberen Bauernhäuschen aus Lehm haben anheimelnde Küchen, und in den winzigen Stuben fallen besonders die hohen, kissenreichen, blühweißen Betten auf. Jedes Kissen ist besonders schön bestickt, hat Spitzen, die an eine schöne Tradition erinnern. Das Gärtchen ist nett gehalten, der Zaun aus dichtem Weidengeflecht.
Dieses fruchtbare Gebiet hatte lange Zeit unter dem Bürgerkrieg zu leiden. Kühne Partisanen-Gruppen kämpften unnachgiebig gegen die Weißen, und viel Blut ist hier geflossen. Erst nach dem Sieg und der Vereinigung mit den Bolschewisten wurde das Land wieder ergiebig. Naltschik und die Kabardie verdanken ihren Aufschwung vor allem dem ehemaligen Partisanenführer und jetzigen politischen Leiter Kalmikoff. Dieser ungewöhnliche Mann war einst nichts anderes als ein wilder Kaukasier gewesen, der mit einem Häuflein todesmutiger Partisanen in der Art des Tolstoischen »Chadsi Murad« um die Freiheit des Bergvolkes gegen die Weißen kämpfte. Das führte ihn mit den gleichgerichteten Bolschewisten zusammen. Durch sie erhielt er die politische Schulung. Er fing an, sich zu bilden und wurde ein intimer Freund Stalins. Auch Tretjakow war mit ihm befreundet und erzählte uns viel von Kalmikoff. Die Entwicklung und der Aufstieg dieses Mannes sind ein einziges Heldenepos, das schönste und bezeichnendste vielleicht, das die Sowjetunion aufzuweisen hat. Der Krieger Kalmikoff nämlich wurde nach dem Sieg über die Weißen zu einem unschätzbaren Organisator auf allen Gebieten. Er legte überall persönlich Hand an und war unermüdlich, ebenso unverdrossen als draufgängerisch. Er brachte Land und Volk in Ordnung. Jeder Kaukasier kennt und liebt ihn. Die Kabardie ist heute reich wie nie zuvor.
»Er sieht aus, als komme er grad vom Feld heim ... Ein wunderbarer Bauer«, sagte ich leise zu Adam, als wir Kalmikoff vorgestellt wurden. Adam verstand allem Anschein nach nicht und brummte ebenso leise: »Hm, Du hast so eine Ahnung!« Diese Vorstellung ging sehr leger und unauffällig

vor sich. Wir saßen essend am Tisch, da kam ein mächtig gebauter Mensch mit einem runden, schlau gescheiten Gesicht zur Tür herein, lächelte gemütlich und setzte sich zu uns. Nichts an ihm verriet seine hohe Stellung. Er war schlicht und natürlich, fragte Tretjakow nach unseren Wünschen, musterte ab und zu die Runde und schien sich sehr zu freuen, daß uns das Essen und der Wein so gut schmeckten. Er selber aß wenig und trank keinen Alkohol. Nach einer Weile stand er wieder auf, drückte jedem die Hand und ging. »Naltschik, das ist Kalmikoff«, sagten Tretjakow und seine Frau voll Stolz.
Das neugebaute Hotel, in dem wir untergebracht waren, machte einen solid modernen, fast imposanten Eindruck. Seine ausgesucht schöne Lage, die asphaltierte Zufahrt mit dem reichen Blumenrondell, die weiten, parkähnlichen Anlagen und die dichtbewaldeten Berge davor – es hätte wirklich ebensogut in Garmisch-Partenkirchen, in Oberammergau oder im Salzkammergut stehen können. Die Zimmer waren groß und hell, sauber und einfach möbliert, und wenn man in der sonnigen Frühe vom Fenster oder Balkon aus Umschau hielt, hatte man ein bezauberndes Panorama. Die Luft roch voll und würzig. Still und frisch, wie neugewaschen stieg der Tag herauf.
Adam allerdings kam schon am ersten Tag höchst mißlaunig an den Frühstückstisch und knurrte giftig: »Also so eine Sauerei! Bei uns im dritten Stock funktioniert die Wasserleitung überhaupt nicht ... Die ganze Nacht muß man den Hahn aufgedreht halten, damit man in der Früh' glücklich eine Viertel Schüssel voll Waschwasser hat! Und – also, mir ist der Appetit vergangen, eine solche Schweinerei! – die Aborte! Also was ist denn das bloß? Kein Abfluß, schon wenn man in die Nähe kommt stinkts zum Umfallen und drinnen – pfui Teufel!« Er spie aus und beschrieb den Zustand der Klosetts derart naturalistisch, daß unsere russischen Begleiter zu essen aufhörten. Er war außer Rand und Band und hörte nicht auf. Und – leider – er hatte recht. Bei uns gibt es ein Sprichwort: »Der Abort ist der Spiegel des Hauses.« Mit Ausnahme der großen Moskauer und Leningrader Hotels stießen wir überall auf derart barbarisch verunreinigte Klosetts. Man konnte nichts machen in ihnen, sie waren

schon bemacht. Die Unempfindlichsten unter uns wurden, wenn sie so einen Abort betraten, umgerissen und ergriffen die Flucht. Tretjakow telegraphierte von da ab in jede Stadt, die wir passierten, um diesem Übelstand abzuhelfen. Wir sagten dies auch einem leitenden Arzt in der Krim, der uns mitteilte, daß in Zukunft durch neugebildete »hygienische Brigaden« all diese Mißstände beseitigt würden. Das *war* also damals so, es braucht heute schon längst nicht mehr zu sein. In der Sowjetunion machte die Entwicklung die seltsamsten Sprünge: In einem Sektor des Zivilisatorischen und Technischen hatte dieses Riesenland Europa oft überflügelt [59], im anderen Sektor wiederum wies es noch primitivste Zurückgebliebenheit auf.
Auch die sonstigen öffentlichen Gebäude in der Nähe unseres Hotels – das Post- und Telegraphenamt, die mustergültige landwirtschaftliche Hochschule mit dem ausgedehnten Maschinenarsenal und den Gewächskulturen, das Kinderheim mit Lehr-, Theater- und Klubräumen, sowie das etwas kasernenmäßige, puritanisch einfache Studentenheim – alles war imponierend. Dazu kamen die schon erwähnten Anlagen, die zum Gedenken der gefallenen Partisanen errichtet worden waren, mit Ruhebänken, schattigen Kieswegen und Spielplätzen, dann noch ein wunderschöner Kulturpark unweit der Hochschule, in welchem das regste Leben herrschte.
Die Fahrstraßen der Altstadt waren nur zum Teil gepflastert und hatten sehr hohe, schmale Trottoirs. Rechts und links standen nette, längliche Steinhäuser, die in ihrer Bauart an bieder-idyllische Zeiten erinnerten. Keins von ihnen hatte einen ersten Stock, die Räumlichkeiten lagen zu ebener Erde, darüber fing gleich das Ziegeldach an. Dazwischen sah man freilich auch einmal ein verwahrloseres Häuschen mit dikkem, ausgebleichtem Strohdach, aber der typisch russische Holzbau fehlte fast gänzlich. An der Stadtgrenze lagen irgendwelche Magazine und Elevatoren. Die Straßen verliefen in der beginnenden Steppe und wurden zu breiten, ausgefahrenen Wegen. Diese Wege, die wir von jetzt ab hier und anderwärts oft und oft befuhren, hatten einen ungeheuren Reiz. Unmöglich, daß sich ein Fremder darauf zurechtfinden konnte! Sie führten gleichsam ziellos, kreuz und quer durch die unübersehbaren Steppen, führten durch dichte, über-

mannshohe Mais- und Sonnenblumenfelder, die nachts beim Schein unserer Autolaternen wie undurchdringliche Urwälder aussahen, sie führten durch flache Bäche und tiefe, plötzlich steil abfallende Einschnitte, sie hatten niemals eine Orientierungstafel oder irgendwelche Markierungen, nichts, gar nichts, wodurch man Richtung und Ziel feststellen konnte. Dabei waren unsere Autos beständig von dicken, hohen Staubwolken eingehüllt, und dieser feine, sandige Staub drang durch die verschlossenen Fenster, drang durch die Kleider, in die kleinste Hautfalte. Immerzu malmten unsere Zähne diesen Staub, der Mund wurde trocken, um die mit Brillen geschützten Augen bildeten sich dick-krustige Ränder. Oft wenn wir in der sternlosen Dunkelheit so dahinrasten, mitten in einem Mais- oder Sonnenblumenfeld – plötzlich stoppte der Chauffeur und gab dem Wagen eine kurze, scharfe Wendung. Uns schmiß es hochauf auf den federnden Sitzen, wir wurden haltlos durcheinandergeschüttelt und schauten erstaunt auf. Aus irgendeinem Seitenpfad war ungesehen und ungehört eines jener langsam fahrenden, kabardinischen zweirädrigen Ochsenfuhrwerke herausgekommen, das weder ein Wagenlicht noch ein Glöckchen hatte. Wir wunderten uns jedesmal über die unfaßbare Geschicklichkeit des Chauffeurs. Niemals kam's zu einem Zusammenstoß. Dabei fuhren wir beständig in schnellstem Tempo, und mich begeisterte das mitunter derart, daß ich vor Freude laut aufbrüllte. Wahrhaftig, ich glaube, es gibt auf der ganzen Welt keine tollkühneren Autolenker als diese immer leicht lächelnden, fast witternd geistesgegenwärtigen russischen Chauffeure.

»Jetzt versteh' ich's, warum die Sowjetpiloten die Tscheljuskinleute gerettet haben ... Die waren genau wie unsere Chauffeure«, sagte ich einmal zu Adam. Der aber war gar nicht begeistert, im Gegenteil, er verfluchte dieses tollkühne Fahren nicht wenig. Ich setzte mich meistens neben den Chauffeur und deutete immer wieder auf die höchste Geschwindigkeitsziffer, indem ich lächelnd sagte: »Towarisch, so! Soviel! ... Pejechele!« Was ungefähr heißen soll »fahren wir«. Mir konnte es nie schnell genug sein, und der Chauffeur schmunzelte alsdann, nickte und fuhr hin und wieder tatsächlich noch schneller.

»Mensch, bist Du irrsinnig! Willst Du uns alle in den Tod jagen, Quatschkopf!« schrie Adam und bekam ein entsetztes Gesicht. Er schimpfte und fuchtelte und – sst – ging es hinab in einen Einschnitt, das Wasser des kleinen Bächleins spritzte hochauf, die Hintensitzenden fielen nach vorne, jetzt surrte der Wagen ebenso schnell aufwärts, und sie sackten wieder auf ihre Sitze. Schnaubend und fluchend plärrte Adam, blaß und erschöpft schrie er: »Laßt mich raus! Das halt ich nicht aus! ... Das ist ja zum Verrücktwerden! ... Und der wahnsinnige Kerl da vorn noch! Da wird man ja nervenkrank! Aber er kam kaum zur Besinnung, schon wieder sausten wir hinab in so eine Schlucht und brausten auf der anderen Seite aufwärts. Wie eine tolle Berg- und Talbahnfahrt auf dem Oktoberfest in München war's. Ich lachte aus vollem Halse und brüllte vor Vergnügen. Adam schrie, bellte: »Raus, raus will ich! ... Mensch, Oskar, wenn Du nochmal so einquatschst auf den Genossen, garantier ich für nichts mehr! Ich halt das nicht aus! Das ist ja die reinste Tortur! ... Ich hab' doch meine Knochen nicht gestohlen!« Und weiter raste das Auto über die Steppe, schier die Luft zersägte es. Plivier, der einmal in Deutschland ein eigenes Auto hatte und einst einen gefährlichen Zusammenstoß erlebte, machte mitunter auch ein unbehagliches Gesicht und warnte: »Mensch, Oskar, mach' doch keine solchen Dummheiten ... Laß den Genossen Chauffeur in Ruhe! Ich kenn' das! Solang macht man Spaß, bis was passiert!« Dann redete Tretjakow wieder auf den Chauffeur ein. Der nickte, lächelte ein wenig, aber schon kam wieder ein Einschnitt. Es war wunderbar! Adam brüllte plötzlich völlig außer Rand und Band: »He, halt! Halt! Stopp! ... Ich will raus aus dem Wagen! Ich fahr in dem Tempo nicht mehr! Halt! ... Raus will ich, raus!« Aber das war unmöglich, alle anderen Autos waren voll besetzt, niemand hatte Lust seinen Platz zu wechseln. »Dann soll doch wenigstens der Narr sein Maul halten und den Chauffeur nicht immer so verrückt machen!« verlangte Adam und setzte resigniert dazu: »Morgen fahr' ich in einem andern Auto!« – »Adam! Was hast Du denn?« lachte ich unschuldig: »Sei doch froh! Kinder und Narren haben immer Glück! Ich sag' Dir, fahr immer mit uns ... Bleib bei uns, da passiert nie was!« Am andern Tag aber saß Adam wirklich in

einem anderen Auto. Wie aber der Teufel sein wollte, grade das hatte eine Panne auf der Heimfahrt. Während wir schon längst in Naltschik beim Nachtmahl saßen, standen die Pechvögel noch fröstelnd in der dunklen Steppe und mußten warten, bis ein Ersatzauto sie abholte.
»Was hab' ich Dir gesagt, Adam? Da hast Du es jetzt ... Bei uns ist nichts passiert und ihr habt Pech gehabt!« empfing ich meinen Freund, als er in den Saal kam. Er bekam auf einmal ein zornrotes Gesicht und zischte unterdrückt: »Mensch, wenn Du mich jetzt nicht in Ruh' läßt, passiert was!« Er war drauf und dran, sich auf mich zu werfen. Unsere russischen Begleiter erschraken. »Aber Adam! ... Iß erst, dann wird's schon wieder!« sagte ich: »Iß! Iß, sag' ich! ... Und ein Wein ist das! Ein Weinerl! Also wunderbar!« Adam verbiß seinen Zorn, schüttelte nur noch den Kopf und schwieg verknurrt. Derartig bedrohliche Auftritte erlebten die bedauernswerten russischen Freunde oft, immer hatten sie ein wenig Angst – sie glaubten, jetzt sei zwischen Adam und mir Todfeindschaft ausgebrochen und waren nicht wenig erstaunt, wenn sie uns schon nach wenigen Minuten Arm in Arm, als ob gar nichts gewesen sei, vor dem Hotel hin und her gehen sahen.
»Das verstehst Du nicht«, belehrte ich Tretjakow einmal: »Siehst Du, bei Pessimisten, bei Schattenseitlern, da muß man eine ungemein geschickte Technik haben ... Technik! Verstehst Du? Technik ist alles ... Das muß steigen bis zur größten Hitze und dann gleich wieder abkühlen ... Adam? Adam ist der wunderbarste Mensch der Welt!«
»Du bist sehr boshaft«, meinte Serjoscha. Er wunderte sich immer wieder, daß ich einen solchen Griesgram leiden konnte. Er liebte Theodor und dessen Frau, Balder Olden, Madame Leon, Alberti und mich, zu Toller war er freundlich ohne allzugroße Herzlichkeit, den Misanthropen und die beiden Scharrers lehnte er ab. Seine verschwiegene Antipathie machte ihn mitunter ein wenig ungerecht und ging auf seine Frau Olga und auf Natalie Iwanowna über. Natalie Iwanowna haßte den Misanthropen geradezu, und wenn er mit einem Anliegen zu ihr kam, hörte sie kaum hin. Freilich hatte Ehrenstein stets einen Haufen solcher Anliegen, immer spielte er den kränkelnden Mann und ging auf die Nerven,

freilich verstanden unsere russischen Begleiter die arglose Verknurrtheit Adams und das unfrohe Wesen seiner Frau nicht – aber einmal stellte ich Natalie Iwanowna doch zur Rede, was sie verstimmte. »Schließlich, Genossin Natalie, jeder Mensch ist nicht gleich ... Sie handeln zu sehr als Frau, schöner wär's, Sie würden sich drauf besinnen, daß wir alle Genossen sind«, sagte ich.
»Er geht mir auf die Nerven ... Er ist eklig«, sagte sie pikiert: »Er will immer was Besonderes!« Ich erklärte ihr lange, daß das noch kein Grund zur Unfreundlichkeit sei. Sie wurde rot. Sie bemühte sich wirklich einige Tage, zum Misanthropen freundlicher zu sein. Aber von jetzt ab war sie auch zu mir kühler. Die Sowjetmenschen waren also keineswegs aus »Eisenbeton«, im Gegenteil, sie hatten empfindliche Nerven, hatten Zu- und Abneigungen wie wir.
Von Naltschik aus besuchten wir das deutsche Kollektivdorf Brunnenthal. Der Lehrer des Dorfes und der einzige Kommunist dort, ein ehemaliger Dorfarmer, empfingen uns. Das Dorf bestand aus zirka vierzig bis fünfzig neugebauten, kleinen, niedrigen, aber sehr sauber gehaltenen Steinhäuschen. Sie liefen die breite, staubige Straße entlang, jedes hatte ein kleines Gärtchen. Wir erfuhren, daß die Brunnenthaler erst nach dem Bürgerkrieg hier gesiedelt hatten. Das Dorf galt als eine der ärmsten Kollektiven.
»Aber wir werden bald vorwärtskommen ... Unser deutscher Geist ist tüchtig«, berichtete der Kommunist, ein Mann von zirka 45 bis 50 Jahren, hager, groß, mit offenem Gesicht und einem Schnurrbart. Er deutete auf einen Platz: »Da werden wir bald unsere eigene Kirche haben ... Der Pastor kommt von Gnadenburg rüber, wenn wir ihn brauchen ... Jaja, wir Deutsche gehn nicht unter, wir sind tüchtig.« Wir staunten. »Er will Kirchen bauen und holt den Pastor, komisch! ... Und deutsch ist er bis auf die Knochen! ... Wie reimt sich denn das zusammen?« sagte ich zu Serjoscha. Der Lehrer und der Kommunist waren mit einigen von uns vorausgegangen. Tretjakow verdolmetschte meine Zweifel dem politischen Kommissar und verdeutschte uns dessen Antwort, die ungefähr so lautete: »Nun ja, wenn er keine anderen Sorgen hat als Kirchen zu bauen und den Pastor zu holen, gut ... Ob er allerdings Ziegel bekommt für den Bau, das

ist eine andere Frage ... Die Sowjetregierung verbietet keine Religion ... Solang die Leute ihre Pflicht tun und den Plan erfüllen, können sie machen, was sie wollen ...«
»Ja, aber er ist doch Kommunist! ... Der einzige sogar!« warf ich ein. Der kleine Kommissar lächelte schlau. »Nicht jeder Kommunist bei uns ist Marxist ... Das braucht seine Zeit«, war die frappierende Antwort. Während des Dahingehens erfuhren wir, daß Brunnenthal in der Planerfüllung sehr weit zurück sei. Die Kollektive bestehe ja noch nicht lang und habe bis jetzt nur leihweise Traktoren erhalten, ein Traktor zum Beispiel stehe kaputt auf einem Feld, der Maschinist habe anderwärtig zu tun und sei nicht zu erreichen. Aber das waren nicht die einzigen Gründe des Zurückbleibens. Wir traten in ein Haus. Da war alles unverändert deutsch. Der kleine saubere Vorgarten, der Pumpbrunnen vor der Tür, die Feierabendbank an der Hauswand, ein kleiner Hund kläffte und schnupperte an uns, wir kamen in den Flöz und in die niedere, anheimelnde Stube. Waren wir eigentlich im Sowjetland, im Kaukasus – oder waren wir in unserer Heimat, in Bayern oder Schwaben? In dieser Stube lief eine Holzbank an den Wänden entlang und um den Kachelofen, da stand der Tisch in der einen Ecke, dort, auf einem Tischchen, eine kleine Nähmaschine, deren Schwungrad einen Griff zum Handbetrieb hatte, die Dielen waren sauber, die Decke aus Holz, und an den Wänden hingen Fotos der Familienmitglieder. Der Herrgottswinkel war da und die teils gestickten, teils aus Pappmaché hergestellten frommen Tafeln mit Aufschriften wie »Gott mit uns« oder »An Gottes Segen ist alles gelegen«, eine gipserne Madonna stand auf einem Fenstergesims ...
Ich sah das Gesicht der Bäuerin an, die festgewachsene, blondhaarige Tochter, die zwei Kinder mit ihren Rundköpfen und ihren gesunden, neugierigen Gesichtern und mußte lächeln.
»Wie lebt Ihr in der Kollektive?« fragte Adam, und einige zogen ihre Notizblöcke, um – wie sie es stets taten – zu notieren.
»Wir? ... Wir sind nicht drinne ... Mein Mann ist vor einem halb'n Jahr gestorba ... Da waren wir noch drinne«, erzählte die Tochter. »Und jetzt?« forschten einige weiter:

»Jetzt? Was tut Ihr jetzt?« — »Wir sind wieder ausgetreta ... Wir bewirtschafta unsre Gründ' allein ... Es ischt nit schlechter ... Bei der Kollektiv' kommt man zu nichts ... Bei der eigna Sach und dem eigna Vieh weiß man wie man dran ist«, antwortete die Frau. Die Mutter, eine kräftige Fünfzigerin mit faltigen, gesunden Gesicht, streichelte den Kleinen über die Köpfe und lächelte verstohlen. Dann murmelte sie: »Jaja, diese Kollektiv', da kommt nichts raus dabei ... Einmal wird das Vieh krank, dann wills keiner gewesen sein, einmal disputieren sie tagelang ... Man verliert alles und kriegt nichts raus, wenn's schlecht geht ...«
Wir verstummten sekundenlang.
»Und es geht Euch gut allein?« fragte ich. »Oja, es geht schon«, antwortete die junge Bäuerin und führte uns in die nebenan liegende Schlafkammer. Saubere weiße Kissen, blau und weißgestreifte Kinderbetten und wiederum Zierleinwand mit blau aufgestickten Texten: »Morgenstund hat Gold im Mund«, ein angebräunter Öldruck, der eine Madonna zeigte, wieder eine Leinwand: »Ohne Fleiß kein Preis«, auf den Fenstergesimsen etliche Blumentöpfe. Es roch ein bißchen feucht und moderig, wie es in allen Bauernhäusern riecht. Schweigend gingen wir zurück, kamen von der Stube in den Flöz, der mit Ziegelsteinen ausgelegt war und als Küche diente, daneben war die Stalltüre. Im kleinen, dunklen Stall stand eine Kuh und kaute friedlich ...
Als wir wieder auf der Straße waren, bestürmten wir Tretjakow und den Kommissar mit Fragen. Der Kommissar erläuterte: »Die Kollektive schwankt ... Es ist kein Zwang, ihr beizutreten ... Die Leute haben noch kein Vertrauen, sind ungemein konservativ und mißtrauisch ... Sie werden Mitglieder, wenn sie glauben, es ist vorteilhaft, treten aber wieder aus, wenn sie nicht gleich einen Erfolg sehen ...« »Und allein wenn sie sind ...? ... Das schadet ihnen nicht?« fragte ich. »Was soll ihnen das schaden?« wurden wir belehrt: »Gezwungen wird niemand ... Es hängt ganz vom Geschick der leitenden Genossen ab, ob die Kollektive funktioniert, ob sie die Menschen überzeugen ... Die Kabardiner sind hundertprozentig kollektiviert, in Brunnenthal ist noch viel zu tun ...«
Ich — und wahrscheinlich die meisten von uns — hatte mir

eine Kollektive in der Sowjetunion ganz anders vorgestellt [60]. So war es aber keinesfalls. Zum ersten hatte jeder Brunnenthaler – und wir sahen das [auch] auf allen anderen Kolchosen – seinen Eigenbesitz, den er für sich bewirtschaftete: Zwei oder auch drei Kühe, Hühner, etliche Schweine und ein Grundstück. Zum zweiten mußte er nicht Kolchosnik werden, niemand hinderte ihn daran, sein Kleinbauernleben weiterzuführen. Zum dritten geschah die Verteilung der Erträgnisse nach der Leistung, die Fleißigsten bekamen mehr, die Minderfleißigen weniger heraus. Rentierte sich zum Beispiel eine Kollektive, sahen die Bauern, daß sie durch die Zusammenarbeit besser und reicher lebten, so gaben sie alsbald ihre nebenherlaufende Privatwirtschaft auf. Zu was die Plage mit dem eigenen Grundstück, mit dem Vieh, wenn die Kollektive sowieso alles abwarf, was man benötigte!
Es war also wirklich nur eine Frage der geschickten Organisation. Die Kabardiner waren den Brunnenthalern weit voraus. Sie lebten reich und glücklich.
Bei dieser Gelegenheit aber erfuhren wir noch einen der Gründe, weshalb manche Kollektiven nicht recht funktionierten. Nachdem die Brunnenthaler den Beschluß der Kolchosgründung gefaßt hatten, war üblicherweise eine staatliche Agronomenkommission gekommen. Die Bauern wurden belehrt, anhand von genauen Berechnungen wurde der Kredit festgelegt. »Soviel Fläche, Genossen, könnt Ihr nach dem Stand Eurer Arbeitskräfte bearbeiten, um den Plan zu erfüllen«, hatte man den Bauern vorgerechnet, aber – hier mußte ich unwillkürlich an Tolstois Geschichte »Wieviel Erde braucht der Mensch?« denken – nun stellte sich die uralte Landgier ein. Trotz allen Zuredens seitens der erfahrenen Agronomen, trotz all ihrer Warnungen, daß die verlangte Anbaufläche unmöglich zu bewältigen sei – die Bauern schauten nur immer wieder über die unübersehbaren Felder, beharrten dickköpfig auf ihrer Forderung, prahlten, was sie alles zu leisten imstande wären und – nun ja, Grund und Boden gibts in der Sowjetunion unwahrscheinlich viel! – schließlich erhielten sie also die geforderte Fläche. Aber schon nach dem ersten Jahr zeigte es sich, wie recht die Agronomen gehabt hatten. Die Bauern hatten kaum die Hälfte der Anbaufläche bezwungen, und nun gab es ein großes Lamento.

Es gab Reibereien mit den staatlichen Instanzen. Die Bauern kamen sich übervorteilt vor, sie wurden mürrisch und gaben allem anderen Schuld an ihrem Mißerfolg, nur nicht ihrer eigenen Sturheit.
Wir kamen vor das Dorf, an die gut angelegten Viehställe. Hier, auf einem freien Platz sortierten die Kolchosniki Kartoffeln, füllten sie in Säcke und wogen sie ab. Kräftige, gesunde Menschen mit unverfälscht deutschen Gesichtern sahen wir, aber in diesen Gesichtern lag eine gewisse Unfrohheit. Sie sprachen einen etwas stumpfen schwäbischen Dialekt, an den man sich erst gewöhnen mußte.
»Jaja, wir bleiben bei unsrer deutschen Sprach'«, sagte der Kommunist fast stolz und erklärte: »Wir kommen schon vorwärts.« Ich sah da und dort eine beinahe hämische Miene, die ungut herüberschielte. Es schien, als machten sich alle über den Mann insgeheim lustig, als liebten sie ihn keinesfalls.
Wir fragten, ob sie zufrieden seien. »Ja, schon ... Es geht um«, antworteten etwelche karg. »Und wie steht Ihr zu den Russen?« erkundigte sich Olden: »Heiraten Eure Mädchen Russen und Eure Burschen Russinnen?« Viele Kolchosniki schauten ihn sonderbar skeptisch an. »Jaja, es kommt schon vor ... Schließlich, sind ja auch Menschen, die Russen«, sagte ein bärtiger Mann. Einige festgewachsene Mädchen hingegen warfen ziemlich verächtlich ein: »Noi, noi, wir bleiben unter uns ... Mit die Russa ist kein Auskommen.« Recht wortkarg waren diese Brunnenthaler Kolchosniki.
Der Kommunist und der Lehrer zeigten uns die kleine Dorfschule. Aus zwei mittelgroßen, kahlen Räumen bestand sie. Hinter dem Haus war ein kleiner, grasloser, zertretener Garten. Der hagere Lehrer bat uns, geeignete Bücher zu schicken. »Das geht uns ab hier ... Wir haben zu wenig Verbindungen«, klagte er. Wir hielten zum Schluß noch Einkehr beim Kommunisten. Es dunkelte schon. In der Küche im Flöz kochte die Frau die Abendsuppe. Wir setzten uns um den Tisch in der niederen, engen Stube, wurden mit Brot und Butter und einer sehr schmackhaften Suppe, in der große Rind- und Schweinefleischstücke schwammen, bewirtet.
»Siehst Du«, sagte Adam befriedigt, »sowas kriegen wir nie ... Sowas verlangt mein Magen.« Er aß mit vollstem Appetit. Der zwölfjährige Bub betrachtete uns neugierig, die zwei

kleinen Mädchen mit ihren zerzausten blonden Schöpfen standen mit offenem Mund und staunenden Augen da, ein Baby schrie aus dem Korb. Der lebhafte Hausvater hatte ein freudiges Gesicht und erzählte, wie er einst Dorfarmer gewesen sei, halber Leibeigener bei einem deutschen Kulaken, wie die jetzigen Brunnenthaler von ihrer Siedlung im Süden von den weißen Bürgerkriegsarmeen vertrieben worden wären und sich lange Zeit jämmerlich hätten herumtreiben müssen, bis sie endlich von der Naltschiker Regierung hierher verpflanzt worden wären und nach tausend Schwierigkeiten Material zum Häuserbau erhalten hätten.

»Wir Deutscha sind zäh«, sagte er nicht ohne Stolz und fügte treuherzig hinzu: »Meine andren Landsleut' wollen ja keine Kommunisten werden, aber ich habs nicht bereut ... Sie lachen mich ja ab und zu aus und murren auch, aber – sehet Sie, Genossen, so eine Suppe, so ein Brot und Butter, das hab ich vorher nie gekannt ... Man muß Geduld haben ... In etlichen Jahren sind wir über Wasser.« Bei ihm gab's keinen Herrgottswinkel und keine frommen Bilder. Von der Wand herab schauten die Bilder von Lenin und Stalin. »Ich hab zwei Brüder in Amerika, die haben bis voriges Jahr ab und zu einige Dollar geschickt ... Das war gut, da haben wir im Naltschiker Torgsinladen gute Sachen kaufen können«, erzählte der unverdrossene Mann weiter: »Jetzt aber gehts ihnen auch nicht mehr gut ... Ich hab ihnen geschrieben, sie sollten zu uns kommen, bei uns hat's Zukunft.«

Ich vergegenwärtigte mir noch einmal alles, was wir gesehen hatten. Ja, schwer hatten es die Menschen hier. So mußte es einst bei den Siedlern im amerikanischen Westen gewesen sein. Recht abgestumpft waren mir die Brunnenthaler Kolchosniki vorgekommen und nicht besonders begeistert vom Sowjetregime kamen sie mir vor, aber dieser eine Mensch hier mit seinem ausgemergelten Gesicht, mit seinen Kinderaugen, der sagte »bei uns hat's Zukunft«. Er glaubte.

»Hast Du's gehört, Adam«, sagte ich, als wir im Auto heimwärts fuhren: »Hier hat's Zukunft, hat er gesagt.« »Hm, ein einziger Kommunist im Dorf?« meinte Adam. »Du hast wohl gemeint, in der Sowjetunion sind alle 150 Millionen Kommunisten?« warf Plivier spöttisch hin ...

Am anderen Tag besichtigten wir staatliche Hühnerfarmen

in der Steppe. Reih' in Reih, gewiß ein Dutzend standen sie nebeneinander. Und eingerichtet waren sie mit allen Finessen, nur war das ein wenig langweilig. So etwas kannte ich aus Deutschland hundertfach. Hernach fuhren wir auf einen Ernteplatz einer kabardinischen Brigade. Riesige Heuhaufen, unübersehbare Weizenfelder, die Dreschmaschinen arbeiteten, die Traktoren standen da. Die Brigade hatte eben Essenspause, heiter und lustig grüßten uns die Mädchen, die hochgewachsenen, braungebrannten Männer drückten uns herzlich die Hand. Sie aßen Schaschlik und einen dicken Maisbrei dazu. Auch wir setzten uns zu ihnen und verzehrten unser mitgebrachtes Essen. Zum Schluß wollte ich das übriggebliebene Brot, den Kaviar und die Wurst verteilen, aber die Brigadiere schüttelten fast verlegen und stolz den Kopf.
»Was glaubst Du ... Sie brauchen nichts! Du beleidigst sie!« belehrte mich Tretjakow. »Dann sag Ihnen, ich bitte um Entschuldigung!« forderte ich ihn auf. Sie standen auf und nickten freundlich.
Adam und Toller hatten uns bei den Hühnerfarmen verlassen. Als wir nachts zurückkamen, erzählte Adam wunderliche Dinge. Er war in dem anderen deutschen Kolchos »Gnadenburg« gewesen.
»Großartig«, berichtete er: »Wie ein reiches Bauerndorf bei uns daheim ... Schöne alte Häuser, alles musterhaft ... Pferde, Kühe, Schweine haufenweise ... Aber, hm, ich komm da mit dem Genossen in ein Haus, geh in die Stube, da liegt der »Völkische Beobachter« auf dem Tisch, hast Du Worte? ... Ich erklär dem Genossen Kommissar, aber glaubst Du, er war verwundert, keine Spur! ... Der Bauer sagte, die Zeitung schicken deutsche Verwandte ... Lauter Kulaken scheinen die Gnadenburger zu sein, reiche Bauern ... Der Kommissar hat mir gesagt, verboten ist keine Zeitung, nur, wenn sie Propaganda treiben, kostets den Kopf ... Und bibelfest sind die Bauern dort, ein dicker Pastor sitzt im Dorf und lebt wie Gott in Frankreich ... Am Sonntag hokken die Bauern zusammen in einer Stube und einer liest aus der Bibel vor ... Ich begreif', das nicht! Ich versteh' das nicht! ... Das ist ja schlimmer wie unsre Weimarer Republik!« Er war verwirrt und nachdenklich. »Dabei, hat mir der Kommissar gesagt, sind die Gnadenburger in der Plan-

erfüllung jedem Kolchos voraus ... Ganz anders ists dort wie in Brunnenthal ... Die Bauern haben die Ställe voll Vieh ... Sie haben rausgebracht, daß das Vieh da eine bessere Pflege hat ... Am Tag stellen sie die Pferde zur Verfügung und – man sagt's wenigstens – alles soll wunderbar funktionieren«, erzählte er weiter. Ich mußte ein wenig schmunzeln, der ganze Adam war verwandelt. Auf einmal sagte er: »Wenn mein Paß vom tschechischen Konsulat in Moskau nicht verlängert wird, zieh ich nach Gnadenburg ... Ich hab mich schon umgeschaut dort.«
Wir zweifelten immer noch und befragten den Kommissar. Plivier aber erklärte: »Naja, das sind schon die Auswirkungen des Schriftstellerkongresses ... Man lockert ... Der zweite Fünfjahresplan bringt allerhand mit sich.« Adam saß immer noch da, kraulte in seinen Haaren und brümmelte: »Ich begreif' das nicht ... Hmhm, den »Völkischen Beobachter« ... Hmhm ... Wenn das bloß nicht auf einmal schief geht ...«
Tretjakow war sehr heiter. Morgen, sagte er uns, würden wir die »Agrostadt« sehen und erklärte begeistert, wie es dort sei. Das sei eine sogenannte landwirtschaftliche Musterstadt. »Alles genau planiert (geplant) ... Jeder Kolchosnik hat ein Häuschen, drei Zimmer, eine Autogarage ... Die Stadt ist ganz wunderbar ... Neue Häuser, ein großer Marktplatz, breite Zufahrtstraßen ... Hygienisch ... Die Viehställe am Rand der Stadt, rundherum die Anbauflächen«, schilderte er. Wir waren sehr gespannt. Sehr früh am andern Tag fuhren unsere Autos in die nebeldunstigen Steppen. Wir fuhren und fuhren. Eine Stunde, zwei Stunden, drei Stunden, vier Stunden – immer noch die Maisfelder, die abgeernteten Weizenfelder, die Sonnenblumenwälder, da und dort ein verschlafenes Dorf, riesige Strohhaufen. Wir fuhren und fuhren. Es ging über Stock und Stein, durch Bäche und Mulden. Adam wurde schon wieder kritisch. »Mensch, wann kommt denn endlich diese Agrostadt?« fing er an: »Wenn wir noch lang so dahinfahren, rinnt uns ja das Hirn aus ... Hm, ich weiß nicht, ewig schleppt man uns so rum! Ganze Tage in diesen gottverdammten Vehikeln ... Da wär' ich lieber in Naltschik geblieben. Heut' kommen Gnadenburger herein.« Toller nickte: »Ich hab auch schon

Kopfweh.« Er bespritzte sein Taschentuch mit Eau de Cologne und bestrich sich Stirn und Schläfen.
Wir fuhren und fuhren. Die Sonne stand hoch am Himmel, und im Wagen wurde es heiß. Jetzt wurden von weitem niedere geduckte Häuser sichtbar.
»In dem Dorf bleib ich ... Ich fahr nicht mehr weiter!« murrte Adam.
Wir fuhren an zwei halbfertigen Ziegelhäusern vorüber. Ich sah durch das Fenster und bemerkte, daß Tretjakow, der mit Plivier und den Spaniern im vorderen, offenen Wagen fuhr, auf die Häuser zeigte. Wir kamen in ein behäbiges, sich langhinziehendes altes Dorf. Da waren auch wieder die russischen Holzhäuschen mit Strohdächern, dazwischen einige Steinhäuschen, wie wir sie von Naltschik her kannten. Ein breiter Platz kam, unsere Autos hielten. Ein ansehnlicheres Holzhaus stand da, drauf stand »Sowjet«. »Wir sind da«, sagte Tretjakow, als wir ausstiegen. Wir schauten ein bißchen erstaunt rundherum.
»Ist das die Agrostadt?« fragte ich. »Jaja, kommt herein«, gab Serjoscha schnell [zur] Antwort und wir betraten den Amtsraum des Sowjet. Tretjakow stellte uns den Beamten vor. Die grüßten freundlich, wechselten einige Worte mit Tretjakow und führten uns in einen anderen Raum. Da stand ein Tisch in der Mitte, drauf war ein sehr schön gezeichneter Plan. Auch an den Wänden hingen Details dieses Plans der neuen Agrostadt. »So wird sie«, erläuterte Tretjakow: »Habt Ihr die zwei Häuser am Anfang gesehen? ... Das sind schon Neubauten.« Adam glotzte wortlos auf ihn. Auf einmal sagte er mit unterdrückter Wut: »Und wegen dem Plan sind wir fünf Stunden herumgekarrt? ... Das ist alles von der Agrostadt?« Wir alle waren etwas bedeppt. Jeder dachte ungefähr dasselbe, was Adam gesagt hatte.
»Aber Mensch! Adam, das ist doch großartig! Das ist doch wunderbar! ... Schau den Plan an ... Neue Häuser, eine eigene Markthalle, Milchverwertungshallen, Traktorenstationen ...! Das muß Du doch zugeben! Also wunderbar ... Ich weiß nicht, ich versteh Dich nicht! Naja, naja ... die Agrostadt *wird* halt erst, laß Dir nur Zeit! Nur Zeit ... Der Genosse vorgestern hat doch gesagt ›hier hat's Zukunft‹ ... Also, Serjoscha, einfach grandios, der Plan ... Und die zwei

Häuser vor dem Dorf? Wann die erst einmal dastehn! ...
Sehr schön!« redete ich drauflos und lachte. Alle fingen zu
lachen an. Nur Adam behielt seine grantige Miene.
Die Russen fühlten sich geschmeichelt – oder sie waren klug
genug, meinen Spott als sogenannte ›Rettung der Situation‹
anzusehen.
»Magnifico! ... Wird wunderbar ... Da zieh ich her, wenn
die Agrostadt fertig ist«, sagte ich zu den Spaniern, und die
lachten: »Magnifico!«
Wir traten vors Haus. Ein gewöhnliches Dorf lag vor uns.
»Wie lange wird das dauern mit dem Aufbau der Stadt?«
erkundigte sich Olden bei Serjoscha. Der fragte die Sowjetleiter, dann erklärte er, der Plan sei schon fast dreiviertel
Jahre lang genehmigt, jetzt liege er in Moskau. »Man muß
erst alles planieren«, meinte Serjoscha: »Wenn der Plan da
ist, kommt die Materialkommission ... Die Genossen sagen,
sie haben jetzt energisch gemahnt. Der Misanthrop, der meistens schwieg, raunte mir ins Ohr: »Wenn sie bloß Kommis-
sionen haben, diese Russen, dann ist ihnen schon wohl.«
Wieder redeten die Sowjetleiter mit Tretjakow, und auf einmal leuchteten dessen Augen auf.
»Ja! ... Paßt auf, wir werden das Wasserwerk besichtigen!«
sagte er zu uns. Für Wasser und Wasserwerke, insbesondere
aber für Wasserfälle scheinen alle Russen ein besonderes
Faible zu haben. Im Jahre 1927 besuchte uns in München ein
sowjetischer Strafrechtslehrer aus Kiew. Ich zeigte ihm die
Stadt. Er erzählte mir in einem fort von den wunderbaren
Wasseranlagen Leningrads, die schönsten Springbrunnen und
Wasserfälle aber habe er in Christiania gesehen. Ich war
leicht verlegen. So etwas konnte ich ihm in München kaum
zeigen, vielleicht im Schloß Nymphenburg. Wir fuhren hinaus. Er fand das ja ganz schön, die großen runden Becken
und Springbrunnen, aber keinen Wasserfall. In meiner Ver-
zweiflung führte ich ihn an die Isar, an ein ganz gewöhnliches Wehr, wo das Wasser ungefähr von zwei Meter Höhe
herunterfiel. Er geriet fast aus dem Häuschen darüber, er
war ganz glücklich und wir standen stundenlang da. Immer
wieder sagte er entzückt und hingerissen: »Fast wie Christiania ... dort nicht so hoch sind die Fälle! Dieser ist der
höchste! Sehr schön ... Großartig! Oh, wie schön! Soviel

Wasser!« Ich stand blöd dabei und dachte immerzu: ›Wie schäbig müssen da die Wasseranlagen in Christiania sein.‹
Freilich, meine anderen Reisebegleiter waren müde und machten nicht sehr erbaute Gesichter. Ich aber rief sofort: »Oja, Wasserwerk, großartig! Fahren wir!« Und wieder wurden wir in die Autos verstaut. Adam blieb im Dorf. Er hatte genug. Nach ungefähr einer Stunde kamen wir an ein hügeliges Gelände, auf der einen Seite waren Steinbarrieren, dann setzten wir mit einer Fähre über den kleinen Fluß, drüben stand auf einem Hügel ein schönes weißes neues Gebäude, auf dem anderen ein kleineres Häuschen mit einem umfänglichen Garten. Da wohnten die Beamten. Die zwei Hügel waren durch eine Mauer verbunden, und hoch herab fiel das Wasser. Die Russen staunten und bekamen strahlende Gesichter, sie sahen nur das fallende, sonnbeglänzte Wasser. Es war eine liebliche Gegend und ein lieblicher Blick.
»Also großartig! Magnifico! Wunderbar!« schrie ich ins Rauschen des Wassers, und die Russen, die Kabardiner freuten sich unbändig mit mir.
»Na, aber das ist doch nichts Besonderes ... Sowas gibt's doch hundertfach bei uns«, murmelte mir der Misanthrop zu. Ich stieß ihn: »Mensch, schweig doch! Siehst Du denn nicht, wie sie sich freuen!« Er schwieg. Wir standen und standen bis zum Sonnenuntergang und schauten auf das herabfallende Wasser. Die unsrigen gähnten schon und wollten fahren, aber die Sowjetleute konnten sich nicht satt sehen.
»Das Werk wird die ganze Agrostadt versorgen«, erklärte Tretjakow: »Bald wird eine Elektrizitätsanstalt gebaut werden ... Das Wasser wird Kraft geben ... Ganz reines Trinkwasser ist das.« Mit gutem Trinkwasser haperte es allerdings in der ganzen Union. In Moskau und in keiner Stadt konnte man wagen, Leitungswasser zu trinken. Auf jedem Zimmer stand eine Karaffe mit abgekochtem Wasser, aber man trank hier Narsan.
Endlich fuhren wir wieder zurück nach der Agrostadt. Beim Sowjetleiter nahmen wir einen Imbiß, Adam hielt dabei eine wirklich schöne Rede über die deutschen Bauern, und es tat wohl, einmal nicht die ausgeleierten Töne Theodors und Ernsts zu hören. Die Sterne standen hoch im klaren Mondhimmel, als wir uns herzlich verabschiedeten. Es ging peit-

schend durch die Maisfelder ...
Am letzten Tag machten wir eine große Autofahrt in die wilde Berggegend. Wir besichtigten ein Mustergestüt mit sehr schönen Kabardinerpferden. Die sind groß, sehr sehnig und werden für die jetzige Sowjetkavallerie verwendet. Das kleine Steppenpferd wird nur mehr in den Kolchosen gebraucht.
Diese letzte Fahrt werde ich nie vergessen. Sie führte uns ins düsterste Gebirge, hinauf in die saftig grünen, weltabgelegenen Hochplateaus, durch enge, fast stockdunkle Schluchten, über schmale Holzbrücken, in muselmännische Dörfer und einsame Wohnstätten von alten, silbergrauen Hirten. Hier erst konnte man sich einen Begriff von der Mannigfaltigkeit der Sowjetvölker machen, hier erst ging einem der Blick für die unermeßliche Weite dieses Landes auf. Hier mußte Tolstoi einst als junger Offizier gelebt haben, über diese Natur schrieb Puschkin und dichtete Nekrassow ...
Wir kamen nach längerer Fahrt an einer einsamen, zerfallenen Hütte vorüber, die inmitten der grünen Matten lag. Ein alter Muselmann rannte uns entgegen und stieß seltsame Laute aus. Er warf die Arme wie beschwörend. Wir hielten an. Er lud uns in seine Hütte und bewirtete uns mit Kumis, einer gegorenen, berauschenden Pferdemilch, die ungefähr wie unsere Buttermilch schmeckte. Die Hütte war ganz primitiv und bestand aus einem einzigen Raum. In der Mitte brannte ein offenes Feuer, auf dem Boden lagen einige Felle und kunstvolle, handgewirkte Teppiche. Ein Gewehr und einige Dolche hingen an den Wänden und verrußtes Kochgerät. In einer Ecke lag Sattelzeug. Der alte Mann reichte uns die runden, henkellosen hölzernen Kumisschalen mit vollendeter orientalischer Grazie. Ledern, gegerbt war sein vielfaltiges Gesicht, das silbergraue Bart- und Haupthaar glänzte. Er sah aus wie eine legendäre Figur.
Wir besprachen untereinander, ob wir ihm nicht eine kleine Spende für die Bewirtung geben sollten.
»Unmöglich! Das ist die schrecklichste Beleidigung ... Er erdolcht Euch, wenn Ihr ihm was geben wollt«, hielt uns Tretjakow zurück. Als wir uns verabschiedeten, kreuzte der Hirt seine beiden Arme über der Brust und machte eine tiefe Verbeugung. Gleich darauf fuhren wir in eine düstere Berg-

schlucht. Die mächtigen, glatten, hochragenden Felsblöcke sahen sonderbar aus. Aus vielen winzigen Löchern rieselte silberklares Narsan und fiel tief herab. Die Löcher sahen künstlich, wie Einschüsse aus. Die Straße war in die Felsen gehauen, morastig, eng. Der Chauffeur drehte sich um und sagte etwas zu Tretjakow. »Jetzt kommt eine abschüssige, gefährliche Stelle«, unterrichtete uns dieser. Die Gesichter wurden verlegen. Adam rief als erster: »Laßt mich raus! ... Stopp!« Das Auto hielt an, dasjenige hinter uns ebenfalls. Adam, Plivier, Toller, der Misanthrop, die Frauen und der Spanier stiegen aus. Etwas hilflos dreinblickend standen sie da und schauten die morastige Straße an. »Wollen wir nicht auch raus?« fragte Olden. Ich war viel zu faul. »Ach was, es wird schon drübersausen«, sagte ich. Der Chauffeur gab Gas – wir rutschten hinten ein wenig schief ab – und waren drüben. Die anderen Autos folgten. »Siehst Du, es geht ja!« sagte ich zu Olden. Wir hielten an und sahen zurück. Wir winkten und schrien: »Kommt doch! Kommt schnell!« Etliche Augenblicke zögerten die Wartenden, machten endlich einige Schritte, rutschten und – es war ein Bild zum Hellauflachen – krochen hintereinander auf allen Vieren durch den glitschigen Morast. Adam fluchte. Die Frauen kreischten, die Männer schauten verlegen drein. Sie sahen nur auf ihre schmutzstarrenden Hände und Füße, gingen an eine Narsanquelle und wuschen sich notdürftig.

»Das ist uns noch abgegangen! ... Schauderhaft! Gibts denn da gar keinen anderen Weg? Müssen wir ausgerechnet hier fahren! ... Ich verzicht' gern drauf!« zeterte Adam und stieg ein. Nach kurzer Zeit tauchte eine schmale, lange, hölzerne Brücke auf, die über eine tiefe Schlucht führte. Jetzt fing Plivier an: »Mensch, da müssen wir raus! ... Ich kenn solche Brücken von Chile ... Da krachen wir ein ... Serjoscha, laß uns aussteigen.« Wieder hielten die Autos, wieder stiegen die meisten aus. Ich blieb hocken. Auch Olden und Hilde Plivier blieben im Auto. Gespannt blieben die Ausgestiegenen stehen. Ssst – hatten wir die Brücke hinter uns. Ich sah Adam, wie er sich den Schweiß aus dem Gesicht wischte und kopfschüttelnd daherkam. Plivier meinte nur, wenn wir die Autos nicht entlastet hätten, wär's vielleicht schief gegangen.

Noch einmal stiegen verschiedene Mitfahrer aus, als solche Brücken kamen, zum Schluß aber blieben sie doch im Wagen sitzen. In großartigen Serpentinen führte die enge Straße aufwärts, unwahrscheinlich schöne Blicke gab es, steil fielen die Felsen in die Tiefe, dicht bewaldet waren die Täler, heiß schien die Sonne. Mitunter passierten wir plötzlich ein kabardinisches Fuhrwerk oder es kamen uns Kühe entgegen, dann wieder ritt ein einsamer Reiter mit der schwarzen Ziegenfellpelerine an uns vorbei und grüßte. Das kleine Pferdchen kletterte wie eine Gemse scharf am Straßenrand entlang. Wir sausten wieder über weite Wiesen und kamen in kabardinische Dörfer. In einem größeren Ort machten wir Halt, und da ereignete sich jene Szene mit dem Muselmann, die ich schon erzählt habe. Wir besichtigten ein Haus. Es war ganz aus Holz und hatte rundherumlaufende Altanen. Die Frau nährte ihr Kind und lächelte. Die Stube war sehr sauber. Wie überall hingen Fotos an der Wand. Nichts Besonderes? Doch – das einstöckige Haus hatte einst einem Kulaken gehört, zu ebener Erde war ein Kinderheim, und die Lehrerin saß mit den Kindern, die übrigens ziemlich unsauber waren, im Obstgarten. Ein Knabe tanzte wunderbar, und die Kleinen sangen dazu.
Aus den Tälern stieg schon dichter Nebel. Es fing zu dunkeln an. »Wenn wir da noch heil heimkommen, heiße ich Hans«, brummte Adam. »Kalmikoff hat uns eingeladen für den nächsten Sommer«, sagte Tretjakow einmal: »Du, Theodor und Hilde, Madame Leon und Alberti sollen hier auf eine Bergkolchose kommen und schreiben.« Da ich niemals »Nein« sagte und mich über alles freute, fing man bereits an, Pläne zu schmieden. »Na, ich weiß mir was Besseres, als in diesem Verhau da«, meinte Frau Scharrer einmal und Adam sekundierte ihr: »Ich bin bloß froh, wenn wir endlich in Naltschik sind. Weiter will ich nichts mehr wissen.«
Am anderen Tag wurde uns zu Ehren in der Naltschiker Kinderschule noch eine Festvorstellung gegeben. Ein alter ehemaliger Sänger krächzte Verdi-Arien. Die Kinder aber waren herrlich. Sie hielten Reden und führten Tänze auf. Ich wurde unter allgemeinem Jubel auf die Bühne gezerrt und sagte irgendwelche Worte. Die Kinder lachten sehr viel, sie sahen nur meine seltsame Tracht an.

In derselben Nacht durchquerten wir den Kaukasus. Als wir in der Frühe aufwachten, war hügeliges Land zu sehen. Bei irgendeiner Station hielt der Zug an. Eine große Menge Menschen mit Bettzeug und Koffern wartete ungeduldig auf den Zug, der sie ihren Urlaubsorten näherbrachte. Vor unserer Lokomotive torkelten zwei Besoffene und belehrten einander halsstarrig. Niemand vertrieb sie. Es waren die ersten Betrunkenen, die ich in der Sowjetunion sah.
In der darauffolgenden Nacht kamen wir in Baku an.


NÜCHTERNER ORIENT


Der Zug schnaubte schwer. Mitunter rüttelte er uns aus dem Schlaf. Wir durchfuhren die Bergrepublik und Daghestan. Düsteres Gebirge schälte sich am Morgen aus dem steigenden Nebel. Allmählich tauchte das Kaspische Meer auf.
»Hier in dieser Gegend spielt, glaube ich, Gobineaus Erzählung ›Die Tänzerin von Schemacha‹«, sagte ich. »Schemacha liegt seitlich von uns«, sagte Tretjakow.
»Gobineau hast Du auch gelesen?« fragte Toller: »Aber Gobineau ist ein Reaktionär. Er hat den Nazis viel zu ihrer Rassenlehre geliefert.«
»Die Erzählung aber ist meisterhaft«, meinte ich: »Ich hab sie einmal, als ich noch zu Hause war, als Bub gelesen ... Ein Reclambücherl war's.« Ich schaute durch das trübe Fenster. Fremd und merkwürdig kam mir die Gegend vor. Das Gebirge ging in ein kahles, gelbliches Hochplateau über. Kein Baum, kein Strauch, nichts mehr.
»Da schaut! ... Wie beim Karl May!« rief ich. In der Ferne, im staubigen Dunst bewegte sich eine kleine Kamelkarawane dahin. Der Tag dehnte sich bleiern aus. Das Meer war wieder verschwunden. Wir sahen steile Kalkberge, in die große Löcher gemeißelt waren. Fast wie Türen sahen diese Löcher aus.
»Hier hausten die Weißen noch lange«, erzählte Tretjakow: »Man mußte sie fast einzeln aus den Bergen kämmen.«
»Jaja, da war der Bürgerkrieg besonders blutig ... Baku

wollten sie nicht hergeben«, sagte Plivier: »Das Naphta ...!«
Olden las Gorkis Schilderung Bakus und schüttelte in einem fort den Kopf. »Hm, das muß früher die wahre Hölle gewesen sein ... Schauderhaft!« brummte er einmal. »Jetzt ist Baku eine moderne Stadt«, sagte Tretjakow: »Wir sind bald da.« Theodor und Toller verschwanden in ihren Coupés. Diesmal aber gab es auf dem Bahnhof keine allzugroßen Reden. Wir mußten eine Zeitlang in der heißen Sonne warten, bis die Autobusse kamen. Die Menschen mit den gelblichbraunen orientalischen Gesichtern musterten uns verwundert. Meine bayrische Tracht fiel auf. »Wo sind denn die verschleierten Frauen mit den Pluderhosen? Ich hab doch soviel davon bei Gobineau gelesen?« fragte ich Tretjakow und wandte mich an Ernst: »Sagst Du nicht auch, Ernst, der ganze Zauber des Orients ist weg!« Tretjakow, der solche Witze nie verstand, erklärte uns, wie die Sowjets, ohne besonderen Zwang, Tschadra, Pluderhose und sogar den türkischen Fez ›liquidiert‹ hätten. Die ersten im Schleierablegen waren die jungen, kühnen Bolschewistinnen und die Frauen, die in den neuaufgebauten Fabriken arbeiteten. In der Nähe der surrenden Maschinen zeigte es sich, daß Schleier und Pluderhosen nicht nur hinderliche, sondern auch höchst gefährliche Kleidungsstücke waren. Es gab aber, wie uns der politische Kommissar erzählte, anfangs nicht wenig blutige Exzesse in den orthodox-moslemitischen Familien, denen diese jungen Menschen angehörten. Die Älteren, noch ungeheuer religiös fanatisiert, ermordeten ihre eigenen Kinder auf grauenhafte Weise. Eine Lehrerin im bolschewistischen Klubheim Ali Beiram berichtete uns von der Ermordung ihrer Schwester durch die Eltern. Man zerschnitt das blühende Geschöpf in Stücke und warf es den Hunden zum Fraße vor!
Allmählich aber siegte doch der moderne Geist. Die letzten verschleierten Frauen wurden zu auffällig und genierten sich. Pluderhose und Fez kamen ab – ach, und das machte für uns doch zum größten Teil den Zauber des unbekannten Orients aus!
Im Speiseraum des Hotels leuchtete uns von der Wand herab etwas sehr Unvermutetes entgegen: Ein Propagandaplakat für den Besuch der Oberammergauer Passionsspiele! »Unsere

teure Heimat! Wunderbar! ... Hm, also auch da gibts noch gute Katholiken!« lachte ich hellauf und erklärte, was Oberammergau ist. Wir staunten alle. Die Sowjetleute aber machten peinliche Gesichter. Ich betrachtete lächelnd das wirkungsvolle Plakat: Da waren die Umrisse des vertrauten Gebirgsdorfes, des Ettaler Klosters, dahinter die blau gezackten Berge, und über allem schwebte ein grell umstrahltes mächtiges Kreuz. Darunter stand »Besucht die Oberammergauer Passionsspiele 19...«.
Als wir später von unseren Zimmern herunterkamen und an der Tafel Platz nahmen, war das Plakat entfernt. »Das hat sicher irgendein Gegenrevolutionär dahin geheftet«, brümmelte Adam mir zu.
Nach dem Essen machten Olden, Toller und ich in Begleitung des kleinen dicken politischen Kommissars einen Spaziergang und gelangten auf einen sehr schön angelegten Promenadeplatz am Strand, wo sich viel Volk tummelte. Mir fiel auf, daß der Kommissar immer nervöser wurde. Schreiende Buben und eine dichte Gaffermenge folgten uns. Ich sah Zivilisten, die sie abhielten und zu zerstreuen suchten, aber vergeblich. Im Nu waren wir eingekeilt von einer wild lachenden, gestikulierenden Menschenmenge. Ich dachte an den Kulturpark in Moskau und fuhr immerzu mit meinen Händen auf meinem Hintern herum. Aber diesmal stach niemand. Indessen – auf einmal hatten wir Toller und Olden verloren, und der politische Kommissar zog mich rasch weiter. Die hinterherlaufende Menge johlte und zerstreute sich erst, als sie in den Straßen etliche Milizleute sah. Eilig marschierte der arme, schwitzende Kommissar mit mir ins Hotel zurück. Er besprach sich mit Tretjakow, und hernach wurde ich gebeten, irgendeine unauffälligere Kleidung zu tragen.
»Aber es ist doch so heiß! ... Ich bleib lieber dann im Hotel!« bat ich Serjoscha. Schließlich zog ich doch meinen verschabten Anzug an und schwitzte wahre Bäche. Wir besuchten die große Naphta-Schule. Dort hielt Toller eine große Rede an die Studenten und wurde umjubelt. In dieser Schule studierten junge Menschen aus allen Ländern die Technik der Naphta-Gewinnung. Das Institut war mustergültig und hätte es mit jeder Technischen Hochschule des Westens aufnehmen können [61]. Ebenso imponierend war die Schule,

die sich im Palast eines der ehemals reichsten Industriellen Bakus befand, welche wir später besichtigten. Dort trafen wir Mädchen, die verschiedene Berufe erlernten. Dort begegnete uns auch jene unvergeßlich mutige junge Lehrerin, die uns ihr ganzes schweres Leben und die schreckliche Ermordung ihrer Schwester erzählte. Sie hatte eine Jugend erlebt, die allein einen Roman wert wäre. Jetzt, mit kaum 28 Jahren, war sie Leiterin des Instituts und hervorragende Bolschewistin.

»In diesem Raum«, erzählte sie, »hier, wo Sie stehen, trat der ehemalige Besitzer des Palastes den Bolschewisten mit der Waffe in der Hand entgegen und wurde niedergemacht ... Er wollte nicht weichen. Er hatte Mut. Die meisten Reaktionäre waren feig.« Ihre dunklen Augen leuchteten ein wenig, sie funkelten. »Feig, aber grausam«, setzte sie hinzu. Unsere Autos fuhren durch enge Gassen bergan. Es ging an einem Turm vorüber. Mächtig erhob er sich wie eine mittelalterliche Festung. Tretjakow erzählte irgendeine historische Geschichte. Ich glaube, hier in diesem Turm soll der ehemalige Schah von Aserbeidschan einst seine Tochter eingekerkert haben, die ein Perserfürst rauben wollte. Ich hörte nicht hin. Es war mir gleichgültig, was diese blutdürstigen alten Fürsten getrieben hatten, wir erreichten eine Höhe und konnten hinabsehen auf das weite Meer und – auf die gespenstisch düsteren Naphtafelder mit den unzähligen Bohrtürmen, die wie ausgebrannte Gerüstgerippe aussahen. Es war ein schauerlich schöner Anblick. Eine schweflig graugelbe Dunstwolke lag über dem Naphtagebiet, am Rand hatte der Meeresspiegel riesige Fettaugen wie eine Suppe. Erst weit, weit draußen wurde die Wasserfläche rein und glatt. Noch im Meere stehen Bohrtürme und das sieht besonders seltsam aus – mitten aus dem Wasser so ein Turmgerippe!

Wir fuhren eine kurze Strecke an einem öden, staubigen Hochplateau entlang und kamen an eine alte zerfallene Moschee mit türkischen Gräbern. Am geschnörkelten Gitterwerk und an den vieldeutigen, verschlungenen orientalischen Ornamenten im Innern der Moschee hingen schmale Tuchstreifen da und dort. »Das tun Leute, die noch glauben, Allah heilt ihre Gebrechen, wenn sie so ein Opfer bringen«, übersetzte uns Tretjakow die Auskunft des Kommissars.

»Und das wird nicht bekämpft?« wollte jemand der Beflissenen von uns wissen. Der kleine, runde Kommissar lächelte und schüttelte den Kopf: »Es sind nur noch etliche wenige alte Leute.«
Die Landschaft wurde immer wüstenöder. Es sah aus, als hätten sich hier jahrhundertalte Staubberge gebildet, sie bildeten öde, völlig pflanzenlose Täler ohne Leben. Kein Haus, kein Bächlein, kein Strauch – nichts als Himmel und diese graugelbe Wüste. Da und dort zogen etliche Kamele dahin, auch ein zweirädriges Fuhrwerk tauchte ab und zu auf oder ein Lastwagen, der mächtige Staubwolken aufwirbelte. Wir sahen hinunter auf die bunt ineinandergeschachtelte, von unzähligen tiefen Gassen und Straßenschächten durchschnittene Stadt – hier uralte kugeldachige Paläste, altertümliche Häuser, dort reihenweise Neubauten und Verwaltungsgebäude. Ab und zu Gärten, mitten aus dem Hausgewirr Türme wie Ruinen, alles seltsam und fremd – und jetzt, auf einmal war die Nacht da! – jetzt funkelten Tausende und aber Tausende von Lichtern auf und warfen ihren Schein zum dunklen, umdunsteten Himmel. Die schwankenden Bogenlampen in den Ölfeldern schälten mitunter einen Turm, oder eine ganze Turmreihe aus dem dampfenden Dunkel, und weit weg glänzte das rätselhaft stille Meer ...
»Da drüben überm Meer ist Persien!« sagte Olden und streckte seinen Finger aus. Persien? Was ich an Vorstellungen von diesem Begriff Persien in mir aufgespeichert hatte, wurde lebendig: Wüstenreiter, wallende helle Mäntel, räuberische Karawanen, prächtige Paläste düsterer Tyrannen und

»Goldne Worte, Silberworte!
Spricht ein Lump von einem Toman
ist die Rede nur von Silber,
doch im Munde eines Fürsten, eines Schaches
ist der Toman gülden stets«

murmelte ich unwillkürlich und fing an von Firdusi zu schwärmen, den ich nur aus Heines Gedicht kannte. Starr und dunkel stand der Himmel über uns, unruhig funkelte drunten das Stadtgewirr und man konnte glauben, es rinne langsam ins Meer.
»Balder! Verstehst Du, hier wird man trunken und weiß gar

nicht wieso und warum!« sagte ich auf einmal ungewohnt pathetisch. Ich hatte ein Gefühl, als müßte ich auf der Stelle lyrische Gedichte schreiben, eine Unmasse solcher Gedichte mit weiß Gott was für blumenreichen, verschnörkelten Worten. Die Welt kam mir unendlich groß und weit vor.
»Morgen sehen wir Naphta!« sagte Tretjakow. Wir fuhren hinunter in die dichte Stadt, und an diesem Abend waren wir alle ungemein fröhlich. Bis ganz tief in die Nacht hinein saßen wir im intimen Speiseraum, prosteten einander zu und jeder rezitierte seine Lieblingsgedichte. Sogar Serjoscha, der stets tausenderlei Beschäftigungen hatte, war diesmal wie verzaubert. Er trank und lachte, rezitierte wunderbar melodiöse russische Gedichte, und zuletzt wurden wir allesamt heiter philosophisch und analysierten uns gegenseitig mit größter Zungenfertigkeit.
»Siehst Du, Serjoscha! Ihr sagt immer, Trinker sind schädlich! ... Na, ist das nicht schön, ists nicht das einzige, so zusammenzusitzen ... Nur im Trinken können sich die Menschen nicht mehr verstecken!« rief ich. Er nickte lächelnd. Natalie Iwanowna hatte rotglühende Backen und sah schön aus. Ein Aserbeidschaner Genosse verschwand mit ihr. Adam saß lange ernst da. Auf einmal lachte er laut auf und rief zu mir und Olden herüber: »Herrgott, solche Narren hab ich doch mein Lebtag nicht gesehen! ... Da müßt' Ihr erst mal eine Kerwa (Kirchweih) bei uns daheim mitmachen! Da gehts andersch her! ... Da sagt man nicht so spinnerte Versl auf!« Und – wahrhaftig – er fing an, sich weinselig zu wiegen, und sang mit seiner krächzenden Stimme ein kurzes, sogenanntes Gstanzel in fränkischer Mundart, das niemand verstand, das aber dennoch alle erheiterte – schon deswegen erheiterte, weil es eben von Adam kam. Seine kleine, unscheinbare Frau, die auf der ganzen Reise kränkelte, stieß ihn und meinte ironisch: »Bauer!« Er lächelte und sagte diesmal gar nicht gereizt: »Ah was, laß' mich in Ruh! Was ich bin, bin ich!« Ich sah sein aufgeheitertes Gesicht an und dachte: Der Wein ist doch etwas Großes! Er schwemmt alles Kleine aus dem Menschen. Laut rief ich Adam zu: »Bravo! Bravo Adam! Es lebe der Ökonom! ... Du bist nämlich ein echter Ökonom! ... Ökonom hat in meiner Heimat einen gewissen fortschrittlichen Anstrich ... Ökonom, das ist eine

Mischung von Kleinbauer und Proletarier – rebellisch, eigensinnig, bäuerlich und fortschrittlich – siehst Du, das bist Du!«
»Quatschkopf!« quittierte Adam diese Charakteristik: »Wenn Du zu saufen hast, geht Dir der Schnabel für drei!«
»Morgen sehen wir Naphta!« sagte Tretjakow, und ich schwang das Glas und rief: »Naphta! Das klingt so wie irgendein großes Geheimnis! Ganz mysteriös ... Man kann sich darunter eine persische Prinzessin vorstellen oder die Geheimnisse des Harems! ... Einfach Naphta! Wunderbar! Morgen sehen wir Naphta! Prost ... Magnifico!« Die beiden Spanier lachten. Natalie Iwanowna kam herein, und ihre Wangen waren noch glühender. Hinter ihr kam der schlanke Grusinier mit seinen leuchtenden Augen, mit dem sie verschwunden war ...
Am anderen Tag fuhren wir zuerst zum Grab der berühmten sechsundzwanzig bolschewistischen Kommissare, die während des Bürgerkrieges in der Nähe von Baku von den Weißen bestialisch ermordet worden waren. Toller hielt eine kurze Rede und legte einen Kranz nieder. Endlich nach dem Mittagessen fuhren wir in die Ölfelder. Je näher wir kamen, um so penetranter roch die heiße Luft. Sie schmeckte bitter und legte sich gallig als dicke Schicht auf den Gaumen und in die Nasenlöcher. Ein schwerer Geruch war das, ungefähr so wie ein fauliger Gestank von Abwassergruben. Die asphaltierte Straße führte zu einem Turbinenhaus, vor dem uns eine kleine Kommission von Technikern empfing. Weit und düster breitete sich eine fettig überschwemmte Fläche aus, aus der die hohen Turmgerippe ragten. Wir mußten immer wieder breite, dickflüssige, blasenwerfende Naphtabäche auf kleinen Brettersteigen überschreiten und wurden immer benommener. Wir stiegen auf das Gerüst eines Bohrturmes und sahen, wie das mächtige Gewinde des Bohrers in die Tiefe stieß. Ganz wenige Menschen waren dabei beschäftigt. Die Maschine machte die meiste Arbeit. Mir schien es auch, als halte es in diesem Dunst niemand lange aus, und ich erfuhr, daß die Arbeitszeit hier bedeutend verkürzt sei. Naphtaarbeiter waren fast durchwegs Ingenieure und Techniker.
Als wir wieder so über das trostlose Ölfeld gingen, vor uns die alles verdunkelnden Bohrtürme, den schwankenden fet-

tigen Boden unter uns, da sagte Plivier: »Das ist die größte Macht der Union! ... Um diese Quadratkilometer ist am ärgsten gekämpft worden.« Und ich erinnerte mich an die Bürgerkriegsschilderungen aus dieser Gegend. Es kam mir zuweilen vor, als seien die träg dahinrinnenden Naphtabäche Menschenblut, dunkles Blut, das einen giftigen Verwesungsgeruch ausströmte. Nach fast einer Stunde kamen wir – ich hörte den Erklärungen unserer Führer nicht zu – in die Nähe des Meeres, in das das flache Land dünn hineinlief.
»Man hat diese Flächen dem Meer abgewonnen«, verdeutsche uns Tretjakow: »Es ist planiert (geplant), daß man noch mehr festen Boden gewinnt.« Und hier, auf einem leicht erhöhten Fleck Erde, lag ein viereckiger Betongrabdeckel mit etlichen Worten und einer Jahreszahl darauf. Tretjakow erklärte. Er erzählte die Geschichte eines blinden Ingenieurs, der trotz aller Widerstände und Mißverständnisse der Bürokraten bis zu Lenin gedrungen war und ihm den Plan dieser Bodengewinnung vorschlug, den gigantischen Plan zur Erweiterung der Ölfelder von Baku. Der Name dieses großen Pioniers ist mir entfallen. Er schläft hier im öligen Schlamm den ewigen Schlaf, jeder Bohrturm erzählt ein Stück seiner Geschichte. Wir schauten hinaus ins wellenschäumende, ölvermischte Meer – mitten aus dem Wasser ragten Bohrtürme. Tief aus dem Meeresgrund holten sie Naphta. Naphta spendete die ganze weite giftige Gegend, Naphta, sonst nichts. »Und wo wir gestern waren, da hat es einmal eine Bohrung gegeben, da kam soviel Naphta, daß die Fluten fast Baku überschwemmten ... Wir werden dann einen Film sehen«, redete Tretjakow weiter: »Da war die ganze Stadt auf den Beinen, um die Flut einzudämmen ... Die Betriebe, die Armee, die Komsomolzen, die Studenten, die Frauen, alles ... Es war wie ein Meer und hat tagelang gedauert ...« Endlich verließen wir die schaurigen Giftfelder. Noch stundenlang rochen wir nach Naphta. Tief am Nachmittag besichtigten wir das staatliche Filmtheater und sahen auf der Leinwand die Katastrophe, von der uns Tretjakow erzählt hatte. Wahre Wellenberge von Naphta ergossen sich in die kahlen Täler, die wir gestern gesehen hatten. Die sich gegen das Element wehrenden Menschen sahen aus wie winzige Ameisen. Der Film ergriff grade dadurch am

meisten, weil man eben die Kleinheit der Menschen so stark wahrnahm und dennoch erlebte, wie diese Kleinheit die Naturmacht bezwang. Auch einen Teil von einem Bürgerkriegsfilm sahen wir und einen sehr seltsamen aserbeidschanischen Heimatfilm, der eine orientalische Sage behandelte. Die Schauspieler und Schauspielerinnen saßen mit uns im Parkett. Es waren höchst europäisch kultivierte Menschen. Auf der Leinwand aber, in Tschadra, Pluderhose und Fez kamen sie uns fast unwirklich und kitschig vor.
Am anderen Tag fuhren wir in die neuen Arbeiterhäuser-Viertel von Baku. Es war erstaunlich – hier prangten Gärten mit allen Pflanzen. Wir hörten, daß hier wie in der ganzen Stadt einst Öde geherrscht hatte. Mit Ausnahme einiger Kapitalistenpaläste hatte man fast nirgends Wasser. Jetzt pumpte eine fernliegende Kraftwerkleitung Wasser in die Stadt, jetzt gab es überall Gärten, Grünflächen und Anlagen. »Aber es ist noch zu wenig Wasser!« sagte der Kommissar: »Wir müssen Gartenstadt werden ... Wir haben zirka drei Millionen Quadratmeter Wohnraum, aber wir planieren weit mehr ... Die alte Stadt muß weg. Wir wollen nicht hinter Moskau bleiben ...« Und stolz erzählte er weiter: Hundertzehn Kilometer Straßenbahn und Vorortstrecken, vierundzwanzig Kilometer Asphaltstraßen ... Acht Millionen Eimer Wasser aus einer Entfernung von hundertsiebenundachtzig Kilometer, aber wir brauchen mehr Wasser, die neue Rohrleitung Usatschai wird uns voll versorgen.
Überall, wo immer wir hinkamen in diesem merkwürdigen Land, verlangte das Volk mehr, mehr [62]!
In derselben Nacht sahen wir ein großes Volkskonzert im bezaubernd schönen Kulturpark Bakus. Der schwere Duft der Blumen und Bäume, der seltsame Gesang der Volkschöre, die auf der Freibühne auftraten, der stockdunkle, sternbesäte Himmel ... »Du hast recht, man wird trunken«, sagte Olden zu mir. Weit weg war der Naphtagestank, die merkwürdigen Klänge der orientalischen Musikinstrumente und dieser süße Sommernachtsduft – es war wie in einem Märchen ...
Auch gebadet haben wir in Baku. Ich rate es keinem. Tretjakow brachte uns auf einen abgetakelten Schoner, der als Badeanstalt diente. Nachdem aber jeder einen Blick auf die

Wasserfläche geworfen hatte, auf der große Öllachen schwammen, wollten die meisten nicht mehr. Nur Plivier, Olden und ich stürzten uns in die Fluten, doch schon nach etlichen Minuten krochen wir die Strickleiter herauf und hatten restlos genug: Wir waren um und um dreckig und schmierig. Ich hatte außerdem noch das mit Petroleum vermischte salzige Meerwasser geschluckt und kotzte.

Am Abend gab es im Beisein der Sowjetspitzen von Aserbeidschan im großen, herrlich geschmückten Festsaal des Hotels ein Abschiedsbankett. Plivier hielt eine lange Rede und schloß mit dem Gedicht »Dampf! Dampf!« aus seinem Skagerrak-Chorspiel. Das begeisterte zwar die Russen, uns aber hatte es der gute Theodor während der Reise in den Coupés – und zwar jedem einzeln – gewiß schon zwanzigmal vorgelesen.

Wir saßen, aßen und tranken und waren schon ziemlich heiter, als die Tür aufging und Toller neben den Sowjetspitzen Platz nahm. Wir sahen, wie er heftig auf Tretjakow und den Kommissar einredete. Er hatte sich festlich herausgeputzt, in Schwarz, und er machte eine fast beleidigte Miene. Schließlich, als auch die verschiedenen Persönlichkeiten unserer Gastgeber ihre Reden gehalten hatten, kam Ernst zu Olden und zu mir und lispelte uns wichtig ins Ohr: »Wir müssen danken ... Jeder muß was sagen. Bitte!« Ich grinste ihn an: »Aber lieber guter Ernst. Wir – und reden? Wir Unprominente wollen doch nichts als essen und trinken.« Toller entfernte sich fast beleidigt und kam zu Adam. Auch der schüttelte den Kopf. Die Spanier fertigten ihn freundlich ab, und Ehrenstein übersah er. Er ging blaß und verärgert auf seinen Platz zurück, bedrängte abermals Tretjakow, erhob sich plötzlich und ließ eine schwungvolle Rede vom Stapel.

»Ich glaub' unser Ernst ist krank«, sagte ich zu Olden, als der Applaus verstummt war. »Krank? Warum?« fragte Olden. »Er muß doch schwer drunter leiden. Er hat doch keinen Augenblick Ruhe davon ... Find'st Du das nicht schrecklich? Das ist krank«, sagte ich. »Krank ...? Das sind eben so kleine Schwächen«, wollte Olden abmildern und schüttete ein großes Glas Wodka in sich hinein. Er war versöhnlich wie alle echten Trinker. »Der arme Kerl ist ewig unruhig, weil ihn seine Eitelkeit so plagt ... Sie sekkiert ihn in einem fort, und er muß nach ihr tanzen. Das kann nicht gesund sein ... Glaub' mir, Ernst ist schwer krank, schwer!« dozierte ich in ihn hinein. »Der Wodka ist ausgezeichnet ... Der hat's in sich!« sagte er nur.


EIN GROSSER MALER, EIN WEINLESEFEST UND EIN POPE

In Tiflis trafen wir Jean Richard Bloch wieder, der aus Sowjetarmenien nach Moskau zurückreiste. Hier in Tiflis sahen wir auch einige Schriftsteller, die wir vom Unionskongreß her kannten: Jaschwili und Alexander Tscheischwili. Sie führten uns, während wir uns dort aufhielten.
Tiflis ist eine uralte Stadt, die Stadt der georgischen Fürsten, die Stadt vieler Führer des jetzigen Sowjetrußlands. Sie liegt in einer Mulde des Steppenhochlandes, sie ist ständig wie von Gipsstaub übersät. Der Steppenwind bringt diesen Staub daher, in Tiflis fängt er an zu kreisen, in Tiflis legt er sich auf alles, auf die Gräser, die Bäume, die Dächer und die Straßen. Es gibt noch Moscheen in Tiflis, es gibt auch Ruinen hier. Mitten aus der Stadt ragt ein Berg und eine weiße, prächtige Villa steht droben. Dort lebte der klassische russische Dichter Gribojedow. Man sieht besonders an der Kura, dem Fluß, der Tiflis durchfließt, fast spielzeugähnliche flachdachige orientalische Häuser. Sie sind ganz eng ineinandergeschachtelt und eins steht über dem anderen, das Dach des unteren Hauses dient dem darüberliegenden als Terrasse. In Tiflis sieht alles alt, verstaubt und verwittert aus. Türme sind da, ganz düster und mittelalterlich. Wir besuchten irgendeine Burg, dort zeigte uns der Verwalter erstaunliche Bilder eines Malers, der ein ähnliches Leben wie der unsterbliche Dichter Hašek geführt hatte und schließlich in irgendeiner Schenke gestorben war. Die Bilder erinnerten in ihrer eigentümlichen Primitivität und in ihren leuchtenden Farben etwas an Rousseau: Dieselbe Auffassung, dieselbe Art der Naivität und dieselbe Mächtigkeit der Dämonie im Sujet. Es waren zum Teil höchst phantastische Darstellungen von Löwen, Tigern, vom Urwald oder einer Landschaft. Dazwi-

schen sahen wir fast heilig einfache, rührende Wirtshausschilder mit Figuren, die der Maler dem Wirt für die Zeche gemalt hatte. Leider habe ich auch den Namen dieses großen Künstlers vergessen [63], aber es soll ein umfassendes Werk über seine Bilder im Moskauer Staatsverlag erschienen sein. Wir waren alle hingerissen von diesen Bildern, und ich fragte Tretjakow, warum man denn nicht eine Ausstellung derselben in verschiedenen europäischen Städten macht. Er meinte nur, es seien noch keineswegs alle Bilder aufgefunden, außerdem wisse man in der Sowjetunion sehr viel über den Künstler. Übrigens war mir interessant, zu erfahren, daß nur Stefan Zweig und der mexikanische Maler Diego Rivera je ein Bild des Künstlers besitzen.
Am gleichen Tag sahen wir eine Ausstellung lebender Tifliser Künstler, und das kalte Grausen konnte einen ankommen. Zwischen angelerntem süßem Salonstil und ganz primitiv dilettantischer Propagandakunst schwankten all diese Maler und Bildhauer. Viele der Bilder hätten fast Titelblätter irgendwelcher europäischer Magazine sein können. Ein erschreckend niederes Niveau in Geschmack und Individualität. Ich lief zuletzt fast angeekelt aus der Ausstellung heraus. Um so interessanter war das völkerkundliche Museum. Dort sahen wir die Einrichtungen grusinischer Berghütten – die reichen Bauern hatten alles in einer Stube, in der Mitte brannte das Feuer, rundherum, so ungefähr wie etwa in unseren Herrenräumen Bücherstellagen laufen, an den Wänden waren galerieähnlich die Schaf-, Schweine- und Ziegenstände. Das Tier sah durch die Holzstäbe seinem Herrn zu. In der grusinischen Gegend gibt es auch heute noch Blutrache. Um sie auszuüben, baut der Rächer neben seinem Haus einen hohen Turm, zu dem er vom Haus her Zugang hat. In diesem Turm sitzt er nun dem Nachbarn gegenüber und lauert solange – und sollte es eine Lebenszeit dauern – bis er den Feind unter seine Flinte bringt. Dieser blutige »Brauch« hat sich durch die Generationen erhalten, und selbst das bolschewistische Regime hat noch nicht viel daran geändert. Die grusinischen Bergvölker sind die wildesten, und jeder von ihnen ist ein »Chadsi Murat« auf seine Weise. Das zeigte uns das Weinlesefest am anderen Tag. Wir fuhren noch in derselben Nacht mit dem Zug weit in die Gegend

hinein, nur Adam, seine Frau, Olden [64] und Ehrenstein waren nicht mitgekommen. Sie besuchten die größte deutsche Weinkollektive »Luxemburg« in der Nähe von Tiflis. Uns Weinlesefest-Besucher erwartete auf einer kleinen Station im grauen, trüben Morgen eine Gruppe Kolchosniki mit Wein, gefüllten Obstkörben und Nüssen. Wir mußten trinken, ob wir wollten oder nicht.
Dann bestiegen wir die Autos und fuhren durch Steppen.
Man soll aber doch so in aller Frühe keinen Wein trinken und dazu Trauben, Nüsse und Feigen essen. Als wir so dahinfuhren, hin- und herschaukelnd auf unseren Sitzen, da fing's im Bauch bedrohlich zu arbeiten an. Es mußte oft und oft Halt gemacht werden am Anfang – und es war meistens höchste Zeit, wirklich allerhöchste Zeit. Es regnete dünn, die Straßen und Wege waren schlammig. Wir passierten viele Fuhrwerke, die langsam weiterkamen. Es waren hohe, zweirädrige Wagen, mit wunderbaren, farbenfrohen Teppichen überdeckt, darunter hockte meist die ganze Familie: Frauen, die den Säugling an der entblößten Brust nährten, schöne, glutäugige, braungebräunte grusinische Mädchen und Knaben, verwitterte Männer mit Bärten und ledernen Gesichtern. Sie lagen auf dem Ballast, den sie mitführten, auf vollen Körben und prallen Säcken; sie sangen und tranken Wein aus irdenen Gefäßen. Alle waren fröhlich und winkten uns. Je weiter wir fuhren, um so mehr Fuhrwerke trafen wir. Auch einzelne Reiter auf kleinen flinken Pferden grüßten uns. In den Dörfern liefen Schweine über die Straße, lustig schreiende Kinder liefen uns eine Zeitlang nach, Hunde bellten, Ziegen in den Gärten machten muntere Sprünge, Hühner flogen erschreckt auf, die fruchtschweren Obstbäume berührten mit ihren überladenen Ästen die Erde, der Regen glänzte auf Frucht und Blatt ...
Allmählich wurden die Fuhrwerke wahre Karawanen, ein buntes Gemeng von seltenen Farben. Da und dort torkelte ein Mensch ins Feld, der wahrscheinlich dasselbe Bauchgrimmen hatte wie wir. Langsam wurde es lichter am Himmel, der Regen ließ nach, und im fernen Dunst sahen wir die Umrisse einer Kirche, um die sich eine Mauer zog. Auf dem freien Platz davor wurden eine Unmasse herumstehender Fuhrwerke sichtbar, dichte Menschenrudel bewegten sich hin

und her, und grüne Laubbuden in der Art von Zelten, aus denen Rauch und Dampf emporstieg, konnten wir unterscheiden.
»Gleich sind wir da!« sagte Tretjakow. Wir rochen in die Luft. Ein penetranter, scharfer Geruch nach Tierurin wehte uns entgegen.
»Hier sehen wir die wildesten Bergvölker ... Das Fest, das sie halten, ist sehr wichtig für sie ... Da verkaufen sie Produkte, besprechen ihre Angelegenheiten, hier wird über alles planiert«, erklärte uns der Dichter Jaschwili auf. Unsere Autos kamen in die Nähe des seltsamen Tummelplatzes und hielten an. Wir sanken in den aufgeweichten Boden bis an die Knöchel. Uns trennte vom eigentlichen Festplatz eine steile, tiefe Rinne, auf deren Grund ein dünnes Bächlein floß. Durch diese rutschige, lehmige Rinne ritten die Reiter, holperten die Fuhrwerke – es sah jedesmal aus, als falle das ganze Gefährt vornüber in die Tiefe, aber es blieb bloß drunten im schmutzwirbelnden Bächlein stecken, ein fürchterliches Geschrei begann, die Pferde oder Ochsen setzten zitternd und unsicher ihre Füße in den tiefen Schlamm des anderen Steilhanges, der Fuhrmann trieb sie mit Peitschenhieben an, sie wollten laufen und rutschten, rissen sich wieder empor, und schließlich kamen sie doch hinüber auf den Platz. Durch diese Rinne mußten auch wir – und zwar einzeln und zu Fuß. Für diesen Zweck waren meine derben Haferlschuhe und meine Lederhose die richtige Kleidung. Ich tappte fest, rutschte dann ein bißl auf dem Hintern, aber ich kam ziemlich schnell durch. Mehr oder weniger lehmbesudelt und mitgenommen kamen auch die anderen herüber – nur Ernst, unser lieber kühner Ernst hatte arges Pech. Er schritt mutig abwärts, rutschte, wollte den im Lehm steckenden Fuß schnell herausziehen. Es gelang ihm auch – aber ohne Schuh! In der Verwirrung tappte er mit dem andern Fuß in den klebrigen Lehm, stand mit dem schuhlosen Fuß in der Luft eine Sekunde da, schwankte und rang verzweifelt die Hände, versuchte den anderen Fuß hochzuheben – und hatte nun beide Schuhe verloren. Tief im Dreck steckten sie, und Ernst, um sich nur aufrecht halten zu können, trat nun verwirrt mit beiden Füßen in den Kot – wir bellten vor Lachen, die Menschen um uns lachten ebenso hellauf und brüllten. Ernst aber

weinte fast, schrie, fuchtelte und wußte nicht mehr, was er tun sollte. Er wollte sich niederbeugen, kam ins Gleiten und hockte zur allgemeinen Belustigung plötzlich mit seinem blauen Anzug tief im Dreck. Es war wirklich ein zwerchfellerschütternder Anblick. Endlich halfen wir ihm vereint, und nach einer Weile brachte auch ein alter Grusinier die steckengebliebenen Schuhe daher, sie waren reine Lehmklumpen und wurden erst nach einigem Waschen im Bächlein wieder Schuhe. Ernst stand da, so erbarmungswürdig wie noch nie, stand und war bleich, redete, fuchtelte, hob bald das eine, bald das andere Sockenbein und tobte: »Warum hat man uns denn nicht mit einem Fuhrwerk rübergebracht? ... Das ist doch ...! ... Was soll ich denn machen, hm?« Er versuchte unglückseligerweise mit seinen schmierigen Händen den Dreck vom Anzug abzureiben und wurde immer noch dreckiger.
Ein alter Grusinier brachte einen Kübel Wasser. Toller tauchte sein Taschentuch hinein und begann, sich halbwegs zu reinigen. Er streifte die Socken ab und schlüpfte barfuß in die nassen Schuhe. Ganz ramponiert sah er aus, seine graumelierten Haare hingen strähnig in sein Gesicht, er war blaß und klagte über Kopfweh. »Sicher bekomm' ich Fieber, wenn ich das nasse Zeug trage ... Scheußlich!« brummte er. Er machte den Eindruck eines zerrauften Pudels. Alle Selbstsicherheit hatte er verloren. Es beachtete ihn niemand mehr, denn bei diesem überlauten Weinlesefest waren wirklich Dinge zu sehen – Dinge, sonderbar und fast unglaublich [65].
Der Platz, auf dem sich das Fest abspielte, lag flach da. Verknorpelte Bäume und Büsche wuchsen da und dort, im Halbrund, umdunstet vom lauen Regen, stiegen dichtbewaldete Vorberge auf, die sehr schnell zu hohen, massigen Gebirgsketten wurden. Düster sah die Gegend aus. Die lauten Menschenmassen, die sich hier tummelten, machten sie nicht freundlicher. Langsam schälte sich die Sonne aus dem trüben Himmel. Es regnete nicht mehr, aber der feuchte Dunst lag immer noch über der Fläche. Rasch wurde es heiß.
Die uralte, merkwürdig gebaute Kirche stand als einziges Gebäude da. Man sah ihr den allmählichen Zerfall an. Eine mannshohe, brüchige Mauer umgab sie, durch welche ein rundes Tor führte. Unter dem Torgewölbe, auf dem Platz in-

nerhalb der Mauer und vor der Kirche hielten Budenbesitzer ihre Waren feil: Buntbemalte Tonfläschchen und billige Schnitzereien, kaukasische Dolche und Messer, Schuhe, Gürtel, Sattelzeug, gestickte Käppchen [66] und Amulette mit heiligen Bildchen neben solchen, die Lenin oder Stalin zeigten, daneben andere fromme Dinge, sonderbare Reliquien und sogar ganz billige Meßbücher. Das alles erinnerte ein klein wenig an die Jahrmärkte in meiner Heimat, oder auch an die Buden in den vielbesuchten Wallfahrtsorten. Sogar ein Schnellfotograf mit einem vorsintflutlichen Apparat, mit sehr bunten, übermannshohen Leinwandkulissen war hier. Das Kulissenbild zeigte einen kühn dahinreitenden, prunkhaft uniformierten Kosaken hoch auf einem bäumenden Roß oder auch einen romantischen Jäger im Gebirge, der einen Adler schießt. An Stelle des Kopfes der Figur war ein Loch. Durch dieses Loch mußte derjenige, der sich fotografieren ließ, seinen Kopf stecken. Ich ging hinter die Kulisse, stieg auf den Stuhl und steckte den Kopf durchs Loch, Tretjakow setzte mir eine hohe Pelzmütze auf. Kurz darauf bekam ich das fertige Bild. Einen so grotesken Kosaken wird es wohl nie gegeben haben.

Auf der anderen Seite des Kirchenplatzes stand ein dichter Ring lustiger Menschen und klatschte in einem fort Beifall. In der Mitte dieses Ringes hockte ein Ziehharmonikaspieler, und ein schlanker Rotgardist tanzte nach seinen Weisen. Der Tänzer stemmte seine Hände in die Hüften, ging ins Knie und warf seine gelenken Beine mit erstaunlicher Schnelligkeit immerzu nach vorne. Die Zuschauer wurden immer begeisterter, sie klatschten, sangen mit und wiegten schließlich allesamt ihre Körper; sie stießen mitunter grelle, gutturale Laute aus, Mützen flogen in die Luft, da und dort blitzte ein Dolch auf, irgend jemand schoß in die Luft, die Menschen stampften immer wilder hin und her und tanzten endlich ineinander. Dabei sangen sie ihre merkwürdig schwermütigen, immer wieder von diesen grell aufschreienden Lauten unterbrochenen Lieder, warfen die Arme in die Höhe, die Gesichter bekamen einen Glanz, die Augen funkelten, immer schneller und schneller tanzten sie.

Wir betraten endlich die Kirche. Diese Kirche – erzählten die uns begleitenden grusinischen Schriftsteller – hatte seinerzeit ein russisch orthodoxer Baumeister im Auftrag seines Fürsten gebaut. Als sie fertig war, fiel der Mann bei der Besichtigung der Innenkuppel vom Gerüst, und der Todesschrei, den er dabei ausstieß, hörte sich an wie »Allah!«. Aus diesem überlieferten, unerwiesenen Bericht bildete sich die Legende, daß der betreffende Baumeister in Wirklichkeit gar kein orthodoxer russischer Christ gewesen sei, daß ihn der Fürst nur dazu gezwungen habe. Im Augenblick des Todes aber hatte sich der gläubige Muselmann verraten. Diese Legende hat sich bis heute erhalten und [übt] eine sonderbare Wirkung. Seither nämlich wallfahrten – wohlgemerkt unter dem Sowjetregime noch – sowohl orthodox gläubige Russen, wie Muselmänner hierher und verrichten ihre religiösen Handlungen und Gebete mit der größten Inbrunst. Wir sahen, wie auf der einen Hälfte der Kirche die Muselmänner auf Teppichen am Boden kauerten und jeweilig die Fußböden oder die Gemälde an den Wänden andächtig betasteten und küßten, und wir bemerkten auf der anderen Hälfte des Kirchenschiffes russische Gläubige. Sie knieten da, sahen weltabgewandt zum Altar empor und waren ins Gebet versunken. Schiedlich und friedlich wirkten hier zwei Religionen unter einem Dach ohne einander zu stören.

Aber das war noch nicht alles! Wir gingen in die Sakristei. Sie sah verwahrlost aus, und ein Lärm, wie auf einem Markt herrschte darin. Tretjakow zückte seine Kamera. Wir staunten sekundenlang fast benommen. War das nun Traum, war das etwa nur für uns »gestellte« heutige Sowjetwirklichkeit? Hinter einem wackeligen Notenständer, auf dem ein verschmierter Fetzen Papier mit einigen Notizen lag, stand ein zaushaariger, bärtiger Pope in schmutzigem, verschabten Meßgewand und plapperte irgend etwas. Um ihn stand ein Halbkreis von Männern und Frauen mit schreienden neugeborenen Kindern auf den Armen. Es waren Menschen russischen Glaubens, Bäuerinnen, Tataren, ein Rotgardist und – man erkennt in der Union so etwas an der fast schon zur Uniform gewordenen Lederjacke – einige Genossen und Genossinnen, die ihre Jüngsten taufen ließen. Weder der Pope noch sie beachteten uns, sie kümmerten sich auch gar nicht, daß Tretjakow sie fotografierte – denn sie hatten viel etwas Wichtigers zu tun! Soviel ich bemerken konnte, ging

die Taufe so vor sich. Der Pope trat an den Gläubigen heran, dieser hielt ihm den plärrenden Säugling hin, der Pope schnitt ein winziges Haarlöckchen vom Rundkopf des kleinen Schreihalses, plapperte wieder irgendwas, zwirbelte das Löckchen zusammen, ging wieder zurück an den Notenständer und legte die Härchen fein säuberlich neben eine Notiz auf dem Papierfetzen. Dann zog er einen Bleistiftstumpen, setzte ihn auf das Papier, redete wieder etwas, sah auf den Taufvater oder die Taufmutter, und auf einmal begann ein Streiten, ein heftiges Streiten, ein schimpfendes Keifen.
»Was ist denn das? Was sagt er?« fragten wir Tretjakow und sahen, daß unsere grusinischen Begleiter leicht lachten. »Schaut genau hin! ... Er will sieben Rubel für eine Taufe! Der Mann aber will nicht soviel zahlen!« erklärte uns Tretjakow und fotografierte den schimpfenden Popen. Wir blickten scharf auf diesen Gottesmann. Er schien unerbittlich. Sein Bleistift fuhr langsam über das erste Wort der Notiz. Scharf redete er, ein wutrotes Gesicht hatte er, und der Taufvater nestelte aus irgendeiner Tasche noch einen Rubel. Aber nein! Ausgeschlossen! Es waren erst fünf Rubel. »Njet! Njeeet —« krächzte der Pope, stampfte mit dem Fuß auf den Boden, wurde ganz giftig, und der Strich seines Bleistiftes durchsägte das zweite Wort auf dem Papier. »Was streicht er denn durch? Was wird da gefeilscht?« fragte Olden Serjoscha. »Er streicht den Vornamen durch ... Wenn die Taxe nicht bezahlt wird, liquidiert er die Taufe!« klärte dieser uns auf. Es war grotesk. Hartnäckig ging es hin und her. Der Taufvater fingerte schließlich noch einen Rubel aus der Tasche. Der Pope sah hin und brauste von neuem auf. Er zitterte, sein Bart zitterte, seine Hand zitterte. Er schrie, er verwünschte — und endlich legte der Taufvater noch einen Rubel dazu. Nun beruhigte sich der Pope im Nu. Er nahm das Geld, steckte es hastig zu sich. Er verbesserte die Striche, ging abermals zum Säugling, betastete seine Stirn und hatte wieder ein ruhiges, würdiges Gesicht. Mit blecherner Stimme sprach er irgendwelche Worte, und man konnte verstehen, wie nun der Täufling sein Leben lang hieß.
Diese seltsame Prozedur wiederholte sich stets. Manchmal mengten sich alle in das Streiten, dann fuchtelte der Pope mit den Armen und warf blitzende Blicke. Zum Schluß be-

kam er schließlich doch seine sieben Rubel. Wirklich jede Illusion verlor man, die ganze Weihe der religiösen Handlung ging dabei zum Teufel, aber das schien die Menschen nicht im mindesten zu stören. Als sie fertig waren, zogen sie glücklich ab mit ihren Kindern.
»Und sagt mal, da waren doch Genossen dabei? Die glauben an das noch?« bestürmten wir Tretjakow, den politischen Kommissar und die Grusinier. O ja, versicherten sie alle, auch Genossen und gute Genossinnen seien dabei gewesen. »Und das ist für sie nicht nachteilig? ... Als Parteimitglieder sowas –« wollte Toller wissen. Der politische Kommissar lächelte und schüttelte den Kopf: »Wir verbieten nichts ... Jedes Land unserer Union ist anders ... Wir liquidieren solche Erscheinungen durch allmähliche Aufklärung.« Es klang ein wenig – selbst in der Übersetzung Tretjakows noch – dozierend. Aber als wir endlich auf den großen Festplatz vor der Kirchenmauer kamen, erlebten wir gewissermaßen das Bergvolk in seinem Urzustand [67]. Und es handelte sich dabei doch nur um einen einzigen Stamm dieses riesigen Landes, dieser unvorstellbar vielfältigen föderalistisch-sozialistischen Sowjetunion. Grade hier in dieser weltabgelegenen grusinischen Berggegend stieg mir wieder der Gedanke auf, der mich auf unserer Reise so oft bedrängt hatte. Mir kam es vor, als sei Rußland, dieses riesige, unübersichtliche Land etwas wie ein undurchdringlicher Urwald, den die Sowjets gleichsam wie kühne, unverdrossene Siedler Stück für Stück rodeten und bewohnbar machten [68]. Wahrhaftig, in einem solchen Dschungel von Unberührtheit und noch verbliebenem Mittelalter eine einzige, vernünftige, noch dazu eine sozialistische Ordnung aufzurichten, dazu gehörte weit mehr als etwa dazu, einen zivilisatorisch hochstehenden westlichen Industriestaat – sagen wir – »umzustellen« [69].
Auf dem Platz außerhalb der Kirchen-Umfriedung standen auch noch vereinzelt Verkaufsbuden. Schuhe, Teppiche, Dolche und Tongeschirr gab es hier. Überall standen Laubzelte mit rohgezimmerten Tischen und Bänken oder aber auch solche, in welchen sich eine vollständige Familiengruppe um ein qualmendes Feuer versammelt hatte. Über dem Feuer hing ein riesiger Kessel, drinnen brodelte ein seltsames Gebräu, in dem ganze Hühner, große Stücke Schaf- oder Hammelfleisch,

Tomaten, Melonen und weiß Gott was noch schwammen. Man hockte im Kreis und verzehrte aus hölzernen Schüsseln die Mahlzeit mit den Händen oder mit einem Holzlöffel. Dazu wurde Wein getrunken. Dieser Wein wurde aus zusammengenähten Schaf- oder Schweinehäuten abgezapft und schmeckte jung und ein wenig pechig. Es war ein bißchen schwer für uns – in jeder Bude bot man uns dieses ungewohnte Essen und [den] Wein in großen Mengen an. »Was ist denn das für ein schrecklicher Gestank hier?« fragte Olden Tretjakow und schnupperte, wie wir alle, in die Luft. »Die meisten Menschen waschen sich mit Pferdeurin ... Dieser Urin ist auch zugleich Schönheitsmittel und Medizin hier«, erläuterte Tretjakow. Viele zogen die Nase hinauf, und es läßt sich denken, daß sie dem angebotenen Essen auswichen. In jedem Familienkreis thronte ein uralter Mann mit weißem Bart an der Spitze der schlemmenden Runde. An ihn wandten sich unsere grusinischen Führer. Er begrüßte uns und dann – ach, die Welt scheint gar nicht so arg verschieden zu sein! – fingen die Bergler, wenn der Dichter Jaschwili auf irgendeinen von uns zeigte, nach einem schnell zusammengereimten Gedicht des Alten an, uns anzusingen.
»Wie bei uns das Schnadahüpferl-Singen«, sagte ich und erklärte Tretjakow: »Jaja, auch bei unseren Bergbauern wirst Du wegen Deiner Länge oder ich wegen meiner Dicke angesungen ... Früher waren solche Gstanzeln meistens das Vorgeplänkel von einer Rauferei ... Das ist sonderbar. Alle Gebirgsvölker auf der Welt scheinen gleiche Sitten zu haben.« Verschiedene von den Alten waren weitbekannt als witzige Stegreifdichter. Ihre Gesänge auf uns riefen den größten Beifall hervor. Und nach jedem Lied mußten wir einen Becher leeren. Die Menschen hier schienen schon tagelang berauscht zu sein, aber es war ein friedlicher, heiterer Rausch.
Vor den Laubbuden tanzten mitunter etliche Mädchen und Männer, ein Flötist oder ein Ziehharmonikaspieler spielten. Da wieder lud irgendeiner Weib und Kind und Sack und Pack auf ein kleines Pferd und ritt von dannen. Es war unglaublich, wieviel so ein Pferd tragen konnte. Hier wieder ritten junge Burschen um die Wette. Ein unablässiger Lärm herrschte, ein satter Lärm von Liedern, Schreien, Jauchzen,

Schmatzen und Gröhlen, von Weiberlachen und Kindergeplärr, von Hundegebell und Pferdewiehern. Rundum roch man den Pferdeurin, den Wein und die dampfenden Speisen und immer wieder versanken wir im aufgeweichten Boden bis auf die Knöchel.
»Herrgott, Balder, wunderbar ists!« lachte ich: »Weißt Du wie? ... Wie ungefähr ein indianisches Oktoberfest ... Schau, wie die guten Leute fressen und saufen können! Was sind wir da für Säuglinge dagegen!« Ich sah, wie ein Alter ein ganzes Huhn in wenigen Minuten mit Haut und Knochen vertilgt hatte, seinen großen Tonbecher leerte und schon wieder ein Riesenstück Fleisch aus seiner Schüssel herausfingerte. »Und das, sagst Du, das dauert acht Tage?« fragte ich Tretjakow erheitert, und als er nickte und mir abermals erzählte, daß auf diesem Fest allerhand ernste Dinge erledigt würden, da lachte ich fast beseligt und rief: »Grusien, und das da – siehst Du, das ist Bayern. Das sowjetische Bayern! ... Sowas könnte auch bei uns sein.« Einen Moment lang schloß ich die Augen und ließ nur noch den wirbelnden Lärm auf mich wirken. Nur eine Sekunde lang – aber da stand auf einmal meine alte liebe Mutter vor mir, da sah ich bayrische Kirchweihtage, Bauernhochzeiten, Märkte und das berühmte Münchner Oktoberfest. Und ich hörte gleichsam, wie meine Mutter so eine Festlichkeit mit der ihr eigenen Behaglichkeit schilderte.
»Ja, und ausgspeist sind wir worden, ganz großartig – schon in der Früh hat's Weißwürst geben und Bier und Brezen und nachher hat's dreierlei Braten geben und Gurkensalat, grünen Salat, rote Rüben, und Bier, was man mögen hat ... Wirklich großartig! Und haufenweis' Leut sind dag'wesen und allweil haben's wieder auftisch ... Nachher hat man Kaffee trunken und schöne Nudel haben's ghabt ... Schnaps haben's auch ghabt. Und nachher ist's lustig worden und tanzt haben s', daß 's eine wahre Freud g'wesen ist und nachher hat's wieder Gsottens und Bratens gegeben, ganze Haufen ... Die Leut' haben's recht g'lobt, und nichts ist übrigblieben ... Der Hintermaier hat unterm Essen allweil gsagt: ›So, Leutln, nur zugreifen ... So, geht's weiter, bet'n mir schnell einen Vaterunser, daß sich der erste Braten derweil ein bißl senkt, daß wieder was Platz hat im Magen‹ ... No,

nachher hat man halt bet' und wieder weiterg'essen ...« Es war, als leuchteten mir ihre Augen entgegen. Und so schloß sie meistens: »Und Räusch' haben die Mannsbilder g'habt, daß s' gar nimmer aus die Augen gsehn haben ... Wirklich lustig ists g'wesen.«

Mitten in dieser fremden Berggegend war ich – daheim, ganz daheim! Kein Wunder also, daß ich immer lustiger wurde.

Endlich bestiegen wir wieder unsere Autos. Die grusinischen Freunde hatten mir einen schönen Chinschall geschenkt. Ich schnallte ihn um und sah aus wie ein phantastischer Krieger in meiner bayrischen Tracht. Wir besuchten auf der Heimfahrt noch ein Sowchos, ein staatliches Mustergut, begrüßten dort die zur Erholung weilenden Dichter Tychonow, Leonow und andere Leningrader, speisten, tranken, besichtigten die Weingärten und kamen tief am Nachmittag wieder in Tiflis an. Scharrer, Ehrenstein und Olden erzählten begeistert von ihrem Besuch in der deutschen Kollektive Luxemburg. Man übertrumpfte sich gegenseitig – wir sangen wahre Hymnen vom Weinlesefest, sie wieder von der reichen Bauernstadt, wo Deutsche, Russen und Türken allem Anschein nach ein wahres Paradies errichtet hatten.

»Dir natürlich gefällt's bloß da, wo gefressen und gesoffen wird!« fing Adam schon wieder zu schimpfen an, und sicher wären wir in das gemütlichste Streiten geraten, aber dazu war keine Zeit. Wir mußten zum Schlußbankett, das die Spitzen der Tifliser Sowjetbehörden uns zu Ehren angesetzt hatten. Wir kamen in einen langen schmalen Saal eines alten schönen Gebäudes in einem italienisch anmutenden Hof, der aus efeubewachsenen Arkaden bestand. Die Gastgeber waren schon sehr lustig, und diesmal ging es absolut nicht so wie sonst. Keine Formalitäten gab es. Sofort wurde gegessen und getrunken, und sehr schnell stieg die Heiterkeit.

Neben mir saß ein Ingenieur, der lange Jahre in München gelebt hatte und ausgezeichnet deutsch sprach. Ihm gefiel unsere angeregte Lustigkeit und meine Tracht ungemein. Er prostete in einem fort mir zu, und plötzlich stand hinten Olden auf – er, der genau wie ich, nie eine Rede gehalten hatte – und schmetterte hingerissen: »Kameraden! Towarischtschi! Ihr wißt, ich bin kein Kommunist, ich bin aufgewachsen in den Traditionen halbliberaler Deutschnationaler,

aber hier in der Sowjetunion habe ich einen geistigen Umwandlungsprozeß erlebt!« Er wurde immer getragener und hob zuletzt sein Glas: »Ich bin Euer Partisan, Towarischtschi! Ich gehe durch dick und dünn mit der sozialistischen Sowjetrepublik für die Weltrevolution [70]!« Alle standen auf und zollten lauten Beifall. Ein allgemeines Verbrüdern und Umschlingen begann, wir küßten einander und tranken, tranken. »Grusien, das ist Bayern, Serjoscha! ... Hier gefällt's mir, siehst Du! Grusien, das hat keine solche trockene Disziplin ... Das ist wie bei uns in Bayern!« jubelte ich und – ich weiß nicht, woher das kam – auf einmal überwältigte mich ein Glücksgefühl wie noch nie. Auch ich redete.
»Als wir heute auf dem Weinlesefest waren und auch hier wieder, liebe Genossen, da ist mir immer meine Mutter eingefallen«, sagte ich und fuhr fort: »Meine Mutter ist eine echte Bäuerin. Sie arbeitet für das Leben und lebt für die Arbeit, sie ist gar nichts weiter als eine Mutter vieler Kinder. Sie kennt nichts von der Welt und weiß nichts von der Politik, aber – aber, Genossen, hier wenn sie wäre, hier wäre sie ungeheuer glücklich. Sie würde vielleicht, wenn sie heute neben mir sitzen würde, ein wenig lächeln und zu mir sagen: ›Buawei, Oskar, das sind richtige Menschen!‹« Ich wußte nichts mehr und hob das Glas. Alle stießen an und riefen: »Es lebe Deine Mutter, Oskar! Strawsdwuite Towarisch Graf!«
Es war tief in der Nacht. Es war der siebenundzwanzigste September. In der gleichen Stunde, als ich das redete, kämpfte meine gute liebe Mutter in meinem Heimatdorf, in der niederen Kammer den Todeskampf aus. Sie schloß für immer die Augen. Ich erfuhr davon erst drei Wochen später in Moskau. Es will mir nicht aus dem Sinn gehen, daß ich in den Augenblicken ihres Absterbens so an sie dachte ...
Mit ihr starb das Letzte, was mich mit meiner Heimat verband.


Als wir am anderen Tag ziemlich spät im Schlafwagen aufwachten, sagte ich zu Olden: »Du, Du hast eine herrliche Rede gehalten ... Tretjakow hat sie schon nach Moskau telegrafiert. Sie erscheint sicher heute oder morgen in der

Iswestja, in der Prawda und in der deutschen Zentralzeitung ...«
Mein Freund Balder rieb sich die verklebten Augen aus und kam langsam zu sich. »Soso, meinst Du? ... Ich weiß gar nicht mehr, was ich alles gesagt habe.« Er schaute benommen auf mich.
»Das war ja ganz was Revolutionäres, was Du da gesagt hast«, klärte ich ihn auf und spielte den Treuherzigen: »Ich hab gar nicht gewußt, daß Du so ein wilder Bolschewist bist ... Mensch, Du hast gesagt, Du bist ein Partisan für die Sowjetunion und gehst mit ihr durch dick und dünn bis zum Sieg der Weltrevolution ...« – »So? ... Das hab ich gesagt?« staunte er und wurde ganz wach. Seine gutmütigen Säufersackaugen schauten mich an. »Das wird sicher allerhand Konsequenzen haben ... Bolschewiken sind doch nicht beliebt auf der Welt, das weißt Du doch ... Und stell' Dir vor, Du bist Emigrant wie ich, Du fährst wieder in die Tschechoslowakei zurück. Ob sie Dich da wieder in die ČSR hineinlassen, ich weiß nicht ...«, malte ich ihm aus. Das versetzte ihm einen gelinden Schrecken. Er wurde ganz ratlos, rieb sich die Stirn, schüttelte den Kopf und brummte: »Herrgott, das ist aber unangenehm! ... Hmhm, dumm sowas, sehr dumm! ... Verflucht, der Wein und der Wodka waren aber auch so gut ... Und-und die Menschen! ... Sie sind doch alle so reizend ... Mir ist einfach die Zunge durchgegangen ...«
Da hockte er nun, halbaufgerichtet auf seinem Schlafwagenbett, der gute, grundehrliche Balder, rieb sich wieder und wieder die Stirn, brummte und verfluchte innerlich die ganze Politik, die ihm immer fremd gewesen war. Ich lächelte leicht und meinte ironisch: »Ich hab dir's ja immer gesagt, Balder – man soll sich nicht mit sowas einlassen ... Man soll das nicht!« Er merkte noch immer nicht, daß ich spöttelte. Er nickte und meinte: »Ich hab doch aber die Politik gar nicht gemeint! ... Davon versteh' ich doch nichts! ... Mir haben doch bloß die Menschen so gefallen ...« – »Ja, aber die Menschen machen doch die Politik!« stichelte ich weiter. »Ja, leider, leider«, gab er zu: »Hm ... Ich bin für die Idee, ja –« »Aber die Ausführung ist halt was anderes, was?« fiel ich ihm lächelnd ins Wort und tröstete ihn schließlich: »Na, warten wir erst ab, vielleicht liest kein Mensch in Prag Deine schöne Rede ...«

Er wurde lebendiger, griff ins Gepäck, zog eine Wodkaflasche raus, rieb den Korken dran, reichte mir die Flasche, und ich trank auch. Er streckte sich und sagte, sich ganz aufrichtend: »Ah, ach was ... Jetzt bin ich wieder ganz mobil! Wird schon werden!«
»Balder, wir sind Mittelstand ... Wir gehn nicht unter!« lachte ich breit: »Wir lieben die Genüsse des Lebens und sind für den Fortschritt, basta.«
Wir kamen nach langer Fahrt in Batum an. Dort regnete es. Dadurch wurde der Empfang kurz und schmerzlos. Im Hotel trafen wir Moskauer Freunde, die in die Krim auf Urlaub wollten. Kirschon schloß sich uns an. Wir verbrachten einige Stunden im Matrosenklub. Da redete mich ein Norweger an, der hoch und heilig schwor, es gäbe hier echtes »Pilsner«. Er lud mich ein. Wir öffneten die Flasche, schenkten ein. O gottesjämmerliches Gesöff – es war dasselbe Bier wie in Moskau und allerorten in der Union. Der arme Mensch war tief betrübt, daß er mich enttäuscht hatte. Am anderen Tag fuhren wir durch die subtropische Landschaft, aufwärts durch niedere Wälder und Plantagen, zur größten sowjetrussischen Teefabrik. Der Betrieb verdankt sein Entstehen dem unbeirrbaren Direktor, der trotz aller bürokratischen Widerstände diese ganze Tropenlandschaft so ergiebig gemacht hat, daß die Union nur noch ein Drittel ihres Teebedarfs aus anderen Ländern einzuführen braucht. Früher hatten einige Magnaten hier und anderwärts russischen Tee in ziemlich kleinen Mengen zu fast unerschwinglichen Preisen produziert. Der heutige junge rote Direktor war als Zwanzigjähriger nach Ceylon und China ausgewandert und hatte dort gründlich »Teewissenschaft« studiert. Nach der Revolution kehrte er zurück und fing in Batum mit seinen Versuchen an. Er wurde nicht beachtet, oftmals gerügt, verspottet, aber es gelang ihm, sich Respekt zu erzwingen. Er drang, wie so viele, die in der Union wahre Pionierarbeit geleistet hatten, erst nach langer Zeit bis zur höchsten Sowjetspitze vor, und nun werde es anders. Heute ist der Inhaber des Lenin-Ordens, und Stalin persönlich – erzählt man – soll ihm jegliche Unterstützung zugesagt haben. Der gedrungen gebaute Mensch mit dem runden fest gebauten Kopf und dem immer lächelnden Mongolen-Gesicht sah nicht aus, als

sei er verbittert. Im Gegenteil, er schien äußerst zufrieden
und stolz zu sein. Er führte uns durch den auffallend sauberen Raum, wo die Tee-Maschinen, große ständig rotierende
blitzblanke Bottiche, stehen. Sieben davon waren englisches
Fabrikat.
»Aber hier, die drei, sind schon Sowjeterzeugnis«, sagte der
Direktor stolz: »Sie arbeiten besser und billiger.« Es roch
etwas heuig in den ganzen Räumen. Wir kamen in die Dörr-Abteilung, stiegen hinauf auf einen Boden, wo Windmaschinen die dürren Blätter durch große Schachtlöcher wehen,
kamen in die chemischen Experimentier- und Untersuchungsräume, sahen das geräumige, nagelneue Klubheim der Teearbeiter – ein weiter Saal mit großen Fenstern und weißgedeckten Tischen. Überall Farbe, überall Blumen und die
Bilder der Sowjetführer.
Zum Schluß lud uns der Direktor in seinem Arbeitsraum
zum Tee und erzählte von seinem bewegten Leben. Viele
Dichter hätten schon angekündigt über unsere »Tee-Arbeit«
zu schreiben, meinte er, aber keiner habe es wahr gemacht
[71].
Wir verzehrten das schneeweiße Gebäck, und der starke Tee
schmeckte uns herrlich. Doch als wir ins Hotel zurückkamen,
zeigte sich was sehr Seltsames. Plivier und seine Frau, Adam
und seine Frau und eine Russin klagten auf einmal über
starke Schwindelgefühle, über Kopfweh und Appetitlosigkeit. Sie waren, wie wir erfuhren, »teekrank« geworden.
Und noch am Abend, als wir das Schiff, die »Armenia«, bestiegen, hatten diese schrecklichen Wirkungen nicht aufgehört. Bald beugte sich Plivier, bald Adam, bald die Frauen,
bald alle vier zugleich über das Schiffsgeländer.
Es regnete in Strömen, als der Dampfer in See stach. Die
schwarze Nacht stand undurchdringlich über dem bewegten
Meer. Merkwürdig viel zerlumpte Gestalten hatten sich auf
dem Deck zusammengeballt, froren, summten ab und zu
leise Lieder, jammerten, schliefen übereinander und waren
dem unbarmherzigen Regen ausgesetzt. Wir erkundigten uns
und bekamen die Auskunft, daß es Reisende seien, die wohl
in den Massenräumen im Schiffsrumpf unterkommen könnten, aber – sagte uns der Kapitän – »sie wollen nicht«. Das
klang unglaubwürdig. Er zeigte uns denn auch die Massen-

räume. Sie waren dumpf, dunkel und stanken fürchterlich. Nichts als Stroh war auf dem Boden. Der Kapitän und Tretjakow lasen wohl an unseren Blicken, daß uns das alles wenig gefiel. Sie atmeten auf, als der andere Morgen hell und klar über das leicht bewegte Meer strahlte. Mit der Sonne nämlich gewannen die armen Menschen ihren Humor wieder und vertrieben sich und uns die Zeit mit allerhand Musikstückchen, Liedern und sonstigen Kapriolen. Mir wurde aber dennoch nicht wohl, wenn ich diesen krassen Unterschied bemerkte: Wir in komfortablen Kabinen, diese russischen Arbeiter und Bauern zusammengepfercht auf dem Deck. Wir beim Essen im Speisesaal, sie ihr Mitgebrachtes verzehrend. Wir behandelt wie Herren, sie ungern gesehen und eingeschüchtert.

Wir konnten nichts Rechtes über ihre Herkunft und ihr Ziel erfahren. Immer hieß es nur, es seien zum Teil schlechtverdienende Hilfsarbeiter, die möglichst billig eine solche Seereise machen wollten oder wiederum, es seien sozial nicht ganz saubere Menschen.

Jedenfalls waren sie der Schatten unserer Meerfahrt.

Tretjakow bei seinem Besuch in Brünn, Oktober 1935. Von links: Miriam Graf, Gustav Fischer, Oskar Maria Graf, Else Fischer, Sergej Tretjakow.

REISEROUTE NO. 70/W.


Herr Plivier & Fr. Plivier　　　　　　　　　Führer Raevitch
Herr Scharer & Fr. Scharer
Herr Ernstein [Ehrenstein]
Herr Aalberthier [Alberti]
Mme. Leon
Herr Toller
*Herr Graf*
Herr Olden
Herr Tretiakoff & Fr. Tretiakoff


September 15　19.00 Abfahrt nach Kharkow
"　　　　16　12.21 Ankunft in Kharkow
"　　　　16　21.47 Abfahrt nach Rostow
"　　　　17　13.25 Ankunft in Rostow
"　　　　18　22.20 Abfahrt nach Naltschik via Prokhladnaja
"　　　　19　11.00 Ankunft in Prokhladnaja
"　　　　19　11.30 Abfahrt nach Naltschik
"　　　　19　14.47 Ankunft in Naltschik
"　　　　20　Naltschik
"　　　　21　Naltschik
"　　　　22　6.42 Abfahrt nach Prokhladnaja
"　　　　22　8.51 Ankunft in Prokhladnaja
"　　　　22　11.08 Abfahrt nach Baku
"　　　　23　En route
"　　　　24　5.36 Ankunft in Baku
"　　　　25　B a k u
"　　　　26　6.10 Abfahrt nach Tiflis
"　　　　26　20.50 Ankunft in Tiflis
"　　　　27　Tiflis
"　　　　28　23.00 Abfahrt nach Batum
"　　　　29　11.00 Ankunft in Batum
"　　　　29　24.00 Abfahrt nach Jalta
"　　　　30　Schwarzes Meer

| Oktober | 1 | Schwarzes Meer |
|---|---|---|
| „ | 2 | 6.45 Ankunft in Jalta |
| „ | 3 | Jalta |
| „ | 4 | Jalta |
| „ | 5 | Abfahrt nach Sewastopol |
| „ | 6 | 16.22 Abfahrt nach Moskau |
| „ | 7 | En route |
| „ | 8 | 6.12 Ankunft in Moskau |

Bedienungsbüro
(Amiragowa)
Reiserouten-Abteilung
(Sokolowa)
Haupt-Buchhalter
(Kusnetzow)

Abschrift: Kharkow
          Rostow
          Naltschik
          Baku
          Tiflis
          Batum
          Jalta
          Sewastopol

Sergej Tretjakow

ANHANG
BRIEFE SERGEJ TRETJAKOWS AN OSKAR MARIA GRAF

30. III. 35
Lieber Oskar.
Das ist ganz unverständlich, das solch ein starker Mensch wie du, wie ein Nadel verschwinden kann.
Ich will deine tintenstimme hören und einen grossen Brief von dir erhalten.
Hier ist Brecht – leider etwas krank. Seine herkunft ist mir eine grosse freude – ich mag ihn sehr gerne.
Welche Pläne hast du an Sommer [?] Hast du dein Mutterbuch geschrieben? Wo sind die versprochene witzige Novellen über unsere Reise? Wie geht es sonst dir und deiner Frau. Olga lässt Ihnen recht herzlich grüssen.
Ich war mit dem Portrait-buche beinahe fertig. Aber mich riss aus der Arbeit hinaus das Chinesische Theater, mit dem ich mich schon 2 Wochen beschäftige.
Ich liebe sehr diese Kunst und besonders den besten Schauspieler – Mei Lan Fang, der nach Moskau zum Gastspiel gekommen ist.
Also warte ich auf deine Antwort und bleibe immer dem »malenky pusinko« treu.
Besten Gruss von deinem

alten Serjoscha


8. V. 35
Lieber Oskar.
Besten Dank für für deinen Brief und die Photokarten. Sie haben uns gut gefreut und mit deiner Frau bekannt gemacht. Sage (verzeih die tak[t]lose Frage) ist sie nicht das »Fräulein« aus »Wir sind gefangene«?
Ich bin noch immer im lesen dieses Buches, was ich für eine der besten in der Weltliteratur halte. Aber schon fehlt es nur 40 Seiten bis zu Ende.
Die Plivierperiode ist vorbei – sein portrait habe ich beenden – – jetzt ist das blühen der Grafperiode. In 2 Tage

wird dein Portrait auch fertig.
Als du noch in Moskau war, hat man mir erzählt – ich erinnere mich nicht, warst du es oder jemand andere – das du den Namen »Maria« in deine Namen aus Wette hineingesteckt hast. In »Wir sind gef« klingt es aber anders. Was ist richtig?
Unser Haus ist 66 % krank. Tania liegt 1 Monat mit Gallenblasenentzündung, Olga leidet an Stirnhöhle nach einer Grippe. Ich laufe herum wie toll und komme nicht zum Buchschreiben.
Ich habe von Balder die Fahnen des Buches seines Bruders bekommen und einem Zettel, das Olden mir schreiben wird. Etwa zwei Monate sind vorbei und von Balder kein Wort. Vielleicht weisst du was von ihm. Gebe [mir?] bitte die Nachricht.
Olga lässt dich sehr grüssen

Dein Serioscha

P.S. Dein Stern hat sich auf mein Himmelzelt auch nicht gezeigt – macht die bekanntschaft nur [Rest unleserlich]

7. 6. 35

Lieber Oskar.
Endlich erhohle ich mich etwas von dir. Das Grafportrait ist fertig. Es ist 2 druckbogen stark und ich halte es für ein von den besten Kapiteln des Buches. Zurselberzeit fordere ich beim Staatsverlag neue herausgabe »Wir sind Gef [angene]«. Ich schreibe: dieses Buch muss von jeden Sovietjüngling gelesen, um zu wissen, was für furchtbare dunkle Jungeln [Dschungel] ist die kapitalistische Wirklichkeit, und wie schwer es in kapit. [alistischen] umstände einem Kleinbürger den richtigen Weg zu finden ist.
Am Ende erzähle ich die Geschichte eines russischen Soldaten aus Woronjesch, der sich in Einen Bairischen Kulaken verwandelt hat, nicht nur Physisch sondern auch Psychisch. Ich traf ihn neben Augsburg in 1931. Er ist im Buche als kontrast zu dir. Er kommt und erstickt in den Sumpf, von welchem zu herauskletterst.

Also jetzt noch ein Vorwort, und mein Buch geht in Druck. Doch will ich allerdings noch Kisch und Toller hineinschieben – und Weinert, wenn ich ihn sehe. Ohne zu sehen und persönlich zu kennen geht es nicht. Hoffentlich wird es bei dir alles mit Malik klappen. Ich werde hier untersuchen die Möglichkeiten deiner herkunft. Schade nur, das ich diesen Sommer am Schreibtisch angenagelt werde, sonst komme ich bis Winter mit meinem Bücherplan nicht durch.
Hast du Gerüchte gehört, das Balder die Nazis entwenden versuchten? Von Adam höre schon lange nichts. Theodor brachte zu ende sein neues Buch für die kinder. Ich lese es momentan. Brecht ist ab, aber im Herbst will er zurück herkommen. Wolf ist aus Amerika gekomen, frisch, munter, erzählt interessantes.
Also alles Gute. Man liebt dich bei uns sehr. Also wird Olga ihre Zeilen selbst schreiben. Gruss deiner Frau
dein Serioscha

12. Juni 1935 Moskau

Lieber Oskar.
Kannst mir gratulieren – das Portraitbuch ist fertig. Dein und Plivier's bild ist wie man sagt – das beste. Ich bin müde von diesem Buch. Endlich hab ich's doch geschrieben. 4 Jahre. Jetzt komme ich zum Chinabuch und dem Büchlein über dem gestorbenen flieger – der deswegen besonders ist, das in seinem Leben und arbeit nichts besonderes jehmals passierte.
Den 22 Juni feiert das Pionier Sanatorium in Krim (Wo wir Wowka trafen) sein 5jähriges Jubiläum. Die leute da werden sich sehr freuen, wenn du ihnen einen kleinen gruss sendest. Tue das. die adresse ist: Krim. Simeis. Pionier-Sanatorium.
Ich bleibe in Moskau sitzen wegen vieler arbeit. Vielleicht geh ich nur im Juli für einige tage irgendwo in's Land.
Wirst du bei Pariser Kongress teilnehmen? Wenn ja – so schreibe darüber ausführlich.
Ich bin ein guter Propagandist deines Buches »Wir sind Gef...« geworden. Man kriegt eine grosse interesse an es.
Wenn du mit Balder in Verbindung kommst, Grüsse ihn

recht herzlich. Hast du Nachrichten über Misanthrop? Schreibt er etwas?
Olga lässt dich herzlich grüssen.
Man wollte aus dem portrait das episod streichen mit dem stechen durch die hosen im Park. Ich sagte aber – du hast mir erlaubt das zu veröffentlichen. Man dachte – es wird dich beleidigen.

Lebt wohl du und deine Frau

STretjakow


Kislovodsk 21. VIII. 35
Lieber Oskar.
Deinen Brief erhielt ich in Kislovodsk, wo ich mit Olga beim Kur bin und mich recht wohl in der Sonne, Höhenluft und Narsanbädern fühle. Spiele viel Wolley-ball und bin ungefähr 25 Jahre Physisch und 4–5 Psychisch geworden.
Warte neugierig auf deinen Brief mit der Rezension auf das Porträt.
Mit grösster interesse lese ich das Roman »Erfolg« von Feuchtwanger. Das ist das erste, was ich von ihm lese. Es scheint mir, das ich Brecht im Prekl gefunden habe, aber leider sehe ich dich da nicht. Erkläre mir das.
Ich muss aber sagen – deine Gefangene sind feuriger, blutiger und packender. Ich bin doch »Grafist« geblieben.
Mir gefällt bei F. nicht die metode der Statischen definitionen: Wenn er eine Frau »alte Ziege« genannt hat, so wird er immer diese definition wiederholen, als ob er angst hätte, der leser wird das vergessen. Und keine bewegung in der definition. Darum scheint es, als ob die personagen unverendert bleiben und die Süjet-dynamik nur scheinbar ist. Darum fehlt in seinem Roman das Zeitlaufgefühl. Er beschreibt keinen prozess, sondern die »Momente«. Prinzip der »Montage«, obwohl er sehr fein durchgeführt ist, vergiftet das Roman. Nur teilweise »spielt« die Montage – in den Bayrischen Biographien.
Ich möchte gern mit ihm die bekanntschaft machen.
Deine Erinnerungen werden in der I.L. gedruckt. Ich habe

davon einiges für das Porträt geklaut und in die Fassung, das in's Buch geht, hineingetragen. Olga und ich umarmen dich. Gruss deiner Frau.

Immer dein Sergei

17. IX. 1935 Moskau

Liaba Oska.
Dank für dein Brief. Jetzt sind wir in Moskau frisch, munter, stramm, und jetzt wird es tüchtig geschrieben.
Ich bin ein Jäger geworden. Nam Teil in einer Wildschweinejagd in Kabarda. Keinen Ferkel erschossen, aber 2 Stunden gesessen und den Wald gelauscht. Das ist schön. Die Ohren werden wie Augen und die Geräusche versucht man zu lesen wie eine fremde Sprache.
Es freut mich, daß dir mein Aufsatz gefällt und das wir sind jetzt über 2 Graf einig. Viele auszüge aus dem Buche sind unseren Lesern nützlich und interessant, weil sie ja das Buch nicht gelesen haben. Und diese hors d'oevre dienen zum wekken des Apetits auf das Buch.
Bei mir sind noch nur 2 Deine Bücher: »Harte Handel« und »Einer gegen Alle«. Und ich kann auch die [»] Abgrund[«] kriegen. Alles übrige fehlt.
Ich traumte – es wäre schon wenn z. b. . . . . . . . [unleserlich] erzählungen oder witzige miniatüren für unsere presse [z. b. für die satirische Zeitschrift »Krokodil«] schreiben könntest, und so allmählig als bekannter und ständiger Mitarbeiter unserer presse in den Sinn des Lesers einwächsest. Aber die Schwierigkeit ist in dem Honorar, der leider nur in Sowietgeld ausgerechnet sein könnte.
Mochtest du doch für einige Zeit herkommen. Und wann planierst du das? Noch im Winter oder in dem nächsten Sommer? Ich werde mich erkundigen wie es hier in dem Verlag mit deinem Geld steht.
Ich werde feststellen, wo Wowka ist. In Simeis ist er nicht. Da wird ja jede 2 Monate eine neue Kindergruppe eingenommen.
Ich war bei Kalmykoff, und man hat von dir mit grosser Wärme erinnert. Danke dir für deine liebe zu der »1001

Arb.« – dieses büchlein hat hier nur Schimpfe oder Schweigen gehabt.
Olga ist sehr Braun und lachenvoll. Sie läßt dich herzlichst umarmen. Besten Gruss an dir und deine Frau

Dein Serioscha


[Hotel Ambassador Praha] Praha, 6. x. 35
Lieber Oskar.
Also bin ich in deiner Nähe und freue mich sehr, dich zu sehen und zu sprechen. In einer Woche, glaube ich, werden wir Brno besuchen. Schreibe mir in die Hoteladresse. Von Olga habe ich dich einen guten Gruss.
Grüsse deine Frau.

Dein alter Sergei


[Postkarte] 11. x. 35
[Poststempel Praha]
Lieber Oskar.
Wir kommen (wie es aus dem Plan deutet) den 14 x um 1 Uhr und bleiben bis 5 Uhr (d. h. von 13–17 Uhr). Es wird in Brünn mittaggegessen. Also pass auf, das wir uns sehen. Sonst muss ich in die Zelena hinlaufen, was schwierig ist.
Besten Gruss

dein S.


29. x. 1935
Lieber Oskar.
Nachts vor der Abreise habe ich dir abgeschickt 200 Kč in einem brief, das dir von dem Portier übergegeben sein sollt. Ich interessiere mich, ob du das brief und geld erhalten hast. Ich bat dich im Briefe, Olgas Bitte an ein schwarzes gummiregenmantel zu erfüllen und wenn es möglich ist – es mit Pišek oder seine begleiterinnen es nach M. zu schicken. Macht das alles dir nicht Schwierigkeiten?

Dumm, das ich so nach Prag eilte – das ganze tag gestern hat es stürmisch geregnet, und ich sass zu hause oder tropfte von dem Hut auf die Strasse.
Ich will dir die Feldherren schicken, die ich dich bitten werde, dem G. Kroha zu übergeben.
Wenn man mich fragt – was ist das beste in ČS – antworte ich: Brno. Danke dir.
Der »Schwarzen Fräulein« mein galantester handkuss. Ich hab den grössten respekt vor ihr.
Beste Wünsche an Pišek, Fischer, Stern, Kroha. Frau Fischer grüsse gros.
Ich umarme dich. Dein alter S.
Ich bleibe noch 3–4 Tage. Schreibe mir.


Prag 10. XI. 1935
Lieber Oskar.
Danke dir für deine Briefe – du bist ein richtiger Mensch. Und ich muss dir noch was sagen – nach unserem letzten abend habe ich das Gefühl bekommen – du bist mein grosser Freund. Ich habe sie wenig. Olga, Martowizky (der Kolchosleiter), du, vielleicht Jonny (mit dem sind die beziehungen komplizierter – da ist mehr ein sentimentaler liebes und verehrungsgefühl). Ich freue mich – es ist mir gelungen ihm materiell zu helfen.
Leider warst du den 6. [?] XI. nicht zu erreichen. Das war überhaupt etwas toll von meiner Seite, nachmittags nach B. zu fahren, aber das hat getan die erinnerung an unseren abend. Wir haben mit E. F. doch nicht nur zu hause, sondern auch in deinem lokal gesucht. Also: schade. Um 7 Uhr morgens sass ich schon in der Gesandtschaft beim radio und hörte den Roten Platz zu. Das war nützlich: zum ersten mal hörte ich von der Seite unsere Übertragung, zweitens durchprüfte ich die bereitschaft meiner Zöglinge – weil da sprachen die, die ich zu diesem Radiozwek ausgebildet habe. Und das war nicht so gut, wie ich mir denken konnte.
Übermorgen früh (Montag) reise ich ab.
Mit den Einkäufe ist es aus, die Koffern sind 3/4 gepackt. Morgen versuche ich mit einem Tschechisch kennenden

Freund etwas aus Nezval zu übersetzen. Mich hat sehr begeistert eine Montage aus seinen Liedern, die von Burian aufgeführt wird. Er ist auch sehr begabt als Musiker.
Vielleicht kommt es auch dazu, das N. auch irgendwelche meine Sachen übersetzt z. b. die Chinesische Gedichte – das ist sehr rythmisch und, denke ich, macht keine Schwierigkeiten. Ich werde ihm darüber schreiben!
Die Sache, die ich mit dir besprochen habe, entwickeln sich bisher gut. Es muss unbedingt ein Vortrag gehalten, von einem Deutschen über dir gegenseitige befruchtung der ČS und deutschen Kunst. Überhaupt müssen die Vorträge sehr sachlich sein und aufklären die entscheidende linie in der Nationalen Kunst.
A. hat deinen Brief bekommen und wird morgen mit mir darüber sprechen. Interessant ist die Wiesners äusserung – das muss doch ein Feind sein, er hält sich sehr vorsichtig. Stimmt's?
Also küsse von mir das Schwarze Fräulein und reiche mir deine Hand. Sei Freund der Frau Fischer – sie ist ein sehr guter Mensch, aufrichtig, lieb. Mein Brünnkomplex besteht aus ihr dreien. Und ich beweise – meine minderwertigkeitsgedanken waren [?] von Brünn sehr vermindert. Danke. Ich hebe den Finger und sage auch Fi-fi.

                                              Dein Serioscha.


                                           Warschau 12. XI. 1935
Lieber Oskar.
Eine grosse bitte. Ich schicke dir 320 kron und bitte sie Frau Fischer überreichen, die mein Bankier ist und hat mir versprochen zu besorgen Sachen, die ich nicht einkaufen konnte, weil wusste nicht ganz präzise, was der Tanja nötig ist.
Aus Moskau schreibe ich das ganz ausfürlich, und wenn die Möglichkeit besteht, wird sie jemand herbringen. Wenn auch nicht alles herausgegeben wird – habe ich das Geld für mich wenn ich wieder nach ČS komme. Ich schreibe dir um 4 Uhr morgens aus Warschau, absolut ermüdet und kaum die Sprache beherrschend.
Entschuldige mich, das ich dich mit diesen Wirtschaftsfragen

belästige, aber als ich mich jetzt rumgesehen habe, so bemerkte
ich – doch ist nicht alles eingekauft, was man mich gebeten
war, und ich muss diese einkaufsache meinen Freunden übergeben.

Lebe wohl. Schreibe oft und viel. Nimm aus diesem geld für
die Marken – das kostet doch. Ich werde dir auch schreiben,
und sogar recht bald. Meinen Gruss an das Schwarze Fräulein.

Frau F. bringt dir einen Brief von mir. Da ist ein Absatz
falsch. Ich dachte beim ersten blick – Wiesners aussprache sei
feindlich. Jetzt habe ich das nochmal durchgelesen und bin
anderer Meinung.

Also nochmal auf Wiedersehen. Wenn du zu uns kommen
beschliesst – schreibe. Ich werde vorbereiten.

Dein alter Serioscha

25. XI. 35

Lieber Oskar.

Danke bestens für den Brief. Alles geht gut. Ich arbeite
schon – schreibe das Bericht über meine Reise, habe das
Moorsoldatenlied übersetzt, habe den Abend von Ernst
Busch durchgefürt und von ihm ein blitzporträt in die
Pravda geschrieben. Gut?

Warscheinlich hat Pišek verspätet mit der Abreise. Er ist
noch nicht gekommen.

Drei deine Bücher, wie man mir die Auskunft gegeben hat,
sind in der Arbeit – entweder im Satz, noch in der Übersetzung: d. h. Abgrund, harte Handel, einer gegen alle. Die
letzte zwei, wie ich verstanden habe, in Leningrad. So kann
die Summe, die du nennst, stimmen. Ich wusste nur, das du
hier in Moskau beim Staatsverlag etwa 4500 Rb. hast. Das
habe ich auch dir gesagt. Ich bin aber mit dir unzufrieden.
Du schadest dir selbst. Du solltest in deine argumente nicht
die frage von R. Rolland einmischen. Erstens stimmt das
garnicht, zweitens macht das den abscheuligsten eindruck,
weil überhaupt ist der Verlag garnicht verpflichtet, das zu
tun – das ist seine freie Wille. Du erinnerst dich an meine
erzählung, wie die Prager freunde mir dieselbe frage anbe-

treffend die hiesigen deutschen Schriftsteller gestellt haben, und was ich den geantwortet habe. Und wie ich verstand, warst du mit meiner antwort einverstanden. Also musst du doch auch auf dich selbst übertragen. Verzeihe mir, das ich dir das sagen muss.
In diesem Jahre kann man dir nichts mehr schicken. Aber am anfangs nächsten Jahres hat man mir versprochen – man schickt etwas, aber warscheinlich nicht so viel, wie du schon erhalten hast. Ich hoffe, es wird dir doch reichen bis der zeit, wo du – wie du planiertest – zu uns kommen solltest.
Mit deinem letzten roman steht es, wie ich das spüre, nicht besonders günstig. Und nicht nur wegen der Sache das schon 3 deine Bücher in der Arbeit sind, sondern wegen Sachen im Roman, die Wiedersprüche gebähren. Ich werde mich bemühen, dein Manuskript hier aufzusuchen, der Roman durchlesen und dann dir meine meinung sagen. Gut?
An gen. A. kannst du dich selbst ganz frei wenden. Ich habe ihm schon viel von dir erzählt, und dazu noch kennt er selbst dich gut.
Für die erfüllung meiner bitten danke ich dir sehr.
Wenn du in Prag bist, erkundige dich bei Čapek und Olbracht, wie die Sache (lieber gehe sie anstatt zu stehen) und schreibe mir, sonst erhalte ich von keinem keine Nachrichten, interessiere mich aber an der Sache sehr.
Von der nächsten herkunft ist überhaupt kaum was vorzustellen. Teilweise hängt es auch von dem erfolg des beratenen.
Pišek ist noch nicht da. Sicher hat er verspätet mit der abfahrt. Den 8. XII. halte ich einen Vortrag über meine Reiseeindrücke. Warme worte von homo brunnensis sind schon bereit. Was macht das Schwarze Fräulein. Ist es nicht böse auf mich?
Der böseste bin ich selbst – nur jetzt verstehe ich die ganze neurasthenie meiner hetze und rasens, wo ich ganz ruhig konnte in Brno mich auf eine woche aufhalten und bei dir richtig faulenzen zu lernen. Unter einem guten druck von dir hätte ich das getan. Aber woher konntest du wissen, das da ein druck brauchbar ist.
Ernst Busch hat herrlich gesungen den 22. XI. Ich machte das Einleitungswort und habe so viel fehler in meiner hei-

matsprache gemacht, das man mich gefragt hat, wo man mich so verdeutscht hätte.
Also Servus. Besten Gruss an Miriam.

Dein Sergei

17. XII. 35
Lieber Oskar.
Der Brief an Iltis ist abgeschickt. Da habe ich meine Wörterbücher mit Speichel benetzt, um die galanteste formen zu finden und keine fehlern in der deutschen Sprache zu machen. Der kalte schweiss bedeckte mich von der Glatze bis zu den Zähen, als ich am ende bemerkte, das ich Herrn Doktor, anstatt Herrn Professor geschrieben habe. Da habe ich den ganzen Gefühlstonleiter meiner Krankenwärterin verstanden, von der ich dir erzählt habe.
Schade, das du mir nicht früher von den briefmarken geschrieben hast. Ich bin ein schlechter Philatelist, aber nach deinem Brief musste ich feststellen, das diese besondere Jubiläumsmarken sehr schnell weggerafft werden und leider sind mehr nicht zu kriegen. Aber jetzt werde ich aufpassen.
Mein Vortrag über ČSR ist meiner Meinung nicht gelungen – ich hatte die Zeit, nur eine drittel zu erzählen (das war mein fehler und leider war kein strenger Oskar daneben), und besonders schlimm war die Musikübertragung. Aber das publikum behauptete, es wäre doch interessant. Also legen wir das auf's publikums gewissen.
Busch's abend war herrlich. Schade, das aus solchen kleinen Auditorien wie das des Pressehauses werden Rundfunkübertragungen selten vorgenommen. Aber Busch soll abends in dem grossen Sender singen, und er hat mir versprochen, die daten zu geben. Dann benachrichtige ich dich. Zu tun habe ich soviel wie immer und noch mehr. Olga hilft mit tüchtig und ich diktiere oft, obwohl habe eine lust zu faulenzen.
Jetzt was deine Schriftstellerische fragen anbetrifft.
Rollands fall hast du doch nicht richtig genommen. In welcher Presse stand das? In unserer? Das glaube ich nicht. Und das er von dem Staatsverlag das bekommen hat, wo-

von du sprichst stimmt nicht, wie ich dir schon geschrieben habe.
Ich werde mich aber bemühen, alles zu tun, was in meinen Möglichkeiten liegt.
Wie ich mir vorstelle, erscheint dein Buch im Russischen mit gewissen Kürzungen. Welchen habe noch nicht festgestellt, werde aber das tun und bitte dich, meine Nachrichten abzuwarten und vorher keinen Krach machen.
Was aber die deutsche herausgabe anbetrifft – warte ich immer an die Fahnen, um selbst dein Buch durchzulesen und eine Beurteilung herauszukriegen. Vielleicht haben die leute auch recht in principio, aber die sollten gewiss das in anderen d. h. viel schnelleren tempo tun. Ich bin überzeugt, das du nichts gegen änderungen haben wirst, wenn die gründe zu den richtig sind.
Čapek hat mir geschrieben – die lage sei ungünstig und die vorgeschlagene form scheint ihm nicht durchführbar. Ergo es handelt sich um andere mildere formen. Dir ist es aber jetzt näher zu sehen, als mir von meinem Weiten.
Pišek ist immer noch nicht da. Scheint hat ihm die reise nicht geklappt.
In den nächsten tagen rufen wir mit Olga dich zum Fischerstelephon und machen einen Stimmenverkehr. Ich freue mich darüber.
Lieber guten schwarzen Fräulein meine beste Grüsse. Grüsse herzlichs Frau Fischer und alle freunde.
Mit heftigen händedruck dein

                                          Serjoscha

Oljoscha liebt dich sehr und grüsst.
22. XII. Verzeihe, das der Brief so lange nicht abgeschickt war. Ich weiss nicht selbst, wie das geschah. Kann dir eine Neuheit mitteilen – das ist die liquidierung der MORP, das war ein natürlicher Schritt nach der organisierung auf dem Pariser Kongress der Assoziation für die Kulturverteidigung. Jetzt hat unsere Schriftstellerkommission viel mehr zu arbeiten, das anbetrifft mich selbst in erster reihe. Ich habe vorgestern sehr gut beim Majakovskyabend gesprochen, also der Misserfolg der früheren vorträge ist überwunden. Ich gehe Stolz in neuem pullover, und Tanja freut sich der

Kappe. Morgen abend versuchen wir, dich telephonisch zu erreichen. Schade, das Frau Fischer abgereist ist. Schreibe mir über die Vorträge von K. Mann und Ehrenburg – du warst ja der übersetzer. Aus welcher Sprache? Aus Stehgreif?
Drücke dir nochmal die Hand. Dein alter S. T.


16. 1. 36
Lieber Oskar [-chen, -lein]!
Danke sehr für deinen endlich gekommenen Brief. Ich dachte schon – du wärest schreibunfähig geworden.
Also ich war 8 Tage krank. Und die noch mit ihren Füssen nicht zu Ordnung gekommene Oljuscha hat mich geheilt. Jetzt ist bei mir nur eine Stirnhöhle geblieben und bei ihr – eine Wunde. Diese Wunden heilen sich sehr langsam, weil sie direkt auf dem Knochen sind. Das ist aber ein Glück, das sie nicht beide beine gebrochen hat. Sie liebt dich wie immer und sendet dir den besten Gruss und auch einen Knicks.
Freue mich sehr wegen des Geldes. Muss ehrlich sein – das ist die pünktlichste erfüllung des Versprechens, das noch im vorigen Jahre mir gemacht war und brauchte keine Mahnung. Da musst du dem gen. Jonow dankbar sein.
Beiläufig bemerkt: brauchtest du nicht von hier einen postpaket mit lebensmitteln? Man konnte das einrichten – Geld hast du hier genug.
Momentan lese ich deine Dorfbanditen. Gut. Es macht mir lust, die bayrische Sprache zu lesen – sie klingt so saftig.
Ich bin mit meinem ČSbericht fertig. Es ist beinahe 5 bogen stark, und es entsteht ein projekt, daraus ein büchlein zu machen.
Auf den »Abgrund« warte ich immer. Die Signalnummer ist in die Staatsverlag schon eingenommen, aber die ganze auflage wegen technischen Gründen lässt sich noch eine Weile warten.
Von Iltis habe ich einen netten Brief erhalten. Er fragt, was ist mit seinen Materialen, die er in die VOKS abgeschickt hat, entstanden. Folgendes: man wartete von ihm eine enquete, er aber hat hergeschickt einen ganzen wissenschaftlichen Opus, und man weiss nicht, was man damit tut. Das

bleibt aber unter uns. Ich werde ihm meinerseits schreiben.
Ganz eigenartig ist, wie schwer und langsam sich die idee der kulturellen antifaaktion sich dort bei ihnen entwickelt. Die leute wollen nicht [oder können nicht] verstehen, das es die frage ihrer eigenen verteidigung von einer Gefahr, der ihnen droht, ist. Immer ist ein gefühl – es wird geschweikt und werden argumente gesucht, ob man nicht auf ruhigen und inaktiven umwege den ausgang finden kann. Ihnen scheint es, ob jemand möchte sie in eine aktion einziehen, die irgendwelche fremden Ziele verfolgt. Aber das ist ja ihre leib Sache. Man soll ja alle kräfte und die ganze klarheit bei sich selbst mobilisieren. Manöver ist gut, aber er muss auf einer klaren und prinzipiellen grund aufgebaut werden. Den scheint es, das die offiziell-politische leistung und offizielle verteidigung bereitschaft genügt. Aber es ist nicht genug. Die intellektuellen sind zerstreut, auseinandergesetzt – die antifaaktion ist in einem spontanen Zustand, und man will es nicht kristallisieren. Es ist nicht die frage der demonstrierung – es ist die Frage eigener inneren verständigung und erfindung der losungen, die das Zerstreute auf dem basis grossen und einfachen ideen einigen könnte. Dann wird ja auch die kunst sofort ihre publizistische inhalt und Zielbewußtheit erhalten, und das giebt blut und saft in die adern der formellen Versuche. Dann wird richtig jedes Wort und jeder Strich zur Waffe, und nicht nur, sondern zur Waffe die in einer Zeit und in die selbe Zielscheibe schlägt.
Was meinst du darüber?
Wann planierst du herzukommen? Den 21, wie es mir mitgeteilt war muss Ernst Busch abends [9 Uhr ihrer Zeit] seine lieder am Fernsprecher singen.
Umarme das Schwarze Fräulein recht heiss und herzlich in unseren Namen. Grüsse alle Freunde. Drücke dir die Hand –
Dein Serioscha

3. II. 1936

Danke dir vielmals lieber Oskar für dein Brief und für alle medizinische ratschläge. Ich dachte nie, das du so eskulapisch bist. Glücklicher weise war es bei mir mit der Stirn nicht so

arg, und ich behalte deine lieben recepte bis zu der glücklichen Zukunft, wo ich eine richtige Stirnsache bekomme. Diesmal lokalisierte sich alles in den Gitterknochen in dem Nasenwurzel, und jetzt ist es vorbei. So wie auch die Oljuschas Wunden.
Das, was ihr passierte, kommt von der enge unseres hausraumes. Die sachen füllen die Zimmer, liegen auf den hohen regale und Schränke. Wir haben eine hausleiter. Auf die kletterte Olga auf, leiter glitschte auf der diele, und sie viel von grosser höhe mit dem leiter herunter und traf mit den fussknochen direkt auf das querholz. Und nicht nur die füsse waren zerschlagen, sondern noch in vielen Stellen. Aber sie ist immer böse, wenn ich jemanden davon erzähle.
Dein Tolstoivortrag interessiert mich sehr – ich bin überzeugt, du machst daraus etwas erstklassiges. Glückauf.
Vor wenigen tagen habe ich in einem kritischen essay gelesen, das Tolstoi kaum glückliche leute beschrieben hat, mit ausnahme von seinen ersten Sachen [Kindheit, Kosaken].
Von den lebensmittelpakte meinte ich folgendes – jetzt ist es organisiert, das man von hier an die antifaemigrierten Schriftstellern von unsern Schriftstellern solche pakete abgeschickt sein können, und einige sind schon. So meine ich, sind auch die Zollschwierigkeiten überwunden. Wieland kann das dir ausführlich erklären.
Von deinem Konto habe ich noch die Nachricht nicht bekommen, aber es scheint mir, da sollen mehrere tausende sein.
Bald erscheint mein Grafporträt in der deutschen nummer von I. L. Jetzt was die MORP anbetrifft. Die Zeitschrift bleibt wie früher, aber wird ein organ des Schriftstellerverbandes. Die internationale Schriftstellerverbindungsarbeit führt die in Paris gegründete Association der Schriftsteller für die verteidigung der Kultur. Hier unsere teil der arbeit wird von der ausländischen kommission des Sov.Schr.Verb. geführt, wo der Vorsitzender Koltzow ist, dessen vertreter ich und Apletin sind.
Von der Signalnummer der Abgrund muss ich dir sagen, das zwischen dem und der erscheinung der ganzen Auflage oft eine Zeit bis zu einem monat geht, aber das buch ist schon als erschienene gerechnet, und darum trift man in den zei-

tungen informationen über das Buch.
Schreibe mir bitte von H. Meyers Vortrag – ich interessiere mich sehr darüber. Ich habe in meinem bericht ziemlich viel über die Architektur in der ČS geschrieben.
Ich glaube, dieser bericht erscheint deutsch nicht, und er ist ja zu überflächlich, um irgend jemand dort interessieren.
Meine lamentationen über die Antifa hast du nicht verstanden, aber es lohnt nicht, noch zu schreiben – meine Sprachreserven reichen dazu nicht aus. Die Zeitschrift von Vaclavec, Pišek usw. interessiert mich, es wäre gut wenn sie sie mir senden könnten.
Das du vielleicht Mai – Juni herkommst, freut uns beide sehr. Mit Grünberg treffe ich mich vielleicht in Leningrad, wo ich nach zehn tage Vorträge über die ČS halten muss. Deine bitte um das einklebezettel erfülle ich dabei.
Seid bestens von Olga und mir gegrüsst. Drücke dir die hand

Dein Serjoscha

[Beilage zu einem Paket?]
Dem lieben »Malinki pusinko« auf glückliches rauchen und zur befestigung seiner sachlichen propagandafähigkeit. Küsse das Schwarze Fräulein von uns (aber *vor* dem Rauchen). Das ist Olga's forderung, mit wut ausgesprochen. Olioscha und Serioscha

8. II. 36. M.


25. II. 36
Lieber Oskar.
Endlich ein Brief von dir. Tut mir leid, das er nicht vor meiner reise nach Leningrad einkam. Ich bin dahin in solchem krankem Zustand gefahren, das die Sache von gen. Grünberg kam mir garnicht ins Gedächtniss. Ich versuche das aber einzuholen und werde ihr unbedingt schreiben. Komisch, das sie nicht zu meinem Vortrag kam – die afischen waren auf allen Litfassäulen aufgeklebt, mit meinem grossen roten namen. Wenn der Abgrund russisch erscheint, kriege ich ihn sofort und sende dir. Aber das buch ist noch nicht da. Wie

auch mein porträtbuch, von dem man mir verspricht, es in der ersten dekade März herauszubringen. Von der erscheinung dieses buches im Vegaar höre ich zum ersten mal. Ganz falsch klingt auch der titel »am gleichen lagerfeuer« – russisch heiss es »Die Menschen gleichen Scheiterhaufen« (die rede geht um die von den faschisten verbrannten verfasser). Es ist nur im gespräch – die Vegaar wird nach der erscheinung dieses Buch anschauen.

Auch nichts habe ich vom Grafabend gehört. Es scheint mir – jemand stellt mündliche und private projekte als beschlusse vor. Ich hätte gewiss von solchen vorbereitungen gewusst. Morgen werde ich nach dieser Sache nachfragen.

Du hast meine information über die MORP doch nicht verstanden. Sie ist nicht in die Schriftstellerkommission eingegliedert, sondern aufgelöst, weil die funktionen der internationalen schriftstellerverbindungen nach dem Pariser Kongress zu der »Assoziation zur Verteidigung der Kultur« übergegangen ist. Die kommission beschäftigt sich nur mit den fragen der Sowietsektion dieser assoziation, richtiger gesagt, sie ist der vorstand der SU-sektion. Die Zeitschrifte übergehen zu der kommission. Jetzt werde ich mich viel mit der deutschen Zeitschrift beschäftigen, da muss die herausgabe ganz regular werden.

Frau Fischer hat mir geschrieben – du mochtest etwas über die Tolstois äusserungen über Zlin schreiben. Ich habe das nochmal durchgelesen und fand alles in ordnung – er beendet seine äusserungen mit der bemerkung, das diese unternehmung »wie auch Ford in Detroit darstellt den höchsten ultramodernen typ der ausbeutung der muskularen und geistigen energie des menschen«: Er betont die hohe technik und schildert ironisch die »normale« bearbeitung der selben [?]. Insgesamt dasselbe schreibe auch ich in dem N 2 der »Krasnaja Nov«.

In diesem hefte kommt endlich auch sehr viel Brünn (gewiss nur das was ich gesehen habe) – Architektur, Rathaus, Kroha, Iltis, Mendel, Spielberg und Sylvio Pellico, Absalon, antropologisches museum, Mucocha. Ich glaube, das genügt auch dem Allerhand. So viel wie von Brünn habe ich von keiner anderen Stadt geschrieben. In Ogoniok habe ich mit absicht das ausgelassen – ich hasse, zweimal dasselbe material

zu quetschen. Auch die Morava fliesst in der Krassnaja Nov richtig nach Süden und ganz ohne wirkung von Allerhands feulleton. Ich glaube, sie kam in die reihe der flüsse ganz automatisch, weil ja noch sitzete in mir viele kenntnisse ziemlich mechanisch. Allerhand hat mich lustig gemacht – bei ihm kann man nie verstehen was er sagen will – das ich recht oder unrecht habe (ausser Morava). Aber gewiss ist dieser Moravafall sehr klebrig – die leser werden nur das behalten. Und leider giebt es z. b. in der ersten nummer der Kr. Nov einige dumme drückfehler z. b. das die aufstand 1620 – vor 500 Jahre war.
In Ogoniok ist das aber ganz richtig gedruckt.
In der Prager Presse war schon die N 1 von K. N. sehr gut rezensiert. Was über die zweite geschrieben wird, weiss [?] ich nicht – da konnen Unzufriedenheiten entstehen, weil [?] – da kommen – Zlin, Porträte von Menschen (Iltis, Kroha, Čapek, Nezval, Olbracht, Vančura, Laurin, Kisch's haus, Woskovec und Werich, das »Sweiken«, Hašek, Burian). Gewiss können da auch fehler sein, aber ich glaube, das Saldo ist doch positiv.
Diese reportagen erganze ich noch und mache daraus ein buch – solche bücher über die länder gibt es bei uns wenig, und die sind sehr wichtig. Aus Brünn wird da noch Graf zugefügt und auch etwas von meinem vortrag – etwas, weil ich bin dagegen, von mir zu schreiben. Im buche wird Čapek ergänzt und verändert – ich habe seine bücher gelesen, die ich nicht kannte, und er schaut mir etwas anders aus – mehr Čechisch und weniger englisch-snobistisch, als ich es zuerst sah. Ergänzt wird auch Nezval und Sürrealismus, mehr wird von der musik gesprochen. Schade, ich kann mich nicht mehr in die volkskunst vertiefen, die beobachtete ich oberflächlich. Überhaupt, was ist S'lvochen [?] für solch ein Land.
Und doch freut mich, das in unserer literarischen welt werden diese meine Skizzen als das beste, was ich seit 5–6 Jahren geschrieben habe, geschätzt. Die Leute sagen: wir sehen und fühlen ein land, das uns völlig unbekannt war oder von der man uns nur ganz oberflächliche verallgemeinerungen, die zufällige reporter gaben.
Bald erscheint in »30 Dnej« mein bericht über das land der grossen Kunst mit 25 photos. In Smena erscheint photo-

bericht über »Land der kontrasten« mit 12–14 photos. Diese photo bekantmachen, halte ich für sehr wichtig, leider nur sind die photos amtlich, wenig sprechen die von Menschen und ihrer alltagleben. Das ist auch meine Schuld – ich musste mehr knipsen.
Also lassen wir Allehand in Morava sich baden – armer feulletonist muss doch etwas verdienen.
Es tut mir sehr leid, das die Lebensmittelpakete nicht glatt gehen. Das ist aber nicht unsere Schuld. Das haben die leute bei ihnen schlecht organisiert. Wollen wir doch denken, das wird sich regeln. – Wie war es bei deinem Tolstoivortrag? Grosse interesse? Grosse angriffe? Interessante gegenideen? Ist überhaupt jetzt dort die Tolstoifrage brennend?
Erzähle mir von Prag. Du hast dort gewiss vieles gesehen.
Mit der Gesundheit ist gut, obwohl herum die Grippe ist. Olga ist lustig, und deine aufträge sind erfüllt. Also punkt mit dir, und ich dir einen glockenklingenden Kuss gebend, übergehe zu der, die heiss[t] Liebe, nette Myriam.
Du hast richtig mit eigenem blut deinen brief geschrieben. So kann nur ein vierhändiger schreiben, in jeder hand eine andere bleistift haltend. Der erfolg unseren baby's freut mich sehr. Vielleicht ist das gerade eine toreseröffnung, aber kein schluss. Doch ich weiss – pessimismus passt sehr gut an deine Schwarze haare und feurige augen. Ich fühle Schauer vor Oskars Kneifen, muss aber mir vorstellen, in welche farben deine wilde rache ihn ausgemalt hat. Wenn aber nicht, so umarme ich dich heroisch und decke mit eigenem knochenhaften leib als verteidiger von diesen fetten bayrischen angriffe. Wir magere vereinigen uns und unsere widerstandskraft verkörpert sich in babys, die wie die Igel stechend sind. Küsse dich nur in einer tintenfarbe, aber ganz kleksenmässig. Das ist aber auf einem Schwarzen Fräulein nicht sichtbar.

Dein Sergei

22. V. 1936

Lieber Oskar.
Schlimmer als die Neuropathen sind nur die Neurotherapeuten. Als ich nervenkrank wurde, kam ich zu einem, und er

verschrieb mir – »unbedingt keinen Senf zu essen«. Vielleicht dachte er, es sei mir so wie so genug bitter. Dann war er ein guter Mensch.
Ich habe dich solange nicht gehört und nicht beantwortet, das wenn ich deinen letzten brief anschaue, sehe ich, das alle neuheiten und dringende fragen ganz vertrocknet sind.
Ich bin eben aus dem lande zurück, wo man an dich gerne erinnert, d. h. aus Kabarda. Dieses land blüht auf riesenschnell und vollblutig. Besonders schön ist die aufgewachsene Jugend. Die 17jährige Bilja aus dem dorf Psygansù ist in einem Wettbewerb mit der berühmten Demtschenko. Sie kämpft für 40 zentner weizen und 100 zentner mais ernte von einem hektar. Das ist riesig. Und dazu ist sie die iniziatorin der Voroschiloff-reiterei bei den kabardinischen Mädchen, die nie in der Geschichte selbstständig geritten haben. Und welche schöne Pferde sind da aufgewachsen. Das Pferd, auf dem Toller geritten hat, ist nichts vor den. Ich habe auf dem Kosakenfest einen ganzen zug von neugezüchteten Pferde gesehen. Alle Stuten im lande sind von jeder arbeit befreit. Sie sollen nur gebären. Ein Kabardiner sagte mir: hatten die pferde die Sprache gekannt, kann man sich vorstellen, welch ein dankbrief hätte sie dem genossen Kalmykoff geschrieben.
Ich bin voll mit diesem lande. Den 1. September feiert es sein 15järigen Geburtstag – das wird ein grosser feier sein, und ich sitze jetzt an einem plan dieses feiers. Auch mache ich einen Sondernummer der »USSR im Bau« von diesem lande. Im August will ich dahinfahren für einen Monat. Es ist auch eine perspektive, ein Oper zu schreiben zusammen mit einem Komponisten, der schon seit langer zeit viele meine gedichte melodisiert hat, mit dem ich aber nur eben in Kabarda die bekanntschaft gemacht habe. Das fehlte mir nur – das Oper – nicht wa[h]r.
Mein Porträtbuch ist erschienen – das weisst du sicher, und ich schicke dir in den nächsten tagen ein exemplar. Deine Erbe ist in der I. L. erschienen und man will da auch die übersetzung des porträts drucken, aber fordert kürzungen auf 30%. Das verstehe ich nicht zu machen. »Das Wort« will einige Porträts abdrucken. Hoffentlich ohne kürzungen. Wie geht es dir mit deiner arbeit? Wieland hat gesagt – du

kommst nicht her. Ich bedaure das sehr.
Olga hat lange für dich die gewünschte Zigarrenschachtel gesucht, hat aber leider nichts gefunden. Darum bliebst du ohne geschenk. Für Miriam hat sie eine tasse geschickt – das muss ihr Wieland bringen. Ich war dagegen: eine tasse in so ein porzellanland wie die ČS? Unsinn. Aber Olga sagte – Graf ist eine lebendige ausstellung unseren sowietischen leistungen, und die Tasse schien ihr nicht zu schlecht.
Wünsche, das dem Schwarzen Fräulein der thee aus dieser tasse gut schmecke. Drücke dir die hand. Olga lässt sie beide recht herzlich grüssen.
Jetzt nimm dein grosses feder und tippe mir einen Brief.

Dein Sergei


15. VI. 36

Lieber Oskar.
Danke dir sehr für deine langen brief. Ich war schon verzweifelt wegen deinem nichtschreiben und konnte mir nicht vorstellen, woran es entsteht.
Armes Kind, du warst krank und so grausam dazu. Das soll ja ein Martern sein, dieses bohren im ohr. Kondoliere zitternd.
Ich habe mit größter interesse ununterbrochen dein Abgrund abgeschluckt. Ein sehr gutes Buch. Das thème des bonzen und des SPD, der in einen kommunisten sich verwandelt, sind sehr gut erfüllt. Auch die Geschichte der letzten 10 Jahre vor 33 sehr knapp, sachlich und darum behaltsam, in Gegenteil von »Kaiser lief« von Plivier, wo die details zu sehr aufgetürmt sind. Dein buch liegt in meinem kopfe neben Feuchtwangers Erfolg. Deine personen ergänzen seine gallerie, und ich fühle Bayern, wenn ich verstehe, das Hocheg[g]er aus demselben Teig ist, wie Klenk.
Im zweiten teil fand ich zu erst zu viel resonierende passagen bei Josef. Aber endlich komme ich zur entscheidung – anders konnte er sich nicht entwickeln, und die logisch-abstrakte Verhandlungen und Gedanken sind im Geiste der leute dieser art. Ich habe das betont in meinem Buche, als ich von Brechts Umgebung schrieb – die notwendigkeit die-

ser Leute, sich selbst mit einer logischen argumentation zu überzeugen, eher es zu dem rot-front ruf kommt. Dieser Weg von Freiheit zum Rot-Front ist gut, richtig gut gemacht, mit allen haltestellen und umwegen. Ich empfehle dieses buch an allen, die sich mit deutschland interessieren, und überhaupt an alle, die mich fragen, ob es etwas intressantes in der literatur giebt.
Du hast sehr recht, wenn du die frage stellst – es soll in unserer information präzise definition da sein. Also – unser Sowietzentner ist immer 100 Kilo. Wir kennen keinen anderen.
Weizen bei Bilja ist Winterweizen. Man propagiert sehr dünger, die besonders in den Steppengebiete nur die ganz letzte Jahre von der bevölkerung eingeführt werden. Und meistens sind das keine Kunstdünger, weil die produktion von diesen nur im wachsen ist. Da muss man aber betonen, das diese gebiete liegen in sehr unbeständigen klimatischen verhältnissen. Grösste Gefahr ist »Suchovèj« – ein trockner wind vom Kaspischen Meer, der meistens im mai weht und anfang juni, und dann wird die Milchinhalt des jungen kornes ausgesaugt und ausgetrocknet. Günstige Jahre giebt es selten, darum um beständig 40 und mehr Zn. zu haben, braucht man sehr kämpfen. Wasser auf die felder lassen oder umgekehrt, wenn es zu viel regen giebt – zu jäten. Vielleicht ist 40 für bayern nichts besonderes, aber hier war es gewohnlich so, das es 3–4 Jahre kaum 10–12 Zn. die ernte war, und nur das 5te Jahr 20–25 gab. Und das Schätzte man als riesengross. Das kannst du in meinen »feldherren« sehen, wo ich den Jahr 22 im »Kommunistischen Leuchtturm« beschreibe. So siehst du, es ist ein übergangsprozess von extensiver zur intensiver bearbeitung, und die Ziffer bedeutet einen sehr hohen Sprung. Für die Zuckerrübe ist aber diese gegend gar nicht gut – zu trockene Zone.
Die Pferde, von den ich dir schrieb, sind die beste reitpferde. Kabarda ist doch ein Ort, wo die beste pferdezucht getrieben wird. Z. b. donpferde sind gar nicht zu gross, aber die goldene farbe hat mich ganz gereizt.
Die echt Kabardinerpferde sind aber gross und sehr reinrassig, und man kreuzt sie mit den Engländer, wie du es schon gesehen hast.

Oljuscha war sehr froh, als sie las, das die tasse dem Schwarzen Fräulein nicht nur gefallen hat, sondern auch im gebrauch ist. Sie fühlt sich nicht besonders gut, und ich bemühe mich um eine Schnellige abreise [?], um sie aus dem Telephon- und Menschenlärm hinauszuhohlen. Sage ihr aber nichts – Sie verbietet mir strengst, über ihr Unwohl jemandem zu sagen.

Ich planiere, auf das ganze Sommer nach Kabarda zu gehen. Da werde ich mein Chinabuch schreiben – in das ich schon allmählich hineinwachse – weil mein ČS-reportagebuch schon beendigt ist. Auch werde ich in die Nebenrepubliken reisen, um ausser Kabardinischen Sondernummer der »USSR im Bau« noch eine Sondernummer über Nordkaukasus insgesamt zu vorbereiten. Und dazu werde ich helfen in der vorbereitung des Selbstständigkeitsjubiläum. Wenn es noch Zeit und Möglichkeit gibt, werde ich dem armen komponisten in seinen opernqualen helfen. Zahnweh kriege ich dabei nur darum nicht, weil ich keine habe. Aber übrigens hast du recht.

Becher schlägt mir vor, für die I. L. deinen Porträt um eine drittel zu kürzen. Aber das ist mir schwer – endlich ist es ein ganz neues Werk. Das gelingt mir nie. Darum habe ich ihm vorgeschlagen, selbstständig die kürzungen zu machen und danach den resultat mir zu zeigen.

Wie findest du I. L. Ich möchte deine bemerkungen hören. Ich bin in dem Redaktionskollegium und will wissen, was da fehlt.

Deine Zeilen über Gorky wollte ich kopieren und ihm abschicken – das hätte ihn gefreut. Aber kaum kann ich mir vorstellen, das in der jetzigen lage die Zeilen vor seine Augen kommen. Du hast völlig recht. Das ist eine kraft des historischen Masstabs wie Tolstoj, Gogol, Tschechow. Alle heutige sind ihm in bestem falle bis zum Knie. Und ich nehme zusammen den Einfluss als literatur und als Mensch. Schreibe mir, welchen eindruck hat der projekt unseren neuen Konstitution in deiner Umgebung gemacht. So ungefähr wie du seinerzeits die reflexe auf den Vortrag gesammelt hast. Hier wird dieses dokument ganz enthousiastisch aufgenommen, als ein Maturaschein der Oktoberrevolution. Darüber möchte ich dir nochmal schreiben.

Was weisst du von dem Slovakischen Schriftstellerkongress? Waren da auch die deutschen Schriftsteller?
Als ich deine bemerkungen von Pasternak und dichter las, erinnerte ich mich an Mayakovsky's Zeilen, die er vor 17 Jahre geschrieben hat. Verzeihe die – wie ich mir vorstelle – furchtbare übersetzung.

> Wir servieren nicht wie auf einer theeplatte:
> – Fertig. Geniesst die Süssigkeiten mit einem Löffelchen.
> Ruf eines futuristen ist: es möchten die leute da sein,
> die Kunst kommt schon dazu.

Problem der leute, des ausgearbeiteten charakter und sehensart und fühlensart und lebensart – das ist das wichtigste, das übrige kommt schon, wenn dieser Grundsatz richtig ist.
Aber jetzt ist diese Streit schon sehr abgedämpft und überflossen von neuen grossen und interessanten dinge.
Also Schluss. Oljuscha lässt dich und Myriam sehr grüssen. Ich umarme deine korpulenz und flustere in dein armes Öhrchen: Sei gesund Mariechen. Lebe wohl. Schreibe oft. Dichte viel. Trinke wenig. Rauche noch weniger. Bummle lustig. Und verlasse nicht die bemühungen, herzukommen. Gruss an alle freunde.

Dein Serioscha

30. VI. 36

Lieber Oskar.
Ich denke, du verstehst selbst, das du mir diese verspätung mit der Antwort entschuldigen sollst. Es waren schwere Tagen. Ich habe dir geschrieben, das ich dein Zitat an Gorky senden wollte, aber das war schon zu spät, und ich zitierte sie mehrere Male in den vorträgen und auch im mikrophon, am welchem in dem Kolonnensaale (wo du auch bei dem Schriftstellerkongress warst) und am Roten Platz den 19. und 20. mich befindet habe.
Auch sprach ich davon in einem Vortrag, den ich in der deutschen Sprache den 28. Juni gehalten habe. Hast du das alles gehört? Schade wenn nicht.
Der Deutsche Vortrag – das war meine stolz. Er war nicht vorher russisch geschrieben und nachher übersetzt, sondern

deutsch geschrieben (das kostete mir zwei Tage arbeit). Ich schickte ihn ab, abzutippen, und bat auch, wenn etwas nicht deutsch klingt, das zu korrigieren. Man antwortete mir telephonisch – wenige Korrekturen, und ich ganz beruhigt kam an die letzte minute und sah schon dann, wenn es keine Zeit war, zu helfen, sondern auch deine deutsche Sprache repariert wurde.
Komisch. Ich schrieb – »Es spricht Solomona, von der Gorky die Heldin seines romans ›die Mutter‹ geschrieben hat.«
Das heiss – so wie der Maler von jemandem als modell ein Bild macht. Und das wird ersetzt – »Es spricht Solomona, die Heldin des romans ›Die Mutter‹.« Ist das nicht verschieden? Und wenn ich nachher fragte, ob es nicht möglich ist, für meine Gedanke einen equivalenten deutschen Ausdruck zu finden, sagt man mich – »Nein«. Jetzt frage ich dich, ob das stimmt.
Ich schreibe – »Er liegt auf einem Blumenbügel.« Man korrigiert – »Auf einem Bügel voll Blümen.« Mir scheint, es ist nicht dasselbe. Oder doch beherrsche ich noch die Sprache zu schlecht. Ich erzähle dir nur eine Paar beispiele, um deine Meinung zu wissen. Bei dir stand – »Man zittert für sein Leben, wie für das eines Vaters.« Korrektur ... wie für das Leben eines Vaters. Noch sprach ich von dir, als im Schriftstellerhaus eine Versammlung über die neue Auffassung ging. Da nannte [?] ich dich eine lebendige Ausstellung unserer Errungenschaften. Das gehörte zur Frage, das die Feinde über einen agitationstrick schreien. Und ich erklärte, das wenn man gegen agitation schreit, so was tut man mit dir, der wortlos mit den Sachen agitiert.
Hast du das Scheiterhaufenbuch bekommen? Es war dir schon längst abgeschickt. Es war bisher nur eine Rezension auf dieses Buch. Eine gute. Aber ich höre gute Äußerungen über das Buch in dem literarischen Milieu. Und man sagt – es entstehen noch Kritiken. Die Auflage ist schon ausverkauft. Mit größter Freude habe ich die ČS Übersetzung meines »Den Schi Hua's« erhalten von einem Prager in demselben Tag, wo der Glas uns dein Brieflein und auch die Taschentuchblume an Oljuscha brachte. Sie läßt dich sehr danken. Also nochmal ihren großen Gruss. Und Dank an Myriam.
Ich bedaure immer sehr, das du nicht gekommen bist. Mir

fehlt manchmal sehr ein guter, langer, ruhiger, interessanter Gespräch mit dir. Du weisst ja, ich bin doch ziemlich einsames Wesen, was die Freunde anbetrifft. Freunde im Sinne grosser Nähe, innigkeit und gegenseitiger interesse.
Ich bin jetzt in meiner arbeit, wenn nicht deiner Meinung, so deiner einstellung geworden. Es reisst mich nicht zum herumreisen und eindrucksammeln, sondern zum denken, um die grossen umrisse des lebens und des Menschen sich aufzuklären. Eine Vertiefung in den Stoff ist nötig, und Stoff ist da.
Sehr viel denke ich um mein Chinabuch herum. Es sind schon 120 Seiten getippt, aber es scheint mir, das alles wird gestrichen und von neuem aufgeschrieben.
In die nächsten zehn tage will ich nach Kabarda ausreisen, um da einige arbeiten zu vollenden, die mit nordkaukasus verbunden sind, und auch das Chinabuch zu schreiben.
Aber es giebt noch hier zu Moskau einige beschäftigungen, die ich nicht so lassen kann.
Viele Gorky's erinnerungsabende. Und in allen gespräche fühlt man, was für eine kolossale bresche sein Tod gemacht hat. So wie er, arbeitete ja keiner andere mit den literarischen anfänger. Dann äusserte er sich immer über neuerschienene bücher – er las mindestens 12–14 grosse neue bücher pro monat und gab nach dem lesen eine ausführlichste und allseitige kritik. Und dann leitete er ja die ganze arbeit des schaffens, unseren grossen Epos.
»Geschichte des jungen Menschen des xx [?] Jahrhunderts.« »Geschichte der Betriebe.« »Geschichte der Kolchosen und Sowchosen.« Zeitschrifte »Unsere Errungenschaften« und »Almanach des laufenden Jahres«, »Tag der Welt«, »Zwei Fünfjahrpläne«. Alles das sind aufgaben, die eine kollektive arbeit der Schriftsteller fordern, und das verwirklichte sich unter dem einfluss seines kolossalen unvergleichbaren literarischen und persönlichen autoritäts.
In dieser hinsicht braucht die jetzige zeit von allen den Schriftstellern eine besonders aufgespannte, energische und einmütige arbeit.
Wie geht es mit deiner arbeit – mit Tolstoj und mit der Mutter? Was ist mit der deutschen fassung der »Abgrund« [?]

Soweit die I. L. immer noch mit den kürzungen deines Porträts nicht vom Fleck kommt, will ich das dem Wort anbieten. So wie so werden die da eine ganze reihe von porträts aus dem Scheiterhaufenbuch veröffentlichen.

Mit Glas kriegs du Zigarren und auch ein Schachtelchen (Olgas Geschmack und Auswahl), das ich dich an Frau Fischer übergeben bitte. Er sollte am fünften nach Brünn ankommen.

Mein ČS buch liefere ich übermorgen dem Verlag ab. Also in zwei – drei Monate wird das achtundzwanzigste buch erscheinen, die ich geschrieben habe. Hoffentlich wird Chinabuch das dreissigste – dann kann man ein Jubiläum feiern. Da möchte ich dir ein gute Glas Slivovice einschenken. Besten Kuss an Myriam von mir und Olga. Sei umarmt von uns beide – du musst ja so dick sein, das man dich überhaupt nur vierhändig umarmen kann.

Lebe wohl. Schreibe oft und viel. Und vergesse nicht das da freunde sind die dich sehr gerne sehen wollen.

Dein Serioscha

7. V. 1937<br>Moskau. Kaljaevskaja. 5 woln. 78

Lieber Oskar.

Grossen dank für deinen brief. Sei nicht böse, das ich mit solcher Verspätung antworte, aber immer ist mir noch das briefschreiben gesundheitswegen nicht zu leicht. Doch hoffentlich im folge der ärztlichen prozeduren komme ich endlich zum normalen tintenfliessen.

Elses krankheit war für mich ganz erschütternd, und auch jetzt bin ich in grosser unruhe über ihr selbstbefinden, obwohl die briefe von besserungen – aber sehr langsamen – sprechen.

Wenn du sie besuchst und sprichst – übermittle ihr meine beste grüsse und wünsche schneller genesung.

Mir haben zwei monate sanatorium gut geholfen und jetzt versuche ich meine arbeit zur . . . . . . [Wort unleserlich] bringen. Die ärzte stritten – nervenerschöpfung, etwas mit den gefässe, komplizierungen der tropischen malaria. Möglich auch,

das alles zusammen. Das schlimmste – sehr geringe muntere arbeitszeit pro tag.
Aber Schluss mit diesen medizingespräche, die mir ganz eckelhaft geworden sind.
Es wird mich sehr freuen, von dir über deine arbeit zu hören. Hast du vorträge gehalten, neue Bücher geschrieben, neue themata für neue Werke sich ausgewählt?
Die Äusserungen der prominenten über deinen Abgrund habe ich mit grosser interesse gelesen und mich gefreut.
Die letzten monate habe ich mich viel mit Feuchtwangers Werke beschäftigt. Besonders interessant war mir Josephus Flavius und Die Söhne. Was haltst du von Erfolg? Wie stehst du überhaupt zu seinen Werke? Er ist ja ein dichter, dessen wert besonders bestritten wird – eine sagen – genial, die andere – schwacher Schriftsteller. Ich will seinen literarischen porträt machen. Warst du mit ihm in München verbunden – ich habe seine person in deinen büchern nicht gefunden.
Wir hatten sehr schönen lustigen und sonnigen maifeier. Die alltägliche kinderfeste auf den geschmückten plätzen der Stadt dauern noch immer, und eine grosse lust ist, diesen Jubel zu hören und zu schauen.
Meinen besten Maigruss dir und Miriam.
Drücke deine hände herzlichst

Dein Sergei

## ZUR EDITION

Oskar Maria Grafs Bericht über seine »Rußlandreise« – so der Arbeitstitel – ist Fragment geblieben. Das maschinenschriftliche Manuskript bricht mit der Ankunft der Reisegruppe in Jalta ab. Die letzten Stationen – Jalta und Sebastopol –, die Rückfahrt nach Moskau und die Heimkehr in die Tschechoslowakei werden ebensowenig behandelt wie manche, in einem überlieferten Stichwortverzeichnis notierten Ereignisse und Begegnungen während des übrigen Aufenthalts in der UdSSR.
Der Reisebericht ist eine von Graf in dieser Form nicht zur Veröffentlichung vorgesehene Rohfassung. Trotz mancher stilistischen Mängel wird die Publikation durch die in dem Bericht mitgeteilten Fakten vollauf gerechtfertigt.
Im Typoskript hat Graf handschriftliche Ergänzungen, Korrekturen und Striche angebracht. Diese Änderungen wurden in der vorliegenden Druckfassung berücksichtigt, allerdings nur in Ausnahmefällen – etwa bei stichwortartigen Hinweisen auf einzuschiebende Episoden – besonders kenntlich gemacht. Inhaltlich bedeutende Kürzungen, die die ursprüngliche Aussage oder Tendenz verändern, wurden vom Herausgeber derart revidiert, daß die gestrichenen Passagen in den Anmerkungen wiedergegeben werden. Zur Begründung dieses Verfahrens wird auf das Nachwort verwiesen.
Namensschreibweisen, Interpunktionen und Orthographie wurden stillschweigend vereinheitlicht. Sinngemäße Ergänzungen ausgelassener Worte sind durch eckige Klammern gekennzeichnet worden.
In den ersten drei Abschnitten – »Der in Verwirrung geratene Zivilist«, »Stillvergnügte Eisenbahnunterhaltung«, »Hindernisse« – hat der Herausgeber Kürzungen vorgenommen. Der letzte Abschnitt »Meer und Sonne« wurde gestrichen. Diese Streichungen betreffen Passagen, in denen sich Graf ungemein ausführlich mit Eigenheiten seiner Reisegefährten beschäftigt: etwa mit den Mißhelligkeiten, die Adam Scharrers (von Graf so interpretierte) Ungeschicklichkeit produzierte, oder mit den Kontroversen zwischen ihm und Ernst Toller. Da aus Umfangsgründen Kürzungen geboten waren,

wurden sie an diesen, für den Sachzusammenhang unerheblichen, lediglich die Privatsphäre berührenden Episoden vorgenommen. Mehrere vorliegende Entwürfe zeigen, daß sich Graf über den Anfang des Manuskripts offenbar nicht schlüssig werden konnte. Die alle gleichermaßen unbefriedigenden Einleitungen wurden vom Herausgeber durch den Anfang des (4.) Abschnitts »In der Fremde, da gab's ein Wiedersehn ...« ersetzt.
In dem in den USA entstandenen Aufsatz »Erinnerung an einen vielgeliebten Raunzer«, einem Porträt Adam Scharrers, hat Graf die ersten Abschnitte von »Rußlandreise« stilistisch zum Teil erheblich verbessert. An einigen, nicht besonders gekennzeichneten Stellen wurden diese Korrekturen in die vorliegende Ausgabe übernommen.
Die genannten Kürzungen, die Einfügungen aus »Erinnerung an einen vielgeliebten Raunzer« und die erwähnte Umstellung einer Passage erfolgten im Einverständnis mit Frau Dr. Gisela Graf, New York. Sie hat auch den Titel dieser Ausgabe autorisiert.
Die Briefe Sergej Tretjakows – leider liegen die Briefe Grafs im Graf-Archiv der University of New Hampshire, Durham, nicht vor – werden im Wortlaut und in der originalen Schreibweise wiedergegeben. Lediglich die Interpunktion wurde im Interesse einer besseren Lesbarkeit behutsam den deutschen Regeln angeglichen.
Der Herausgeber dankt Frau Dr. Gisela Graf und den Bibliothekaren der University of New Hampshire für die ihm zuteilgewordene Unterstützung.

HAW

## ANMERKUNGEN ZUM TEXT

1 In »Erinnerung an einen vielgeliebten Raunzer« abgeändert in: »In meiner Seligkeit war ich gewissermaßen schon entrückt, ich befand mich bereits in der großen, riesigen Fremde.«
2 In »Erinnerung an einen vielgeliebten Raunzer« hat Graf die Bemerkung geändert und erweitert: »Einige von Adams Büchern hatte ich in Deutschland und im Exil gelesen, ihn selber lernte ich erst während einiger Besuche in Prag kennen. Er war ein unschematischer, eigener Mensch, und ich mochte ihn vom ersten Augenblick an gern. Immer in Not und Bedrängnis, schrieb er unverdrossen, und wie er an so ein Buch heranging, das war höchst eigentümlich. ›Von meinem Frauenroman hab ich jetzt das vierzehnte und das Schlußkapitel fertig... Das steht. Sobald ich zur Ruh' komm', fang ich an‹, erzählte er einmal. Das interessierte mich ungemein, und nach weiterem Fragen erfuhr ich, daß er stets irgendwelche Kapitel, die scheinbar ganz unabhängig voneinander waren, zum Schluß zusammenmontierte, wie er das nannte. Deswegen vielleicht blieben seine Bücher so unterschiedlich, immer aber blieben sie echt, und es erstaunte, daß die Handlung bei allem Verschweifen ins Detail dennoch den epischen Fluß nicht verlor.«
3 In »Erinnerung an einen vielgeliebten Raunzer« abgeändert in: »... lauter so verdächtige Rote ...«
4 In »Erinnerung an einen vielgeliebten Raunzer« folgt hier: »... zuerst müssen wir noch durch dieses halbfaschistische Pilsudski-Polen, verstehst Du?«
5 Adam Scharrer übersiedelte bei Gelegenheit der Einladung zum Schriftstellerkongreß von seinem Asylland ČSR in die Sowjetunion.
6 In »Erinnerung an einen vielgeliebten Raunzer« folgt hier: »Der meine war längst nicht mehr gültig, stammte noch aus München vom Jahre 1930, und jetzt war ich von der Hitlerregierung ausgebürgert. Adam und seine Frau hatten ein tschechisches Interims-Zertifikat.« Ausgebürgert: Graf war bereits mit Ausbürgerungsliste Nr. 2 vom 24. 3. 1934 der deutschen Staatsangehörigkeit für verlustig erklärt worden.
7 Nordahl Grieg (1902—1943), von dessen Drama »Die Niederlage« Bertolt Brecht Anregungen für »Die Tage der Commune« bezog, war norwegischer Nationalität.
8 Gemeint sind wahrscheinlich die in der Sowjetunion lebenden deutschen Mitglieder des »Bundes proletarisch-revolutionärer Schriftsteller«.

9 In »Erinnerung an einen vielgeliebten Raunzer« folgt hier: »Irgendwie hatten wir doch alle die vage Vorstellung, da drüben in diesem neuen Riesenstaat im Osten gebe es nur schlampig gekleidete Arbeiter mit Mützen, derbstieflige Muschiks und urgesunde, reizlose Frauen mit Kopftüchern.«
10 In »Erinnerung an einen vielgeliebten Raunzer« folgt hier: »... eine verführerische Person ins Coupé, hm, vielleicht, um mir politisch sozusagen auf den Zahn zu fühlen. Im nächsten Augenblick aber sagte ich mir schon wieder: ›O du eingebildeter, kindischer Kerl! Du glaubst wohl, wie wichtig du bist! Ausgerechnet um so einen Pinscher werden sich die Russen kümmern!‹«
11 Siehe S. 39 des Reiseberichts.
12 Pseudonym für Hugo Höppener (1868—1948), Maler und Graphiker.
13 Das Bild, das Graf von Annemarie Schwarzenbach zeichnet, ist zumindest teilweise unzutreffend. Die Schweizer Millionärstochter, das »schwarze Schaf« ihrer Familie, war immerhin bereit, für Klaus Manns Exilzeitschrift »Die Sammlung« nicht unbeträchtliche Beträge beizusteuern.
14 Folgender Passus ist handschriftlich gestrichen: »... die fast ausnahmslos bei Anbruch der Hitlerherrschaft kläglich versagte. Klaus Mann war als einziger dieser Jungen in die Emigration gegangen und stand in der Front der Hitlergegner.« Zu den Jugendfreunden Klaus Manns gehörte W. E. Süskind.
15 Das 1929 erschienene Reisebuch hatten Erika und Klaus Mann gemeinsam geschrieben.
16 Handschriftlich gestrichen: »Im Nachdenken aber war es mir, als hätte Klaus Mann von uns allen es am schwersten, sich zu behaupten und zu entwickeln. Er mußte erst über dieses Erbe hinauswachsen. Seltsam, dieser junge Mensch, den ich nie leiden mochte, wurde mir in diesem Augenblick verständlich und sympathisch. Wie lang wird's dauern, bis er von allen ernstgenommen wird, sagte ich mir.«
17 Pseudonym für Oto Bihalji-Merin.
18 Handschriftlich gestrichen: »Ich bin gänzlich ungläubig!«
19 Heinrich Vogeler (1872—1942) hatte bereits in den zwanziger Jahren die Sowjetunion wiederholt bereist und lebte dort ständig seit 1931. Er starb während der Evakuierung aus Moskau in Kasachstan.
20 Gemeint ist »Wasser, Brot und blaue Bohnen«, ein Zuchthausroman, der 1932 noch in Berlin erschienen war.
21 Reglers Saar-Roman »Im Kreuzfeuer« propagierte, entsprechend der damaligen Politik der KPD, die »Einheitsfront von

unten«, d. h. den Zusammenschluß von Kommunisten und Sozialdemokraten unter Umgehung offizieller Verhandlungen zwischen den Parteiapparaten. Als das Buch erschien, waren im Saargebiet angesichts des Abstimmungskampfs aber bereits solche Verhandlungen erfolgt und es hatte gemeinsame Kundgebungen mit den lokalen Führern von SPD und KPD gegeben. Damit war Reglers Buch von der politischen Entwicklung überholt. Ob es allerdings umgeschrieben worden ist, konnte nicht ermittelt werden. Wegen des Ausgangs der Saarabstimmung am 13. 1. 1935 ist das auch ziemlich unwahrscheinlich.

Die besondere Schärfe in Grafs Ton erklärt sich aber nicht allein aus seiner zweifellos starken Antipathie für Regler, sie dürfte vielmehr auch aus der Genugtuung darüber resultieren, daß er selbst in ähnlicher Situation Änderungen in einem Buch verweigert hat: Die »Herren der deutschen Kominternabteilung« in Moskau hatten Graf nahegelegt, wesentliche Passagen seines Romans »Der Abgrund« zu ändern und umzuschreiben, andernfalls das Buch nicht erscheinen könne. Graf hatte sich geweigert, wie verschiedene Briefe an seinen Freund Kurt Rosenwald belegen.

22 Eigentlich: Marie Kirndörfer. Schwabinger Chansonette.
23 Gemeint ist der wegen des Romans »Levisite oder Der einzig gerechte Krieg« (1925) und des Versbandes »Roter Marsch, Der Leichnam auf dem Thron, Die Bombenflieger« (1925) gegen Johannes R. Becher eingeleitete Hochverratsprozeß. Das von zahlreichen Protesten aus aller Welt begleitete Verfahren wurde nach drei Jahren schließlich eingestellt. (Siehe dazu die Dokumentation in dem Band »Aktionen — Bekenntnisse — Perspektiven«, Berlin — Weimar 1966, S. 23 ff.)
24 Ursprünglich: ». . . — jetzt freuten wir uns über unsere Freundschaft.«
25 Wieland Herzfelde wuchs zwar im Salzburgischen auf, wurde aber in Weggis (Schweiz) geboren.
26 Handschriftlich gestrichen: »Wie viel, davon zeugt der Brief eines Moskauer Freundes, den ich vor einigen Wochen erhielt. Darin stand der selbstbewußt-spöttische Satz: ›Als Du in grauer Vorzeit bei uns warst . . .‹ Das Leben rast dort. Ein Jahr ist voll wie ein Jahrhundert. Bleiben wir aber doch beim August 34. Gestern hatten wir ein bißchen was vom alltäglichen Moskau gesehen. Die Stadt bot das Bild eines regellosen Nebeneinanders von tiefstem russischem Mittelalter und allerneuester Zeit. Da noch eine alte, enge, winkelige Gasse mit halbzerfallenen, niederen Holzhäusern und einer windschiefen dreitürmigen Kuppelkirche. Aus dem klaffenden Kopfsteinpflaster wucherte Gras.

Ein herrenloser Hund schlich melancholisch umher, hinter einer verstaubten, unverhängten Fensterscheibe tauchte manchmal ein scheues, uraltes Gesicht auf, sonst rührte sich nichts. Und gleich daneben eine breite, vielbelebte modern asphaltierte Avenue mit schattenden Bäumen, in der Mitte lange, lange anlagenähnliche Blumenbeete mit Gehwegen und Ruhebänken. Alte Adelspaläste und neue, zu schnell gebaute Häuserblöcke wechselten auf beiden Seiten. Die Neubauten waren rissig, mitunter zog sich so ein aufgeplatzter Riß in der Frontmauer vom Dach bis zum Boden.«

27 Ursprünglich: »... hatte ich, trotz aller Faszination, dasselbe ...«

28 Ursprünglich: »Diese zweifellos gewaltigen Menschen ...«

29 Gemeint ist die mit Koltzow eng befreundete Maria Greshöner (Ps. Maria Osten), die u. a. bei der Entstehung der von Brecht, Bredel und Feuchtwanger herausgegebenen Literaturzeitschrift »Das Wort« eine wichtige Rolle gespielt hat.

30 Handschriftlich gestrichen: »Wir freundeten uns sehr schnell an.«

31 Ursprünglich: »Ganz gewiß war der Unionskongreß eine imponierende Manifestation des freien Geistes der Welt. Er war eine unvergeßliche, grandiose Aussprache aller Intellektuellen über die wahre Sendung der Dichtung ...«

32 Handschriftlich gestrichen: »Er war diszipliniertes Parteimitglied. ›Die Franzosen können stundenlang quatschen‹, sagte er.«

33 Ursprünglich: »›Naja, Wieland, merkst Du es denn nicht ... Wir sind nicht mehr maßgebend. Deutschland spielt keine Rolle hier. Wir laufen so nebenher mit!‹ sagte ich. Er schaute mir nur stumm in die Augen.«

34 Handschriftlich gestrichen: »... als ich dann in der Folgezeit meine anderen deutschen Kameraden auf der Rednertribüne des Kongresses sah und hörte, mit welchem Brustton, mit welcher Emphase sie mitunter sprachen, da hab' ich — nehmt mir's nicht übel — sehr oft ganz insgeheim schmunzeln müssen. Zugleich aber befiel mich das drängende, bitterliche Gefühl: Uns geht ja Deutschland an! Deutschland, das wir verloren haben! Deutschland, das wieder unser sein muß!«

35 Ursprünglich: »... eine höchst schädliche, anti-intellektuelle ...«

36 Handschriftlich gestrichen: »Er ging mit vollem Recht von der Voraussetzung aus, daß es undialektisch sei, nur hundertprozentige kommunistische Literatur in Massen zu erzeugen und dabei nicht das Beste der bürgerlichen Dichtung zu übernehmen. Er wies auf die weit bessere Qualität der Werke der sogenannten Sympathisierenden hin und forderte, daß man sie wieder zu Worte kommen lassen müsse.«

37 Hier folgt eine handschriftliche Notiz, eine einzuschiebende

Episode betreffend: »Erzählung von dem russischen Analphabeten, der auf einmal 1000 Wörter lesen kann.«
38 Ein Rubeltransfer war nicht gestattet. Honorarüberweisungen ins Ausland waren in der Regel ebenfalls unmöglich. Vgl. dazu die Anmerkungen zum Brief Sergej Tretjakows an Oskar Maria Graf vom 25. XI. 1935.
39 Gestrichen: »Die waren genau so gut. Ich nahm sie auch noch.«
40 Anspielung auf den (im Deutschen) gleichnamigen Roman Ilja Ehrenburgs.
41 Balder Olden, Seltsame Abenteuer eines Dichters. In: Das Neue Tage-Buch, 3. Jg., Nr. 4 v. 26. 1. 1935, S. 94 f.
42 Vgl. auch die völlig anders akzentuierte, deutlich mit dem Mittel nachträglicher Prophetie arbeitende Darstellung in Gustav Reglers Autobiographie »Das Ohr des Malchus« (Köln 1960).
43 Konstantin A. Umanskij (1899?—1945) war von 1936—1940 Botschafter der Sowjetunion in den Vereinigten Staaten, von 1943 bis zu seinem Unfalltode Botschafter seines Landes in Mexiko.
44 Ähnlich erklärt Lion Feuchtwanger — allerdings drei Jahre später — in seinem Reisebericht »Moskau 1937« den Stalinkult, wohingegen ein »Insider« wie Ilja Ehrenburg ganz andere Beobachtungen machte. Vgl. dazu das Nachwort des Herausgebers.
45 Handschriftliche Notiz: »Anders schreiben. Stärker pointieren.«
46 Handschriftlich gestrichen: »Sie kannten wohl die geläufigsten Namen und Werke der Väter unserer mächtigen Literatur, aber wenn man tiefer forschte, erschrak man über ihre Unwissenheit auf diesem Gebiet.«
47 Handschriftlich gestrichen: »Man weiß, daß er sich während der Münchner Räterepublikswochen mutig gehalten hat. Keineswegs aus Feigheit, sondern eben wegen seines überwiegenden Pazifismus, verlangte er damals, als in Dachau gegen den Ansturm der Noskeschen weißen Truppen gekämpft wurde, die Kapitulation Münchens und wies auf das vergebliche Blutvergießen hin.«
48 Handschriftlich gestrichen: »... und keine Konkurrenz mehr fürchtet.«
49 Handschriftliche Notiz, eine einzuschiebende Episode betreffend: »Das mit den Manschettenknöpfen: Platin, damit das Gold verdeckt wird und bescheidener aussieht.«
50 Handschriftliche Notiz: »Anders erzählen. ›Du mußt die Frauen beunruhigen.‹ Erlebnis mit Ludwig Marcuse.« In Grafs Autobiographie »Gelächter von außen« (München 1966) hat Graf die Episode ausführlich dargestellt (S. 356 ff.).
51 Handschriftlicher Zusatz: »Später erfuhr ich, daß er in Ungnade

gefallen sei, sogar verhaftet.« — Babel wurde ein Opfer des stalinistischen Terrors und nach Stalins Tod rehabilitiert.
52 Graf bezieht sich auf den sog. Schutzbundaufstand vom Februar 1934, auf den Versuch der im Republikanischen Schutzbund organisierten österreichischen Arbeiterschaft, mit Waffengewalt ihre Rechte gegen die Provokationen der austrofaschistischen Heimwehren und der hinter ihnen stehenden Regierung Dollfuß zu verteidigen. Der Republikanische Schutzbund wurde nach wenigen Tagen zerschlagen, das zur offenen Diktatur herangereifte Regime Dollfuß richtete Konzentrationslager ein und ließ die Arbeiterführer hinrichten, deren es habhaft werden konnte. Gegen die Entkommenen, unter ihnen die Sozialdemokraten Otto Bauer und Julius Deutsch, richtete die Wiener Regierung Verleumdungen. Bela Kuns Broschüre über den Schutzbundaufstand konnte nicht ermittelt werden. Kun, Anführer der 1919 gescheiterten ungarischen Revolution, lebte im Moskauer Exil, er war in leitender Stellung bei der Komintern tätig. Vermutlich 1937 fiel er dem stalinistischen Terror zum Opfer.
53 Ernst Ottwalt wurde im Herbst 1936 unter der Anschuldigung verhaftet, ein Spion der deutschen Wehrmacht zu sein. Nach Stalins Tod erfolgte die Rehabilitierung des in einem Lager Gestorbenen.
54 Waldemar (Wilis) Knorin war Leiter des Mitteleuropäischen Sekretariats der Komintern. Er wurde ein Opfer des stalinistischen Terrors.
55 Fritz Heckert, Mitglied des ZK und des Politbüros der KPD, starb im April 1936 im Moskauer Exil.
56 Das sowjetische Forschungsschiff »Tscheljuskin« war im Juli 1933 zu einer Arktisfahrt ausgelaufen. Im Verlaufe der Expedition ging das Schiff im Eis unter, die Mannschaft wurde von ihrem provisorischen Lager auf dem Treibeis durch sowjetische Flieger gerettet. Leiter der Tscheljuskin-Expedition, die durch die dramatischen Umstände ihrer Rettung damals weltweites Aufsehen erregte, war Professor Otto Juljewitsch Schmidt.
57 Vermutlich die Intourist-Dolmetscherin, die die Schriftstellergruppe auf der Reise betreute. Die Schlußsätze spielen wahrscheinlich auf einen Vorfall mit Ernst Toller an, den Graf in seinem Toller-Porträt »Der zerstörte Schiller« mitteilt. Danach soll Toller während der Überfahrt übers Schwarze Meer das Fehlen eines Koffers beanstandet haben, in dem sich — angeblich — ein Filmexposé befand. Für den Verlust scheint die Dolmetscherin verantwortlich gemacht worden zu sein, die die Reisegruppe sofort zu verlassen hatte. Lt. Graf soll sich Tollers Kof-

fer später wiedergefunden haben, ohne daß ein Film-Exposé darin enthalten gewesen sei.
58 Siehe S. 161.
59 Ursprünglich: »... hatte dieses Riesenland Europa oft weit überflügelt...«
60 Handschriftlich gestrichen: »Gewissermaßen zwangsmäßig organisiert, etwa so: Das Dorf faßt den Entschluß, der Staat gibt Kredit und liefert Maschinen, die Organisation beginnt. Alles Vieh, alles Gerät, die Grundstücke der einzelnen Bauern werden als Gemeinbesitz erklärt und jeder stellt seine Arbeitskraft dem Ganzen voll zur Verfügung. Aus den Erträgnissen der Ernte und Viehwirtschaft wird ein gesetzlich festgelegter Prozentsatz dem Staat abgeliefert, was übrigbleibt, wird unter den Kolchosmitgliedern aufgeteilt.«
61 Handschriftlich gestrichen: »Nur daß in unseren Schulen Söhne und Töchter begüterter Leute sitzen und tief reaktionär sind! Im Naphta-Institut in Baku aber waren begeisternde junge Proletarier und hatten ihre eigenen politischen Klubs, ihre Heime, ihre Sportplätze.«
62 Handschriftlich gestrichen: »Und da, wo wir herkamen, hieß es immer ›einschränken, opfern, sparen‹. Der Unterschied fiel selbst dem Indifferentesten auf.«
63 Nach aller Wahrscheinlichkeit handelt es sich um Niko Pirosmanischwili, den auch Konstantin Paustowski und Ilja Ehrenburg in ihren Memoiren erwähnen. Ehrenburg: »In den Weinkellern [von Tiflis] jauchzten wir vor den Bildern von Pirosmanischwili, des georgischen Rousseau, eines Autodidakten, der für Schaschlik und Wein die Gewölbe ausmalte. Er war schlicht und pathetisch; die Kunstfertigkeit seiner Komposition, die Sattheit seiner Farben hinterließen einen tiefen Eindruck.« (I. Ehrenburg, Menschen — Jahre — Leben, Bd. 1, Sonderausgabe, München o. J., S. 460.)
64 Gleichwohl wird Balder Olden als Teilnehmer der Exkursion in den folgenden Passagen mehrfach erwähnt — ein Beispiel mehr für die vorläufige Fassung des Textes.
65 Ursprünglich: »... Dinge, so sonderbar und fast unglaublich, daß jeder von uns blitzartig alle Seltsamkeiten, alle Schwierigkeiten, aber auch die ganze bewunderungswürdige Findigkeit des Sowjetsystems gewahr wurde.«
66 Gestrichene Parenthese: »... gestickte Käppchen und — vielleicht erstaunt mancher dogmatische Marxist, vielleicht findet mancher abstrakte Freund der Sowjetunion es unrichtig oder gar erlogen — ja, und Amulette...«
67 Ursprünglich: »Aber als wir endlich auf den großen Festplatz

vor der Kirchenmauer kamen, da verstand so ziemlich jeder von
uns, daß diese die einzig mögliche und richtige Art der Menschengewinnung für das Sowjetsystem war. Hier nämlich, auf
diesem Platz erlebten wir gewissermaßen das Bergvolk in seinem
Urzustand.«

68 Handschriftlich gestrichen: »War ihre Leistung denn nicht gigantisch, wenn man dieses seltsame Land durchreiste, wenn man
einem solchen Gestrüpp von unterschiedlichen Menschenstämmen begegnete, wovon doch jeder mehr oder weniger zurückgeblieben war, wovon jeder noch eine Unmenge uralter, unausrottbarer Bräuche, eingewurzelte Vorurteile und religiöse Fanatismen in sich einschloß?«

69 Handschriftlich gestrichen: »Viele Intellektuelle im Westen
argumentieren, wenn man ihnen den unbezweifelbaren Aufschwung, die gewaltige Industrialisierung dieses ehemaligen
Agrarlandes und die wirkliche sozialistische Lebensgestaltung
der Union vor Augen führt, meist so: ›Ja, das ist weiter nicht
verwunderlich ... Die Russen waren für Menschheitsideen immer besonders empfänglich, und dort war Neuland. Dort konnte
man gleichsam von vorne anfangen mit diesem Experiment, aber
bei uns? ... Bei uns ist doch vieles schon da, was für die Russen
noch absolut neu und unbekannt ist — eine fertige Industrie,
eine überlegene Technik, ein hoher Grad allgemeiner Intelligenz,
der stark zum Kritizismus neigt, kurzum wenig Gläubigkeit
und viel Dekadenz sogar in den untersten Schichten.‹ Ob das nun
zutrifft? Mir will scheinen, als hätten diese Intellektuellen nie
unsere Arbeiter und unsere Bauern — wohlgemerkt, ich meine
jene Mittel- und Kleinbauern etwa meiner Heimat — ganz tief
kennengelernt. Ich habe in der ärgsten Krisenzeit Bauern kennengelernt, die da sagten: ›Ich weiß nicht, jedes Jahr wächst so
ziemlich das Gleiche, und jeder von uns ist doch nicht faul, er
arbeitet und rackert gleich und gleich sein Leben lang — sowas
müßte doch ausreichen dafür, daß alle etwas haben, aber nein,
es wird bloß immer schlechter ... Wir machen doch das nicht.
Die großen Herren müssen's, scheint's, so wollen. Sonst wär
doch keine Not.‹ Und ich werde jene Genossen nie vergessen,
die anno 1932 mit einer Delegation die Sowjetunion bereisten
und nach ihrer Rückkehr in meiner Münchner Wohnung fast
erschüttert ausriefen: ›Jaja, freilich ist da drüben noch viel nicht
in Ordnung, da und dort hapert's noch stark, bald gibts das
nicht, dann wieder das nicht, organisieren ist ihre schwache Seite,
sie sind noch lang nicht soweit wie wir in Deutschland, aber —
Hergott, Oskar! — stell Dir vor, da fährst du nun durch Rußland, und alle Fabrik-Kamine rauchen, überall rührt sich was,

die ganze Luft riecht schier nach Arbeit, und dann kommst du zurück nach Polen, nach Deutschland, da raucht von zehn solchen Kaminen vielleicht einer, es ist wie auf einem Friedhof, überall kriselt's, jeder läßt den Kopf hängen und [hat] Angst vor der Zukunft! Und dabei ist doch bei uns schon alles da, was die Russen noch gar nicht kennen, was sie erst langsam aufbauen müssen, ja, was sie noch gar nicht einmal begreifen! ... Mensch, Oskar, wenn man das bedenkt, wenn man sich ausmalt, daß wir ein Sowjetdeutschland wären, daß uns dieser Staat gehören tät — bei uns müßt's doch das reinste Paradies sein! Unfaßlich, warum die Leute nicht begreifen, daß nur das allein das Glück für jeden ist! Das muß doch zu machen sein! Das kann doch gar nicht anders als gut gehen!‹ Ich kenne viele solche Genossen — alte Menschen, junge Menschen, keineswegs hoch Intellektuelle, keineswegs sogenannte ›fundierte Marxisten‹ sind das, nein, einfach Menschen, die schrecklich leben und unter dem jetzigen unwürdigen Zustand so leiden, daß sie nicht mehr begreifen, wieso und warum der Sozialismus nun bei uns nicht durchzuführen wäre, weshalb man sich — wie einmal eine Genossin zu mir sagte — ›so vor diesem Glück fürchtet‹.«

70 Ganz so zufällig und umstandsbedingt wie Graf es darstellt, kann Oldens Bekenntnis zur Sowjetunion und zum Sozialismus freilich nicht gewesen sein. Davon legt sein Aufsatz »Anno Vierunddreißig in der UdSSR« Zeugnis ab, der im Februar 1938 in der literarischen Monatsschrift »Das Wort« veröffentlicht worden ist. Dieser Aufsatz trägt Bekenntnischarakter und steht im gleichen Tenor wie der von Graf mitgeteilte Trinkspruch.

71 Handschriftlich gestrichen: »Sogleich meldete sich Plivier zur Stelle und handelte aus, daß er im nächsten Sommer hierherreisen, Aufenthalt nehmen werde, um einen Roman vom Batumer Teerevier zu schreiben. ›Hm, das Thema hätte mich gereizt‹, sagte Olden ein wenig resigniert, und ich ärgerte mich. Trotz allen Zuredens aber blieb Plivier der Sieger. Er hat allerdings seine Versprechungen bis heute nicht wahrgemacht. Er pflegte ja überall solche ›soziale Aufträge‹ anzunehmen und hatte ein seltenes Geschick, sich ständig als den für solche Angelegenheiten einzig geeigneten Schriftsteller hinzustellen. In Moskau faßte er seinerzeit den Plan, einen Roman über die Taten der Roten Schwarzmeerflotte zu schreiben, in Baku über den Kampf um das Naphta und hier über den Tee. Sein Vordrängen verstimmte mitunter ein bißchen, aber es war im großen und ganzen doch leidlich mit ihm auszukommen.«

# ANMERKUNGEN ZU DEN BRIEFEN

**30. 3. 1935**
*Herkunft:* Ankunft.
*Mutterbuch:* Das Leben meiner Mutter. Graf begann mit der Arbeit an dem Buch erst 1938 in Brünn und beendete sie 1940 in New York. Es erschien 1940 in englischer Sprache in New York und erst 1947 in der Originalsprache in München.
*Chinesisches Theater:* Angeregt von den Moskauer Aufführungen und besonders beeindruckt von Mei-Lan-Fang, schrieb Brecht den Aufsatz »Verfremdungseffekte in der chinesischen Schauspielkunst«. (Bertolt Brecht, Ges. Werke, Ffm. 1967, Bd. 16, S. 619 ff.)
*Malenky pusinka:* Kleines Kätzchen.

**8. 5. 1935**
*»Fräulein« (später auch Schwarzes Fräulein):* Miriam Graf.
*»Maria«:* Graf nahm den zweiten Vornamen wegen einer Namensverwechslung an.
*Balder:* Balder Olden. Von einem Entführungsversuch Oldens durch die Nazis ist nichts bekannt.
*Die Fahnen des Buches seines Bruders:* Wahrscheinlich handelt es sich um Rudolf Oldens (1885—1940) Buch »Hindenburg oder Der Geist der preußischen Armee«, Paris 1935.

**7. 6. 1935**
*Graf-Porträt:* in deutscher Sprache bis jetzt wahrscheinlich noch nicht erschienen.
*Weinert:* Erich Weinert war 1935 nach verschiedenen Ausweisungsverfahren in westeuropäischen Ländern in die Sowjetunion emigriert.
*Malik:* Der von Wieland Herzfelde geleitete Verlag. In der Sache vgl. Anm. 21 zu Grafs Reisebericht.
*Herkunft:* Vgl. Anm. zum Brief vom 30. 3. 1935.
*Adam:* A. Scharrer.
*Theodor:* Um welches Buch von Plivier es sich hier handeln soll, konnte nicht ermittelt werden. Ein Kinderbuch von ihm ist jedenfalls nicht erschienen. 1937 kündigte Plivier in »Das Wort« eine Jugendbuchfassung des in dem Roman »Das große Abenteuer« (Amsterdam 1936) behandelten Stoffes an; sie sollte in dem Moskauer Verlag Detjgis erscheinen. Wahrscheinlich bezieht sich Tretjakow auf dieses — vermutlich ebenfalls nicht realisierte — Projekt.
*Brecht ist ab:* B. verließ die Sowjetunion Ende Mai 1935. Der geplante zweite Besuch fand nicht statt.

*Wolf:* Friedrich Wolf, der seit Anfang 1934 in Moskau im Exil lebte, hatte 1935 eine USA-Reise unternommen.

12. 6. 1935
*Chinabuch, Büchlein über den gestorbenen Flieger:* Es war nicht zu ermitteln, ob Tretjakow diese Projekte verwirklicht hat. Zum Chinabuch, das nicht mit »Den Schi Hua« zu verwechseln ist, siehe auch den Brief vom 30. 6. 1936.
*Pariser Kongreß:* 1. Internationaler Schriftstellerkongreß zur Verteidigung der Kultur gegen Krieg und Faschismus, Paris 21.—25. 6 1935. Graf nahm daran nicht teil.

21. 8. 1935
*Wolley-boll:* Volley-Ball.
*Prekl:* Feuchtwanger hatte Brecht in der Gestalt des Ingenieurs Kaspar Pröckl porträtiert.
*Erinnerungen:* Wahrscheinlich meint Tretjakow Grafs Erzählung »Das Erbe. Auch ein Stück Autobiographie«. In: Internationale Literatur, Moskau, 6. Jg., 1936, H. 4, S. 16 ff.

17. 9. 1935
*Honorar:* siehe Anm. 38 zum Reisebericht.
*für einige Zeit herkommen:* Graf ist nicht mehr in die Sowjetunion gereist. Er plante zwar im Juni 1935 für den Herbst des gleichen Jahres wieder eine Rußlandreise, doch fehlte das Geld für die Fahrt bis zur Grenze, und überdies hegte Graf Befürchtungen, ob er, angesichts der Verschärfung der Aufenthaltsbedingungen für Emigranten, bei der Rückreise wieder in die Tschechoslowakei eingelassen würde.
*Wowka:* Nicht zu ermitteln. Möglicherweise einer der von Graf erwähnten Besprisornje.
*»1001. Arb.«:* S. T., Tausendundein Arbeitstag, Zürich 1935

29. 10. 1935
*Pišek:* Nicht zu ermitteln.
*Feldherren:* S. T., Feld-Herren. Der Kampf um eine Kollektivwirtschaft, Berlin 1931.
*G.[enosse] Kroha:* Nicht zu ermitteln.
*Fischer, Stern:* Brünner Freunde Oskar Maria Grafs.

10. 11. 1935
*Jonny:* John Heartfield. Interessant, daß T. in diesem Zusammenhang nicht von Brecht spricht.
*E. F.:* Else Fischer, s. Anm. zum Brief v. 29. 10. 1935.

*Roten Platz:* Rundfunkübertragung der Feiern zum Jahrestag der Oktoberrevolution auf dem Roten Platz.
*Nezval:* Vítězlav N. (1900—1958), tschechoslowakischer Schriftsteller, vorw. Lyriker.
*Sache, die ich mit dir besprochen habe:* nicht ermittelt.
*A.:* Möglicherweise Alexander Abusch.
*Wiesner:* nicht zu ermitteln.


25. 11. 1935
*Moorsoldatenlied:* Verfaßt und komponiert von Häftlingen der Konzentrationslager Papenburg-Esterwege und Börgermoor. Wegen seiner mehrdeutigen Schlußstrophe wurde das Lied von der Lagerleitung bald verboten. Im Ausland wurde es vor allem durch Wolfgang Langhoffs Tatsachenbericht »Die Moorsoldaten« (Zürich 1935) bekannt.
*Summe:* Es handelt sich um die Honorare aus Übersetzungen von Grafs Büchern, die — wie erwähnt — in der Regel nicht transferierbar waren und nur in der Sowjetunion verbraucht werden konnten. Ausnahmen wurden nur bei sehr hohen Guthaben gemacht. In solchen Fällen überwies die Sowjetunion Abschlagszahlungen — vierteljährlich 300 Goldrubel. Die nicht davon betroffenen Exilierten scheinen von der Höhe solcher Zahlungen stark übertriebene Vorstellungen gehabt zu haben; Grafs Hinweis auf den in der Sowjetunion viel gelesenen Romain Rolland deutet in diese Richtung. Immerhin hat Sergej Tretjakow auch für Graf solche Zahlungen ermöglicht (siehe Brief v. 16. 1. 1936).
*planiertest:* geplant hast.
*Letzten Roman:* »Der Abgrund«, siehe Anm. 21 zum Reisebericht.
*Genosse A.:* siehe Anm. zum Brief v. 10. 11. 1935
*Čapek:* Karel Č. (1890—1938), seinerzeit angesehenster tschechoslowakischer Schriftsteller, stand in enger Verbindung mit dem ersten Staatspräsidenten der ČSR, T. G. Masaryk.
*Olbracht:* Ivan O. (1882—1952), tschechoslowakischer Schriftsteller.
*Sache:* vermutlich die Aktivierung der nichtkommunistischen tschechoslowakischen Intelligenz zur Mitarbeit in der Internationalen Schriftsteller-Vereinigung zur Verteidigung der Kultur (vgl. den Brief v. 16. 1. 1936).
*Herkunft:* Besuch, Reise.


17. 12. 1935
*Iltis:* Leiter der Volkshochschule Brünn.
*Rollands Fall:* siehe Anm. zum Brief v. 25. 11. 1935.
*Dein Buch:* »Der Abgrund«, siehe Anm. 21 zum Reisebericht.
*MORP:* Internationale Vereinigung Revolutionärer Schriftsteller.

Ihre deutsche Sektion war der Bund proletarisch-revolutionärer Schriftsteller. Siehe auch den Brief vom 25. 2. 1936.
*Vorträge:* Um seinen überaus knappen Etat wenigstens geringfügig aufzubessern, hielt Oskar Maria Graf bei Vorträgen von Schriftstellern in der Brünner Volkshochschule Einleitungsreferate. Von einer Tätigkeit als Übersetzer bei diesen Veranstaltungen ist nichts bekannt.

16. 1. 1936
*Genosse Jonow:* Direktor des Staatsverlags für Schöne Literatur (GIHL), Moskau.
*Signalnummer:* vermutlich Vorausexemplar.
*VOKS:* Allunionsgesellschaft für kulturelle Verbindungen mit dem Ausland.
*Kulturelle Antifa-Aktion:* Die Passage bezieht sich nach aller Wahrscheinlichkeit auf das Stocken der praktischen Arbeit in der vom Pariser Schriftstellerkongreß gegründeten Internationalen Schriftsteller-Vereinigung zur Verteidigung der Kultur.
*geschweikt:* Bedeutung unklar. Tretjakow kann sowohl »geschwiegen« meinen als auch »geschwejkt« — welche Wortbildung er für ein Verhalten à la Schwejk in einem späteren Brief anwendet.
*planierst:* planst.

3. 2. 1936
*Wieland:* W. Herzfelde.
*Graf-Porträt:* In der »Internationalen Literatur« nicht erschienen. Vgl. die Briefe vom 22. 5. und 15. 6. 1936.
*Zeitschrift:* Die »Internationale Literatur« war ursprünglich ein Organ der MORP gewesen.
*Apletin:* Funktionär im Sowjetischen Schriftstellerverband.
*H. Meyer:* Hannes M., Architekt, Mitarbeiter am Bauhaus.
*Zeitschrift:* nicht zu ermitteln.
*Grünberg:* nicht zu ermitteln.

25. 2. 1936
*afischen:* Affichen, Plakate.
*Vegaar:* Verlagsgenossenschaft ausländischer Arbeiter (in der Sowjetunion) mit dem Sitz in Moskau und Leningrad. Vegaar brachte russische Werke in deutscher Übersetzung sowie sehr viele deutschsprachige Autoren, hauptsächlich Exilierte.
*Deutsche Zeitschrift:* die von J. R. Becher geleitete deutsche Ausgabe der »Internationalen Literatur«. Tretjakow war (bis Ende 1935?) Redakteur der russischen Ausgabe der IL und gehörte bis zum Juli 1937 dem der Redaktion beigeordneten Redaktionskomi-

tee für die deutsche Ausgabe an. Im August 1937 verschwand sein Name aus dem Impressum, was auf das Datum seiner Verhaftung schließen läßt.
*Frau Fischer:* siehe Anm. zum Brief v. 29. 10. 1935.
*Zlin:* Sitz des durch seine Ausbeutungsmethoden berüchtigten Bata-Schuhkonzerns.
*Mendel:* Gregor Johann M. (1822—1884), Begründer der modernen Vererbungsforschung; fand 1865 in Brünn bei Kreuzungsversuchen die »Mendelschen Gesetze«.
*Spielberg, Sylvio Pellico:* die Festung auf dem Brünner Spielberg, von Börne als die »Graalsburg reaktionärer Willkür« bezeichnet, diente den Habsburgern jahrhundertelang als Inhaftierungsort vorwiegend für politische Gefangene. Die Sträflinge wurden unter barbarischen Bedingungen »verwahrt«. Zu ihnen zählte der italienischer Dichter Silvio Pellico, der Pandurenoberst Trenck und jener Jean-Baptiste Drouet, der die Flucht Ludwig XVI. aus Frankreich verhindert hatte.
*Absalon, Mucocha, Allerhand:* nicht zu ermitteln.
*Ogoniok:* Sowjetische Zeitschrift.
*Vančura:* Vladislav V. (1891—1942), tschechoslowakischer Schriftsteller, von der deutschen Okkupationsmacht der ČSR ermordet.
*Laurin:* Arne L., tschechoslowakischer Publizist und Diplomat.
*Woskovec und Werich:* Protagonisten einer Prager Kleinbühne, die in den dreißiger Jahren vor allem durch politische Sketches große Popularität besaßen.
*Burian:* Emil František B., Regisseur und Leiter des Prager »Divadlo 34«, einer weit über die Tschechoslowakei hinaus bekannten Experimentierbühne.
*Baby:* Spitzname für Oskar Maria Graf.

22. 5. 1936
*Wettbewerb:* innerhalb der Stachanow-Bewegung zur Erhöhung der Produktion.
*USSR im Bau:* von Tretjakow redigierte deutschsprachige Zeitschrift, die die Aufbauleistungen der Sowjetunion insbesondere im Ausland propagieren sollte.
*Dein Erbe:* siehe Anm. zum Brief v. 12. 6. 1935.
*»Das Wort«:* Die vom Juni 1936 bis März 1939 erschienene literarische Monatsschrift hat keinen Beitrag Tretjakows veröffentlicht.
*Lebendige Ausstellung:* Gemeint sind die Kleidungsstücke, die Graf in der SU von seinen Honoraren gekauft und unter — legaler — Umgehung der Zollbestimmungen nach Brünn mitgebracht hatte.

15. 6. 1936
*»Kaiser lief«:* Gemeint ist Pliviers Roman »Der Kaiser ging, die Generale blieben«, Berlin 1932.
*Hocheg[g]er, Josef:* Gestalten aus Grafs »Der Abgrund«.
*Klenk:* Figur aus Feuchtwangers »Erfolg«.
*Brechts Umgebung:* Tretjakows Brecht-Porträt ist abgedruckt in: S. T., Die Arbeit des Schriftstellers. Hrsg. v. Heiner Boehnke. Reinbek 1972, S. 146 ff.
*Feldherren:* siehe Anm. zum Brief v. 29. 10. 1935.
*neue Konstitution:* die neue Verfassung der Sowjetunion (»Stalin-Verfassung«) wurde in einer großangelegten Agitationskampagne gefeiert.
*Slowakischer Schriftstellerkongreß:* nicht zu ermitteln.


30. 6. 1936
*Schwere Tage:* Maxim Gorki war am 18. 6. 1936 gestorben. Die folgenden Bemerkungen beziehen sich auf die Trauerfeierlichkeiten am Roten Platz.
*neue Auffassung:* Schreibfehler. Gemeint ist »Verfassung«.
*Den Schi Hua:* S. T., Den Schi Hua. Ein junger Chinese erzählt sein Leben. Bio-Interview. Die erste deutsche Ausgabe erschien 1932 in Berlin bei Malik (Ü.: Alfred Kurella). Das Buch ist jetzt wieder greifbar in der Sammlung Luchterhand, Darmstadt 1974 (SL 145).
*Glas:* nicht zu ermitteln.
*»Das Wort«:* siehe Anm. zum Brief v. 22. 5. 1936.


7. 5. 1937
*Else:* Else Fischer, siehe Anm. zum Brief v. 29. 10. 1935.
*Äußerungen der Prominenten:* »Der Abgrund« wurde von Kurt Kersten, Heinrich Mann, Balder Olden und Lion Feuchtwanger in den Exilzeitschriften »Das Neue Tage-Buch«, »Pariser Tageszeitung«, »Die Neue Weltbühne« und »Das Wort« besprochen. Es muß offenbleiben, ob sich Tretjakow auf diese Rezensionen bezieht.
*Josephus Flavius, Die Söhne:* Teile von Feuchtwangers Josephus-Trilogie. Tretjakow dürfte F. bei dessen Moskaubesuch kennengelernt haben.

## NACHWORT

Ein »weiß-blauer« Schriftsteller? Ein bayerischer Heimatdichter? In seiner Autobiographie gibt Oskar Maria Graf recht offen darüber Auskunft, wie er sich dieses Image in den zwanziger Jahren mit List und viel Hintersinn aufgebaut hat. Die ausgelassene Wildheit, das Posieren als »Gaudibursch« der Literatur, die herausfordernd zur Schau getragene Mischung aus Bäurisch-Bodenständigem und Bohemeallüren, die gelegentlichen literarischen Ausflüge ins Derbe und Drastische – diese teils auf den Effekt lauernde und ihn genau berechnende, teils saftige, teils dumpf trotzige Exzentrizität: sie war zum großen Teil eine Selbstinszenierung und sollte Graf gewissermaßen durch die Hintertür Einlaß zur Literatur verschaffen. Ein Auftritt sollte sie sein, nicht mehr. Das Bild Oskar Maria Grafs ist von ihr aber weit nachhaltiger geprägt worden, als ihm selbst lieb gewesen ist.

Auch heute legt ihn die literarische Öffentlichkeit noch weithin auf dieses Bild fest, und in die Nachschlagewerke ist er eingegangen als ein Erzähler des bayerischen Bauernlebens in der Nachfolge von Ludwig Thoma und Georg Queri. Grafs bayerisches Image verstellt indessen den Blick auf große Teile seines Werkes wie auf das Essentielle seiner Persönlichkeit. Tatsächlich wurde zwar sein Ruf durch das »Bayrische Dekameron« und ähnliche Schmankerln begründet, seine Bedeutung beruht jedoch auf Büchern wie dem autobiographischen Roman »Wir sind Gefangene«. Überdies unterliegen die Vorstellungen vom »Heimat- und Provinzschriftsteller« Graf einem groben Mißverständnis – sie verwechseln Heimatliteratur mit idyllischer Folklore. Die von Graf geschilderten Bauern sind davon das genaue Gegenteil. Ganz grell wird da die Rückständigkeit des Dorfes angeleuchtet, das Mißtrauen der Menschen gegen alle Neuerungen und alles Städtische. Das Gleichmaß des dörflichen Lebens entdeckt sich dem Leser zum Gutteil als schwere Arbeit, zum anderen als Enge und Dumpfheit. Die angebliche Dorfgemeinschaft wird zerfetzt von den sozialen Gegensätzen zwischen Groß- und Kleinbauern, Tagelöhnern

und Häuslern, von den Konflikten in den Familien, von Konflikten, bei denen es allemal um ganz konkrete materielle Dinge geht: um das Heiratsgut etwa, oder um die Übergabe des Hofes vom Vater an den Sohn, um die Auswirkungen von Krieg, Inflation und Krise. Da wird hart gearbeitet und zäh gekämpft – »abrackern« ist bezeichnenderweise eines der von Graf am häufigsten verwendeten Worte in diesen Bauerngeschichten und Dorfromanen. Und was Grafs Verhältnis zu Ludwig Thoma angeht, so hat Lion Feuchtwanger in einem Brief an Graf (10. 10. 1937) dazu eine treffende Bemerkung gemacht: »Ich brauche Ihnen nicht zu sagen, daß ich Thoma sehr liebe, vor allem gewisse Kurzgeschichten von ihm, aber es ist meine tiefe Überzeugung, daß unter Ihren Kalendergeschichten einige sind, die das Wesen des bayrischen Menschen unserer Zeit zentraler sehen als Thoma dies tat. Bei Thoma ist bei aller Schärfe des Blicks doch zuviel voreingenommene Liebe. Sie, lieber Oskar Maria Graf, sind bösartiger, was in diesem Fall ein außerordentliches Plus bedeutet.«
Bösartiger? Graf hat gekannt, worüber er schrieb, er hat es am eigenen Leib erfahren. Den Sozialismus habe er nicht von marxistischen Schriftgelehrten lernen müssen, er sei ihm von Kindheit an auf den Rücken geprügelt worden, hat Graf in »Wir sind Gefangene« sinngemäß geschrieben. Der zweite Teil des Satzes ist wörtlich zu nehmen. Graf, der am 22. Juli 1894 in Berg am Starnberger See geboren wurde, war eines von vielen Kindern aus der Ehe eines Bäckermeisters und einer Bauerntochter. Schon als Kind mußte er im väterlichen Betrieb arbeiten, wie das auf dem Lande üblich war und teilweise heute noch ist. Nach dem frühen Tode des Vaters übernahm Grafs ältester Bruder das Geschäft, ein Kommißkopf schlimmster Sorte, der die Backstube nach dem Kasernenhofreglement regierte. Hatte Graf vorher gelegentlich Schläge eingesteckt, so wurde er nun beinahe regelmäßig verprügelt und mißhandelt, oft aus den geringfügigsten Anlässen. Die Züchtigungen sollten Graf den »Eigensinn« austreiben – sie trieben Angst, Unsicherheit, Mißtrauen und Trotz in ihn hinein. Graf hat diese Jahre in dem autobiographischen Roman »Wir sind Gefangene« beschrieben: eine brutale, erniedrigende und entwür-

digende Kindheit, eine scheinbar ausweglose Jugend – wäre da nicht die Literatur gewesen. Sie wurde schon dem Halbwüchsigen zum Fluchtpunkt und zur Therapie, und als er, noch nicht siebzehnjährig, nach einer besonders harten Auseinandersetzung von zu Hause weglief, geschah es mit dem Vorsatz, »Dichter« werden zu wollen.
Die hochfliegenden Träume zerstoben bald. In München, wohin er geflohen war, wurde von seinen ersten literarischen Versuchen kaum etwas gedruckt. Graf arbeitete als Bäckergeselle, verrichtete Gelegenheitsarbeiten in zahllosen anderen Berufen, vagabundierte zeitweise, kurz: er führte das Leben eines Proletarisierten. Durch einen Zufall kam er mit der anarchistischen »Tat«-Gruppe in Berührung und fand so Anschluß an die politisch durchsetzte Münchner Boheme um Erich Mühsam und Franz Jung. Hier lernte er die ersten anarchistischen und sozialistischen Schriften kennen. Gustav Landauers »Aufruf zum Sozialismus« stand am Anfang von Grafs politischem Denken. Indem man aber diese Vokabel hinschreibt, bezweifelt man auch schon, daß sie berechtigt ist. Folgt man der Beschreibung, die er selbst in »Wir sind Gefangene« gegeben hat, so ist für sein damaliges Verhalten wohl eher ein gleichgültiges Sichtreibenlassen in einer ihm gänzlich fremden Welt charakteristisch als ein eigenes Wollen, eine bewußte Auseinandersetzung. Dumpf und willenlos folgte Graf seinen intellektuellen Freunden vom Schlage Franz Jungs, zu denen er, der Bäckergeselle vom Land, teils neidvoll und bewundernd, teils haßerfüllt aufgeschaut haben muß. Der erste Weltkrieg brachte Klarheit in das Verhältnis, wenngleich auf unerwartete Weise. Eine ganze Reihe dieser anarchistischen Intellektuellen verfiel dem Hurra-Patriotismus des Sommers 1914: sie meldeten sich als Kriegsfreiwillige. Der später häufig durchbrechende Anti-Intellektualismus von Graf – auch in diesem Reisebericht spielt er eine Rolle, etwa in den Auseinandersetzungen mit Toller – dürfte in dieser Erfahrung eine seiner stärksten Wurzeln haben. »Wo waren sie alle hin, die mich gelehrt hatten, daß ein Anarchist dem Staat auf keinen Fall dienen darf, daß er vor allem jeden Militär- und Kriegsdienst verweigern muß? ... Eine ungeheure Enttäuschung, Wut, Haß und Ekel vor diesen Schwätzern

erfaßte mich«, kommentierte er die Ereignisse und meinte, auf sein eigenes Verhalten zum »Vaterland« angesprochen: »Die werden mich schon holen. Nachlaufen tu ich ihnen nicht.«
Im Dezember 1914 wurde Graf gemustert, bereits in der Grundausbildung zeigte er sich »renitent« und kam bald an die russische Front. Dort beschloß er, den Krieg für seine Person zu beenden. Mit Dickköpfigkeit und simplizischer Schläue, vor allem aber mit ungeheurer Energie und Willenskraft entzog er sich dem Militärdienst: wegen Befehlsverweigerung mit einem Kriegsgerichtsverfahren bedroht, simulierte er eine Geisteskrankheit und brachte insgesamt vierzehn Monate in Irrenanstalten zu, ehe er (noch während des Krieges) als geheilt, aber militärdienstunfähig entlassen wurde.
Nach München zurückgekehrt, arbeitete Graf, da die »Schriftstellerei« nichts einbrachte, wieder im erlernten Beruf, er betrieb Schwarzhandel, um nicht zu verhungern, schrieb, fand Protektion und beutete sie mit Bauernschläue aus. Die Nachricht von der russischen Februarrevolution gab seinem unklaren politischen Wollen ein Ziel. Er beteiligte sich an den Diskussionsabenden der USPD, agitierte gegen den Krieg und kam vorübergehend in Haft, als er recht naiv versuchte, eine Antikriegs-Broschüre in einer beliebigen Druckerei drucken zu lassen. Neben dieser politischen Aktivität aber lebte Graf beinahe ein zweites Leben – eine schäbige Schieber- und Schmarotzerexistenz.
Die Novemberrevolution und die kurzlebige Räterepublik von München erlebte er als ein gewissermaßen distanziert Beteiligter. Er hatte zwar Zugang zum engsten Kreis der Revolutionäre, nahm als Gast an den Sitzungen der Räte und Komitees im Landtagsgebäude teil, übernahm jedoch keine Funktionen. Nach Niederschlagung der Räterepublik durch die Freikorps und Noske-Truppen entging er dem Mordterror der ersten Stunde, geriet aber in die Mühle der weißen Rachejustiz und wurde verhaftet. Auf Fürsprache von Gönnern ließ man ihn schließlich ohne Verfahren frei. In der Inflationszeit schlug er sich schlecht und recht, vorübergehend als Dramaturg einer Arbeiterbühne, durch; in »Gelächter von außen« berichtet er, in welcher

ebenso mißlichen wie erheiternden Situation er dort den um vier Jahre jüngeren Bertolt Brecht kennengelernt hat. Anfang der zwanziger Jahre wurde Graf als Schriftsteller bekannt — nicht mit seiner expressionistisch eingefärbten Lyrik, die er damals für seine »eigentliche« literarische Leistung hielt, sondern mit seinen Bauerngeschichten, die er als bloße »Unterhaltungsliteratur« sehr geringschätzig beurteilte.
Nach der mit dem Ende der Inflation eingetretenen politischen und ökonomischen Beruhigung ist bis 1932 in fast jedem Jahr mindestens eine Buchpublikation Grafs zu verzeichnen. In diesen Jahren baute er sein eingangs beschriebenes bayerisches Naturburschen-Image auf. Es ist aber auch die Zeit, in der seine politische Aktivität erlahmte. Bevor von diesem Gleichklang der relativ ruhigen politischen »Großwetterlage« mit dem Nachlassen von Grafs politischem Engagement gesprochen werden kann, muß zuerst die Eigenart dieses Engagements kurz beleuchtet werden. Es ist bereits gesagt worden, daß sein politisches Interesse in den Münchner anarchistischen Zirkeln um Mühsam und Landauer geweckt worden ist. Die Erfahrungen des Weltkriegs, der deutschen Revolution und ihrer Niederschlagung, aber auch das Gegenbild der siegreichen Oktoberrevolution haben Graf zum Sozialisten gemacht. Von dieser spätestens 1919 erreichten Position ist er zeitlebens nicht mehr abgegangen. Durch diese Feststellung erübrigt sich freilich keineswegs die Frage nach Art und Richtung von Grafs Sozialismus. Wenn er im vorliegenden Buch den expressionistischen Dichtern den Vorwurf macht, sie hätten sich in der deutschen Revolutionszeit zu viel mit Dostojewski und Tolstoi und zu wenig mit Marx beschäftigt, so muß man die Stelle schon genau lesen, um herausfinden zu können, daß sie auch — und vielleicht vor allem — selbstkritisch gemeint ist. Denn für Grafs Sozialismus hat der Dichter von »Wieviel Erde braucht der Mensch« eine viel unmittelbarere und auch längerwirkende Bedeutung gehabt als der Verfasser des »Kapitals«. Grundlagen des Grafschen Sozialismus waren der seit der Kindheit in ihm lebende tiefe Haß auf allen Zwang und die Sehnsucht nach einer humaneren Ordnung der menschlichen Gesellschaft, das ebenso zähe wie hoffnungsvolle Tasten

nach dem »Neuen«. Wie dieses »Neue« aussehen, auf welchem Wege es erreicht werden sollte, darüber wechselten seine Ansichten, und es ist in diesem Zusammenhang notwendig, noch einmal an Grafs Wort zu erinnern, daß er den Sozialismus nicht von marxistischen Schriftgelehrten habe lernen müssen, daß er ihm vielmehr von Kindheit an auf den Rücken geprügelt worden sei. Neben allem Erschütternden seiner Jugenderlebnisse, deren Summe er hier gewissermaßen zieht, spricht daraus auch eine nicht zu unterschätzende Theoriefeindlichkeit, um nicht zu sagen: ein gewisser Anti-Intellektualismus. Bei aller Lebenserfahrung, so ist man versucht zu antworten, hätte Graf eine größere Vertrautheit mit der Theorie sicher nicht geschadet.
Die Überbewertung der Erfahrung gegenüber der Erkenntnis ist aber – und auch darüber muß man sich klar sein – ihrerseits ein Produkt seines Lebenswegs, des auf lange Zeit schier ausweglosen Hin- und Herirrens eines ganz auf sich gestellten Menschen. Das Amalgam von Unsicherheit und Selbstüberschätzung, von tastendem Suchen und tief sitzenden Minderwertigkeitsgefühlen, das aufzuhellen nicht Sache dieses Nachwortes, sondern nur die einer einfühlsamen Biographie sein kann – diese jahrelange Isolation hat, wie könnte es anders sein, ihre deutlichen Spuren im Denken und im praktischen Verhalten Grafs hinterlassen. Aus der Not machte Graf eine Tugend – mit allen Mängeln, die diesem Verfahren für gewöhnlich anhaften. Aus der Isolation des gesellschaftlichen Außenseiters wuchs der einzelgängerische Rebell, der zwar Partei ergreift, aber keine Bindungen eingeht. Die Inferioritätskomplexe und Enttäuschungen der Jugend wandelten sich gleichermaßen zum Mißtrauen gegen Theorie und Theoretiker und zum Insistieren auf Erfahrung und Instinkt. Das sind – einige – Ursachen, die Grafs politische Praxis so schwankend erscheinen lassen. In seiner Vita haben sie einerseits zu einem starken Geltungstrieb und Aufstiegsstreben in der bürgerlichen Gesellschaft – siehe seine »Imagepflege« –, andererseits zur entschiedenen politischen Parteinahme gegen die Bourgeoisie geführt, in seinem Werk haben sie ein Plädoyer für die revolutionäre Umgestaltung der Gesellschaft, für eine neue Ordnung der menschlichen Verhältnisse (»Der Abgrund«) und einen Lobpreis

der »unbeachteten natürlichen Dinge« (»Das Leben meiner Mutter«) hervorgebracht.
Solche Widersprüche und Schwankungen bestimmten schließlich auch Grafs politisches Verhalten. Seine politische Aktivität nahm in Krisenzeiten zu, und er wurde in eben dem Maße politisch bewußter und kämpferischer, wie die Klassenkonflikte sich zuspitzten, wohingegen er in relativ konfliktfreien Perioden zu einer vergleichsweise privaten, weit weniger engagierten politisch-literarischen Praxis und Theorie zurückschwang ( – soweit von Letzterem bei ihm die Rede sein kann). An seinem Verhalten während des Ersten Weltkriegs und der deutschen Revolution wird das ebenso deutlich wie an seinen Reaktionen auf Wirtschaftskrise und die Übergabe der Macht an den Faschismus in Deutschland sowie an seiner Tätigkeit während des Exils. Der hier zu beobachtende und konkret zu belegende Einfluß der Zeitereignisse auf die politische (und notabene künstlerische) Haltung mag irritierend sein. Er ist aber eine Realität, ja, man darf diese Verhaltensweise, gewisse individuelle Implikationen ab- oder zugerechnet, für eine relativ große Gruppe von Intellektuellen beinahe typisch nennen. Im Falle Grafs gehört freilich auch dazu, daß der in ruhigeren Perioden zu beobachtende Rückzug aus der Aktivität nie eine bestimmte Grenze überschreitet: die zur Gegenrichtung, zum Reaktionären. Auch in solchen Zeitabschnitten hat er an der Solidarität mit den Unterdrückten und Ausgebeuteten festgehalten, auch da blieb er der einzelgängerische, sozialistische Rebell – nur gewissermaßen »im Wartestand«.
Im Herbst 1927 erschien sein Bekenntnisbuch »Wir sind Gefangene«. Es brachte den eigentlichen literarischen Durchbruch und rückte Graf zugleich ins Zentrum politischer Angriffe. Nationalsozialistische Versammlungsredner beschimpften ihn und bedrohten ihn für den Fall des Sieges mit dem Tode. Im Treppenhaus zu seiner Wohnung wurden in der Folge immer öfter kleine Galgen gezeichnet, mit der Bemerkung »Für dich!«. Auf die Veränderung der politischen und ökonomischen Verhältnisse, die der Krise der kapitalistischen Weltwirtschaft in Deutschland folgte, antwortete Graf mit jenem Linksruck, der seinerzeit sehr viele Schriftsteller erfaßte. Er hat freilich auch ihre Irrtümer geteilt.

Daß eine faschistische Diktatur in Deutschland nur von kurzer Dauer sein könne, daß nach ihr der »siegende Kommunismus« das Erbe der alten Ordnung antreten werde: im September 1930 galt ihm das als sicher. Die praktische politische Arbeit – Plakate kleben, Flugblätter verteilen, Reden auf Versammlungen – belehrte ihn aber bald über die verhängnisvolle Schwäche der antifaschistischen Kräfte. Als ihre Hauptursache erkannte er die Uneinigkeit der Arbeiterparteien, und aus ihrer trotz der wachsenden faschistischen Gefahr fortdauernden Gegnerschaft folgerte er, die Katastrophe sei nicht mehr aufzuhalten. Eine zornig-resignative Stimmung trat vorübergehend an die Stelle der Aktivität: »Ja, ich hatte es satt, auch jetzt noch weiter und immer weiter mit anzuhören, wie die Trompetenstöße der linken Versammlungsredner die unheilvolle Luft erschütterten.« Demnach konnte der 30. Januar 1933 für ihn keine große Überraschung sein. Nichtsdestoweniger war Graf, wie fast alle Intellektuellen, nicht auf die Übergabe der Macht an den Faschismus vorbereitet. Als er Mitte Februar 1933, fast zwei Wochen vor dem Reichstagsbrand, auf Einladung der wiener Arbeiterbildungszentrale zu einer Vorlesungstournee nach Österreich reiste, ahnte er nicht, daß dies sein Abschied von Deutschland war. Im Gegenteil war er wie fast die gesamte politische Linke Deutschlands noch immer überzeugt, Hitler (»so ein Fanatiker«) werde sich »höchstens einige Monate lang« an der Macht halten.

Über Grafs Exilvita ist bislang nur relativ wenig bekannt geworden; sie sei deshalb hier etwas breiter dargestellt als die vorangegangenen Lebensabschnitte. Österreich wurde zur ersten Station seines Exils. In Wien bezog er ein kleines Logis. Er lebte von Vorträgen und Lesungen vor Arbeiterbildungsorganisationen, von den Honoraren für Beiträge in der sozialistischen Presse. Aus München erfuhr er, daß in seiner Wohnung Haussuchung gehalten, daß seine Manuskripte und Arbeitsunterlagen, seine Bücher beschlagnahmt worden waren, daß man eigentlich gekommen war, um ihn zu verhaften. In den Tagen der Bücherverbrennung um den 10. Mai 1933 erfuhr er freilich auch, was er ironisch als »die schönste Überraschung« bezeichnet hat: »Laut ›Berliner Börsencourier‹ stehe ich auf der ›weißen Autorenli-

ste‹ des neuen Deutschlands, und alle meine Bücher, mit Ausnahme meines Hauptwerkes ›Wir sind Gefangene‹, werden empfohlen: Ich bin also dazu berufen, einer der Exponenten des ›neuen‹ deutschen Geistes zu sein!« Graf protestierte gegen diese »Empfehlung« am 12. Mai 1933 in der »Arbeiter-Zeitung«, Wien, und in einer Fußnote bat er »alle anständigen Zeitungen« um Nachdruck: der Wunsch wurde in der ganzen Welt erfüllt. Sein Protest schloß mit den Sätzen: »Nach meinem ganzen Leben und nach meinem ganzen Schreiben habe ich das Recht, zu verlangen, daß meine Bücher der reinen Flamme des Scheiterhaufens überantwortet werden und nicht in die blutigen Hände und die verdorbenen Hirne der braunen Mordbanden gelangen. Verbrennt die Werke des deutschen Geistes! Er selber wird unauslöschlich sein wie eure Schmach!« Die Antwort ließ nicht lange auf sich warten. Grafs Bücher wurden in der Aula der Universität München gesondert verbrannt, und bereits mit der zweiten Ausbürgerungsliste vom 24. März 1934 wurde ihm die deutsche Staatsangehörigkeit entzogen.
Im Herbst 1933 trat Graf als einziger Nichtkommunist mit Anna Seghers und dem in Berlin illegal arbeitenden Jan Petersen in die Redaktion der von Wieland Herzfelde in Prag gegründeten literarischen Monatsschrift »Neue Deutsche Blätter« ein. Er zog damit nur die Konsequenz aus seinen in der Endphase der Republik von Weimar gewonnenen Einsichten. Als Hauptursache des faschistischen Sieges hatte er die Spaltung der Arbeiterklasse erkannt und sich bereits in den letzten Monaten der Republik für die Einheitsfront eingesetzt. Im Exil schloß er sich nun der Redaktion der »Neuen Deutschen Blätter« an, der zu diesem Zeitpunkt einzigen literarischen Zeitschrift, die bei aller eindeutigen Ablehnung des Reformismus den Bruderzwist nicht fortsetzte, sondern eine Plattform für einen Neuanfang sein wollte – eine Plattform für die Einheitsfront. Als Redaktionsmitglied der »Neuen Deutschen Blätter« (und nicht als irgendein »Zivilist«, wie er im Reisebericht mit seiner bewährten Technik des Understatement vorzuspiegeln sucht) ist Graf dann im August 1934 zum Ersten Allunionskongreß der Sowjetschriftsteller nach Moskau gefahren.
Zuvor war aber in seinem Asylland Österreich eine ähnliche

Entwicklung eingetreten wie im Deutschland der Präsidialkabinette. Bereits im März 1933 hatte das Kabinett Dollfuß das Parlament ausgeschaltet und das Land faktisch zu einer Notverordnungsdiktatur gemacht. Die starke Sozialistische Partei Österreichs ließ sich samt den von ihr beeinflußten Gewerkschaften in die Defensive drängen. Der offene Bürgerkrieg war nur noch eine Frage der Zeit. Er begann, als der Republikanische Schutzbund, eine bewaffnete Arbeitermiliz, am 12. Februar 1934 einer Provokation der austrofaschistischen Heimwehren, der paramilitärischen Organisation der Gegenseite, mit Waffengewalt zu begegnen suchte. Die Kämpfe endeten nach wenigen Tagen mit der Niederlage des Schutzbundes, mit dem Verbot der Arbeiterparteien und aller ihrer Einrichtungen, mit Standgerichtsurteilen und Konzentrationslagern.
Den deutschen Sozialisten und Kommunisten, die in Österreich Zuflucht gefunden hatten, war damit politisch und materiell der Rückhalt genommen. Sie mußten sich nach einem neuen Asylland umsehen. Graf hat seine zweite Flucht in einem Brief an seinen Freund Kurt Rosenwald (13. 4. 1934) so beschrieben: »Wir wollten ursprünglich [d. h. vor den Bürgerkriegstagen] in Wien bleiben. Plötzlich gab die Regierung in den Kampftagen eine Notverordnung raus, wonach der Schubparagraph vom 3. August 1871 (!!!) wieder in Kraft trete. Vorher, als man [dem Sozialdemokraten] Seitz die Sicherheitsagende genommen hatte, war bereits das Asylrecht für pol. Flüchtlinge automatisch aufgehoben worden, ausgewiesen wären wir also sowieso worden, der Schubparagraph aber schien zu bedeuten, daß man *in die Heimat* abgeschubst wird, und das gab uns den Rest. Also mußten wir eben doch packen und wandern.« Graf und seine Frau flohen, nachdem der Kampf als verloren gelten mußte, in die Tschechoslowakei. In Brünn fanden sie ihr zweites Asyl, das bis zum Frühsommer 1938 währen sollte. Ihre Lebensverhältnisse verschlechterten sich. Bereits in dem eben zitierten Brief findet man die Bemerkung: »Die Honorare [in der ČSR] sind allerdings grauenhaft niedrig! Man verdient 20 bis 100 Kč [100 Kronen = 10 RM] für eine Geschichte und 100 findet man schon viel! In Wien war das auch weit besser.« Solche Klagen wieder-

holen sich in den folgenden Briefen mit einiger Regelmäßigkeit.

Eine andere Sorge kam hinzu. Für seinen Roman »Der Abgrund« fand Graf zunächst keinen Verleger. Im ersten Teil des Buches hatte Graf das Ende der Republik von Weimar behandelt und als seine Hauptursache die Spaltung der Arbeiterklasse ins Zentrum gerückt. Im zweiten Teil setzte er sich mit der Wiederholung der Katastrophe auseinander, deren Augenzeuge er in Österreich geworden war. Grafs Hauptfigur, der junge deutsche Exilierte Joseph Hochegger, löst sich nach dem österreichischen Lehrstück von der Sozialdemokratie und wird Kommunist – dies ein Votum für die damalige KPD-Losung von der Einheitsfront »von unten«. Das Buch war bereits im Sommer 1934 vor der Reise in die Sowjetunion abgeschlossen worden; erschienen ist es erst im Herbst 1936. Zwar hatte Graf mit dem amsterdamer Querido-Verlag einen Vertrag über den Roman geschlossen und auch die üblichen Rentenvorschüsse bezogen, die dieser Exilverlag seinen Autoren zur Sicherung des Lebensunterhalts zahlte. Der Querido-Verlag lehnte das Manuskript indes ab, weil er, wie Graf schreibt, befürchtete, »daß damit nicht nur dieses Buch, sondern seine ganze Produktion in Österreich verboten werden würde. Das könne er im Interesse der ihm anvertrauten emigrierten Autoren nicht wagen.« (Brief v. 15. 5. 1935 an Rosenwald) Zum Ausgleich brachte Querido 1935 den bereits vor der Emigration entstandenen Roman »Der harte Handel«, dessen Manuskript Graf hatte ins Exil retten können. Im November 1934 erwarb Wieland Herzfelde den »Abgrund« für seinen prager Malik-Verlag, doch auch hier stellten sich dem Erscheinen unvorhergesehene Schwierigkeiten entgegen. Aus Gründen der Kostenersparnis ließ Herzfelde einen Teil der Malik-Produktion in einer Druckerei der Verlagsgenossenschaft für ausländische Arbeiter (Vegaar) in der Sowjetunion drucken. Dies war auch bei Grafs »Abgrund« der Fall. Die deutsche Sektion der Komintern, die einen gewissen Einfluß auf Vegaar besaß, erhob nun Einspruch gegen bestimmte Passagen des Romans und verlangte z. T. massive Änderungen, die vorzunehmen Graf ablehnte. Die Angelegenheit zog sich hin. Malik kündigte das Buch zwar an,

mußte sein Erscheinen aber immer wieder hinauszögern. Es ergab sich schließlich das Paradoxon, daß der im Text nicht veränderte Roman zuerst in russischer Sprache im moskauer Staatsverlag für schöne Literatur und erst danach in einer gemeinsamen Ausgabe bei Vegaar und Malik erschien. (Nachdem bestimmte Repräsentanten der KPD – Graf nennt keine Namen – das Buch vor Erscheinen auf die beschriebene Weise zu verändern versucht hatten, setzte nach seinem Erscheinen, das sei der Vollständigkeit halber erwähnt, ein Boykott seitens bestimmter sozialdemokratischer Repräsentanten ein. Dazu Graf am 23. 2. 1937: »Otto Krille leitet im Zürcher ›Volksrecht‹ die Kampagne, hier in Prag Herr Emil Franzel – derzeit ›Volkssozialist‹ – und es ist ihnen tatsächlich gelungen, daß dem Malik-Verlag von allen Schweizer Parteibuchhandlungen ein Brief geschrieben wurde, er solle die gesandten Bücher wieder zurücknehmen, sie stünden wegen rein kommunistischer Tendenz zur Verfügung und auch, weil das in der Schweiz verboten sei!!!! Genau so machen sie's hier. Nette Zustände, was?«)
Lange vor Erscheinen des von Malik immer wieder angekündigten und verschobenen »Abgrund« hatte Graf aber bereits den Roman »Anton Sittinger« beendet, der die Entwicklung eines Postinspektors von 1914 bis 1933 schildert. »Anton Sittinger« ist das vermutlich erste Werk der Exilliteratur, in dem – mit z. T. interessanten Aspekten für die Faschismus-Theorie – ein »Mitläufer« aus den Mittelschichten zur Zentralfigur wurde. So liest man schon im Juni 1935 in Grafs Briefen: »Den [neuen Roman] bot ich nun an und alle Verleger lobten das Manuskript sehr, leider aber sagten sie: ›Von Ihnen kommt sowieso in diesem Herbst ein Buch raus, zwei Bücher in gleicher Zeit verderben das Geschäft.‹ So sitze ich nun da und habe gearbeitet, weiß aber meine Arbeit nicht anzubringen ... Darum ist unsere derzeitige Lage bedenklich und bietet wenig nette Aussichten.« »Anton Sittinger« wurde wiederum von Malik übernommen, erschien aber erst 1937 – dies die Folge der »Abgrund«-Kontroversen. Wenn Graf die Zwischenzeit wirtschaftlich überbrücken konnte, so dankte er das neben gelegentlichen Unterstützungen und Krediten von besser be-

mittelten Freunden vor allem Sergej Tretjakow. Er hat durchgesetzt, daß Graf von sowjetischen Verlagen Abschlagszahlungen aus den eingefrorenen Guthaben für Übersetzungen seiner Werke in der UdSSR überwiesen wurden.
Die politische Haltung Grafs ist durch die Affäre zumindest nicht nach außen sichtbar beeinflußt worden. Im Februar 1937 gehörte er zu den Unterzeichnern eines Aufrufs für eine deutsche Volksfront, im März 1937 druckte »Das Wort« eine Ansprache, die er über und zugunsten der Sowjetunion gehalten hatte, und im November 1937 brachte die »Internationale Literatur« eine Glückwunschadresse zum 20. Jahrestag der Oktoberrevolution. Man befände sich freilich im Irrtum, wenn man daraus schließen wollte, Graf habe mit dem Weg des jungen Joseph Hochegger im »Abgrund« seinen eigenen verschlüsselt dargestellt. Sicherlich hat Graf der KPD nie so nahe gestanden wie in den ersten, den europäischen Jahren seines Exils (auf eine gewisse Distanzierung, die im Jahre 1937 vorübergehend eingetreten ist, wird später noch einzugehen sein). Selbst in dieser Periode ist aber aus der Parteinahme keine Parteibindung geworden. Zudem übertrug er seine Sympathien für die Sowjetunion nicht unbedingt auf westliche kommunistische Parteien, und er setzte beides auch nicht blindlings gleich. Sein Interesse galt dem in der Sowjetunion verkörperten »Neuen«, es galt allen Ansätzen, eine neue gesellschaftliche Ordnung zu verwirklichen. Im spezifisch deutschen Bereich scheint er solche Ansätze von den »alten« Parteiorganisationen nicht mehr erhofft zu haben, dies um so weniger, als sie sich auch im Exil nicht zu einigen vermochten. Weit mehr scheint er von den kleinen sozialistischen Gruppen zwischen den »großen« Parteien erwartet zu haben, die sich meist aus enttäuschten ausgetretenen oder ausgeschlossenen Kommunisten und Sozialdemokraten zusammensetzten. Inwieweit solche Erwartungen realistisch, inwieweit sie illusionär waren, muß hier dahingestellt bleiben. Es gilt lediglich die Tatsache festzuhalten, daß Grafs Sympathie nicht nur der Sowjetunion, sondern auch solchen Gruppen galt, etwa der »Neu-Beginnen«-Gruppe. Als ein Vertreter dieser Gruppe in USA Verbindungen anzuknüpfen suchte, empfahl er ihn seinem inzwischen in New York lebenden Freund Rosen-

wald (Brief v. 23. 2. 1937) mit einer Wärme und Eindringlichkeit, die man sonst bei politischen Dingen in seinen Briefen kaum findet: »Im April – es kann Anfang, Mitte oder Ende sein – wird sich bei Dir ein Mann melden mit einem Empfehlungsbrief von mir. Diesem Manne hilf, wo immer Du kannst, daß er Beziehungen anknüpfen kann, daß er hauptsächlich linke Amerikaner und Deutsche kennen lernt und dementsprechende Vereine etc. ... Du kennst sicher einige nützliche Wege und Quellen. *Die* zeige ihm, dazu verhelfe ihm. Du hilfst damit einer ganz großen Sache, die jetzt noch so klein aussieht und doch einst unsere Zukunft wird. Er ist – um nur noch eines in aller Kürze zu sagen – weder SP noch KP! Du kannst mit ihm völlig offen reden u. wirst viel erfahren ... Behalte vorläufig diese Ankündigung ganz für Dich und sondiere genau und vorsichtig: wir brauchen Sympathie, Verbindungen und materielle Hilfe. Der Mann heißt Paul Hagen.« Nur am Rande sei erwähnt, daß Graf in den USA mindestens bis zum Ende des Krieges mit Hagen (Deckname für Karl Frank) in Verbindung stand.

Der zunehmende Druck des Deutschen Reiches auf die Tschechoslowakei, die Agitation und die sich häufenden Provokationen der rechtsradikalen Sudetendeutschen Partei Konrad Henleins ließ die ČSR für die dort lebenden Exilierten immer unsicherer werden. Graf war zudem noch aus einem besonderen Grund gefährdet: der staatenlos Gewordene besaß noch immer kein Ersatzpapier, auch war ihm (infolge der langsamen Arbeit des Behördenapparats) die endgültige Aufenthaltserlaubnis für die ČSR noch nicht erteilt worden. So bestand immer die Gefahr, daß er ausgewiesen werden konnte. Zeitweise wagte er nicht einmal eine Reise von Brünn nach Prag. In Brünn, so liest man in seinen Briefen, sei er bekannt und werde von der Polizei stillschweigend geduldet – niemand könne aber sagen, was bei einer zufälligen Razzia in Prag geschehe, wo ihn niemand kenne. Dennoch scheint er sich erst nach der Annexion Österreichs (März 1938) intensiv um ein neues Asyl bemüht zu haben. Er wollte zunächst nach Norwegen weiterwandern, um dort ein amerikanisches Visum abzuwarten. Indes verweigerte die norwegische Regierung die Einreise-

erlaubnis, und Graf mußte die Einwanderung in die USA von Brünn aus betreiben. Dank der Unterstützung seiner z. T. schon vor Jahrzehnten nach Amerika ausgewanderten Geschwister erhielt Graf die von so vielen vergeblich begehrten Visa in relativ kurzer Zeit. Bereits im August 1938 war er in New York.
Dort hat er schon bald nach seiner Ankunft starke literaturpolitische Aktivitäten entwickelt. 1935 hatte er die anfangs gehegten Hoffnungen auf einen raschen Zusammenbruch des faschistischen Regimes aufgegeben und von zwei oder drei Jahren gesprochen, die bis zur Heimkehr nach Deutschland noch verstreichen würden. Mit seiner Weiterwanderung in die USA revidierte er auch diese Auffassung stillschweigend. Es stellte sich nun die Frage, ob man die USA tatsächlich noch als Asylland oder doch als Einwanderungsland betrachtete, ob man hier nur bis zum Sturz des Faschismus überwintern oder ob man sich assimilieren wollte. Für Graf kam nur die erste Lösung in Frage, und das war auch der Grund für seine literaturpolitischen Initiativen. Gerade weil er es aus kulturellen wie aus politischen Gründen für eine Notwendigkeit hielt, daß die exilierten Intellektuellen eines Tages nach Deutschland zurückkehrten, sah er auch, daß ihr Zusammenhalt angesichts der veränderten politischen Lage und in der völlig andersartigen amerikanischen Umgebung unbedingt gestärkt werden mußte. Als ein dafür geeignetes Mittel erschien ihm ein Schriftstellerverband, der sich wohl auch auf amerikanische Traditionen stützen, sich ihnen aber nicht unterordnen sollte. Zusammen mit Ferdinand Bruckner und Manfred George suchte Graf im September 1938 die Tätigkeit des Schutzverbandes Deutsch-Amerikanischer Schriftsteller (SDAS) zu beleben, und schon nach wenigen Monaten konnte die aus diesen Bemühungen hervorgegangene German American Writers Association (GAWA) eine beachtliche Mitgliederliste mit 120 Namen präsentieren. Die Bedeutung dessen, was sich hier entwickelte, wird wohl am besten dadurch charakterisiert, daß Thomas Mann das Ehrenpräsidium der von Graf geleiteten GAWA übernahm und Ernst Bloch dem Beirat des Verbandes angehörte. Neben den üblichen Aufgaben eines Schriftstellerverbandes hatte sich die GAWA zwei besondere Ziele gesetzt. Zum

einen wollte sie in den USA intensive antifaschistische Aufklärungsarbeit betreiben, zum zweiten war an eine Kooperation mit den German Departments amerikanischer Universitäten gedacht, um die kulturelle Leistung der deutschen Emigration in den USA stärker bekannt zu machen. Graf hat dem Verband sehr viel Arbeit und Zeit gewidmet, und wenn der GAWA nur relativ wenig Erfolg beschieden war, so lag das nicht an ihm, sondern an den politischen Zeitumständen. Der Verband war überparteilich, und seine Mitglieder repräsentierten alle politischen Richtungen des Exils. Indessen erreichte mit dem deutsch-sowjetischen Nichtangriffsvertrag vom August 1939 der schon vorher zu beobachtende politische Polarisierungsprozeß innerhalb der deutschen Emigration seinen Höhepunkt. Die Organisation war solchen Belastungen nicht gewachsen. Sie überstand zwar den unmittelbaren Anlaß der Kontroversen und Streitigkeiten um einige Monate, stellte aber im Sommer 1940 ihre Tätigkeit ein. Um es mit den Worten Bruno Franks zu sagen: die »Zerklüftung im Verband« war »zu weit fortgeschritten..., um seinen Fortbestand wünschenswert erscheinen zu lassen«. Im gleichen Brief (7. 6. 1940) skizzierte Frank, was die Auflösung für Graf bedeuten mußte: »Daß Ihnen dies schmerzlich ist, lieber Freund, verstehe ich vollkommen. Und zwar aus guten und legitimen Gefühls-Gründen und *keineswegs* aus irgendwelchen politischen Machtgelüsten heraus, von denen ich bei Ihnen nie das Geringste bemerkt habe. Der Verband stellte für Sie eine Art letzter geistiger Heimat dar, und Sie haben ihm Ihre besten Kräfte gewidmet. Darunter macht man nur schweren Herzens einen Strich.« Mit der Auflösung der GAWA war der einzige nennenswerte Versuch gescheitert, die deutschen Exilschriftsteller in den USA zu sammeln und für ihre politische und literarische Aktivität eine gemeinsame Plattform zu schaffen.

Grafs persönliche Lebensumstände hatten sich nach der Übersiedlung in die USA weiter verschlechtert. Gewiß war er der unmittelbaren Lebensgefahr entronnen, doch war damit noch keineswegs geklärt, wovon er nun sein Leben fristen sollte. Schon in den letzten brünner Monaten hatte er sich im wesentlichen von einem Stipendium in Höhe von 30

Dollar monatlich erhalten, das ihm die American Guild for German Cultural Freedom ausgesetzt hatte. Dieses Dreimonatsstipendium wurde nach seiner Ankunft in den USA kurzzeitig verlängert, und es stellte wahrscheinlich die einzige feste Einnahme dar, auf die Graf zunächst rechnen konnte. Wie die meisten deutschen Exilautoren war Graf in den USA ein Unbekannter, und Übersetzungen seiner Bücher ins Amerikanische blieben die Ausnahme. Ein deutschsprachiges Verlagswesen existierte trotz starker deutschstämmiger Minoritäten in den USA nicht, und es konnte auch in der gesamten Exilzeit trotz mehrerer Versuche nicht etabliert werden. Die Deutsch-Amerikaner waren politisch in ihrer Mehrheit reaktionär. Ihre Bewunderung galt bestenfalls den Hohenzollern, schlimmstenfalls Hitler. Als Lesepublikum für die Exilschriftsteller kamen sie kaum in Betracht. Während der ersten Jahre in den USA unternahm Graf Vortragsreisen zu den wenigen fortschrittlichen Oasen inmitten dieser »Sauerkrautdeutschen« (so die Bezeichnung der Exilierten), zu deutschsprachigen Arbeitervereinigungen, Gewerkschaftssektionen, Naturfreundeclubs usw. Sie führten ihn an die gesamte Ostküste und bis in den mittleren Westen. Ihr finanzieller Ertrag war jedoch so gering, daß eine Existenz darauf nicht aufzubauen war. Im Jahr 1940 gelang es ihm, die Übersetzung des in Brünn begonnenen, in den USA beendeten Buches »Das Leben meiner Mutter« bei einem kleinen new yorker Verlag unterzubringen. Auch die an diesen Start geknüpften Hoffnungen erfüllten sich nicht. Trotz guter Kritiken wurde das Buch kaum verkauft, so daß sich Graf sogar selbst um den Vertrieb bemühen mußte. Als der Verlag – der einzige, der an seinen Büchern Interesse gezeigt hatte – in Konkurs ging, ließen sich die Pläne zur Übersetzung anderer Werke nicht mehr realisieren. Graf griff schließlich ein Vorhaben auf, das er in Brünn gelegentlich schon erwogen hatte: den Plan eines Selbstverlages. Damals hatten einige loyale reichsdeutsche Verlage angeboten, Graf möge die Restbestände seiner vor 1933 in Deutschland erschienenen Bücher zu einem niedrigen Preis übernehmen, doch hatte er die ca. 2000 RM nicht aufbringen können, die dafür erforderlich waren. In New York begann Graf nun auf noch wesentlich schmalerer Basis.

Schon bald nach seiner Ankunft hatte er das »Bayrische Dekameron« in deutscher Sprache herausgebracht, ohne die niedrige Auflage ganz verkaufen zu können. Davon nicht entmutigt, bemühte er sich nun erneut, auf dem Wege der Subskription das Erscheinen von »Anton Sittinger« sicherzustellen. Nachdem die in mühseliger Kleinarbeit gesammelten Vorausbestellungen die Deckungsgrenze (450 Exemplare) erreicht hatten, ließ Graf das Buch drucken. Den Versand besorgte er selbst. Die über die Subskription hinaus gedruckten Exemplare vertrieb und verkaufte er nach und nach, d. h., er ging damit in den Emigrantenvierteln und in den deutschsprachigen Lokalen New Yorks hausieren. Es versteht sich, daß mit alledem bei aller Mühe und Anstrengung der Lebensunterhalt nicht zu bestreiten war; auch die gelegentlichen Vorträge und Lesungen bei der Schriftstellervereinigung »Die Tribüne« (ab 1943) und schließlich die Honorare, die der 1944 von Graf mitbegründete Autorenverlag »Aurora« zu zahlen vermochte, erbrachten keinen wesentlichen Beitrag zur Existenzsicherung. Es war vielmehr Mirjam Graf, die auf Jahre hinaus den weit überwiegenden Teil des Budgets erarbeitete. Als ihr Stiefbruder Manfred George 1939 die Leitung des new yorker »Aufbau« übernommen hatte, war sie in die Redaktion bzw. den Verlag der Zeitschrift eingetreten. Bei praktisch kaum begrenzter Arbeitszeit – häufig bis Mitternacht – war die Stelle mit einem Gehalt dotiert, das Graf »einfach lachhaft« nannte: zuerst 22, dann 26 Dollar wöchentlich. Dennoch fielen seine eigenen Einkünfte demgegenüber kaum ins Gewicht. Wie bei vielen anderen Exilierten fand mit der Übersiedlung in die USA auch hier eine Neuverteilung der ökonomischen Rollen zwischen Mann und Frau statt. Während Mirjam Graf für den Lebensunterhalt sorgte, betreute Oskar Maria Graf den Haushalt.

In der winzigen, bereits im Herbst 1938 bezogenen Wohnung an der Hillside Avenue schrieb er neben einer ganzen Reihe von Erzählungen und Essays während des Krieges die Romane »Bansdo«, »Die Eroberung der Welt« und »Unruhe um einen Friedfertigen«. Dieser letztgenannte Roman ist das bedeutendste nicht-autobiographische Werk Grafs. Am Beispiel eines kleinen bayrischen Dorfschusters

verdeutlicht der Verfasser, was Thomans Mann den »Zwang zur Politik« genannt hat: gerade weil der Schuster Kraus sich nie um die Politik gekümmert hat, kümmert sie sich – auf brutalste Art – um ihn. Heinrich Mann, der mit literarischem Lob nicht so freigebig umging wie sein Bruder, hat die »intensive, gesteigerte Wirklichkeit« gerühmt und von der »nicht mehr häufigen Kunst der Meister« gesprochen, um »Unruhe um einen Friedfertigen« zu charakterisieren. Von den genannten Romanen ist »Unruhe« der einzige, der in deutscher Sprache in den USA erschien: Wieland Herzfelde veröffentlichte ihn 1947 im Aurora-Verlag. »Die Eroberung der Welt« kam erst 1949 in München heraus, »Banscho« sogar erst 1965 in Berlin (DDR).
Grafs Briefe aus den Kriegsjahren zeigen nicht nur, daß er auch in den düstersten Phasen des Krieges von der Niederlage Hitlerdeutschlands fest überzeugt war, sie belegen auch, daß er die Absicht nicht aufgegeben hat, nach Deutschland zurückzukehren. (Das geht im übrigen auch daraus hervor, daß er sich niemals bemüht hat, Englisch zu lernen.) Sofort nach Kriegsende nahm er die Verbindung zu seinen deutschen Freunden wieder auf. Er initiierte Spendenaktionen und organisierte den Versand von Lebensmittelpaketen, wobei er sich in der ersten Zeit, als noch keine regulären Postverbindungen bestanden, der Vermittlung amerikanischer Besatzungssoldaten und -offiziere bediente. In einem Brief an den Prinzen Löwenstein (9. 2. 1946) erwähnte er in diesem Zusammenhang eine Liste von 30 münchner KZ-Häftlingen, eine andere von 18 Intellektuellen, »die sich sehr tapfer hielten«, und denen geholfen werden müsse, und er kommentierte: »Denn was bleibt uns Emigranten zunächst, als denen, die daheim aufrecht standen und litten, zu beweisen, daß wir nicht hier sitzen und debattieren, sondern unter allen Umständen unsere Solidarität real bekunden.« Es ging ihm darum, »die Brücken, die zwischen Emigration und Daheimgebliebenen unbedingt gebaut werden müssen«, so schnell als irgend möglich zu errichten. Was die Rückkehr nach Deutschland angeht, so liest man bereits unter dem 7. Mai 1946 in einem Brief an das nach Großbritannien emigrierte brünner Freundespaar Gustav und Else Fischer: »Daß ich ›heimgehe‹, ist sicher, nur

gehe ich nicht ins Blaue hinein und nicht in ein Deutschland, das keins mehr ist. Ich bin wie auch Mirjam noch immer ›staatenlos‹, folglich kann von uns auch gar nichts entschieden werden.«
An dieser Situation änderte sich nichts, wenn man nicht eine Verschärfung als Änderung bezeichnen will. Schon im Herbst 1939 war Graf von der rechtslastigen, scharf antikommunistischen new yorker »Neuen Volkszeitung« als »kommunistischer Agent« denunziert worden, weil er sich geweigert hatte, zu diesem Zeitpunkt eine endgültige Stellungnahme zum deutsch-sowjetischen Nichtangriffsvertrag abzugeben. Nach Einsetzen des Kalten Krieges galt Graf als »wilder KP-Mann« und sah sich entsprechenden Angriffen ausgesetzt (was so weit ging, daß er in New York auf offener Straße von Mitemigranten angepöbelt wurde). 1948 plante er eine erste Deutschlandreise, um die Möglichkeit der Rückkehr an Ort und Stelle zu sondieren. Indessen kam es nicht soweit, denn die Bürokratie des State Department verweigerte ihm die Wiedereinreiseerlaubnis: der noch immer Staatenlose hätte also die USA verlassen, aber nicht wieder in sie zurückkehren dürfen, wenn sich herausgestellt hätte, daß er in Deutschland nicht existieren konnte. Unter diesen Umständen verzichtete Graf auf die Reise. Die politische Entwicklung in Deutschland trug dann das ihre dazu bei, daß er seine Pläne zur Heimkehr immer wieder aufschob. Nach Gründung der Bundesrepublik hätte Graf zwar die Möglichkeit gehabt, die deutsche Staatsangehörigkeit wiederzuerlangen; das Grundgesetz sichert ja in Artikel 116 den Exilierten und Emigranten die Wiedereinbürgerung zu. Sie erfolgt allerdings nur auf Antrag oder bei der dauernden Niederlassung. Die Möglichkeiten zur Niederlassung wollte Graf aber zuerst prüfen, bevor er sich endgültig entschied, und was den vom Grundgesetz vorgeschriebenen Antrag angeht, so war er nicht bereit, ihn zu stellen. Nach seiner durchaus nicht abwegigen Auffassung hätte man von deutscher Seite an ihn, den ausgebürgerten Antifaschisten, herantreten müssen und nicht umgekehrt. Da dieser Schritt niemals getan wurde, hat Graf auch seinerseits keinerlei Anstrengung unternommen, die deutsche Staatsangehörigkeit wiederzuerlangen. Als er dann 1958 endlich amerikani-

scher Bürger wurde – der Kalte Krieg hatte seinen Höhepunkt längst überschritten – bestand auch de jure die Möglichkeit einer Deutschlandreise. Graf hat sie noch im gleichen Jahr angetreten – als Besucher, und er ist nach New York zurückgekehrt. Die Frage der Heimkehr nach Deutschland hatte sich im Laufe der Jahre stillschweigend, wenn auch nicht ohne Schmerz und Groll erledigt.
Auch der Schriftsteller Graf hat zumindest in der Bundesrepublik nicht mehr richtig Fuß zu fassen vermocht. (Demgegenüber sind in der DDR zwar nicht alle, aber doch einige Titel mehrfach in sehr hohen Auflagen erschienen.) Betrachtet man die Editionsgeschichte seiner Bücher nach 1945, so ergeben sich auffällige Übereinstimmungen mit der anderer Exilautoren. Das erste wieder in Deutschland aufgelegte Buch – »Das Leben meiner Mutter« – kam 1946 heraus. Eine Neuausgabe erfolgte erst nach 13 Jahren, im Frühjahr 1959. Als zweites Exilwerk folgte 1949 »Die Eroberung der Welt«. Danach trat eine Pause bis zum Ausgang der fünfziger Jahre ein, und es waren lediglich das »Bayrische Dekameron« und (bei einem anderen Verlag) eine Neuausgabe des utopischen Romans »Die Eroberung der Welt«, nun unter dem Titel »Erben des Untergangs«, die dem westdeutschen Publikum wieder vorgelegt wurden. Der Mitte der fünfziger Jahre entstandene new yorker Roman »Die Flucht ins Mittelmäßige« erschien 1959, ohne sonderliche Beachtung zu finden. Diese Aufzählung könnte fortgesetzt werden, ohne daß sich das Bild wesentlich ändern würde. Der Durchbruch zum allgemein bekannten Autor, der er vor 1933 gewesen war, ist Oskar Maria Graf in den Nachkriegsjahren nicht mehr gelungen. Sein politisch profiliertes Exilwerk schließlich wurde in der Bundesrepublik kaum bekannt. »Anton Sittinger« kam erst 1969 heraus. »Banscho«, »Der Abgrund« und »Unruhe um einen Friedfertigen« sind bei uns bis heute noch nicht gedruckt worden. (»Der Abgrund« steht übrigens auch in der DDR noch aus.) Sieht man einmal von dem wenig charakteristischen »Bayrischen Dekameron« ab, das mehrere Auflagen erlebte, so sind auch Grafs Erzählungen in einer nur sträflich zu nennenden Weise vernachlässigt worden. Dies also ist das Schicksal von Grafs Büchern. Es darf Repräsentanz beanspruchen – eine traurige Repräsen-

tanz. Das Interesse, das in den Jahren der »Reeducation«
unmittelbar nach Kriegsende bestand, erlosch in der Periode
des Kalten Krieges, und in den sechziger Jahren schien es
dann zu spät zu sein für ein breiteres Publikumsinteresse.
Erst in der heutigen Zeit sind wieder verstärkte Bemühungen erkennbar, Grafs Werk und insbesondere seine im Exil
entstandenen Teile aus dem Niemandsland zu befreien, in
das man es so lange Zeit verwiesen hatte.

In seinen letzten Lebensjahren hat Graf an seiner Autobiographie gearbeitet. Ihr erster Band erschien 1966 unter dem
Titel »Gelächter von außen«. Er schloß chronologisch an
»Wir sind Gefangene« an und umfaßte die Zeit vom Ende
der Räterepublik in München bis zu Grafs Abreise aus
Deutschland im Februar 1933. Der folgende Band sollte das
Exil und die Nachkriegsjahre behandeln. Als Graf am
28. 6. 1967 in New York starb, lagen dazu ein Arbeitsplan,
einige Entwürfe und Teilstücke vor. Die hier veröffentlichten Aufzeichnungen von der Reise in die Sowjetunion im
Jahre 1934 sollten in diesen zweiten Memoirenband eingearbeitet werden. Bis jetzt hat sich noch nicht klären lassen,
wann genau die »Rußlandreise« – dies der Arbeitstitel des
Typoskriptes; als Buchtitel hatte Graf zeitweise »Kleine Reise eines Zivilisten in ein großes Land« erwogen – geschrieben und warum sie nicht vollendet worden ist. Graf muß
schon sehr bald nach seiner Rückkehr aus der UdSSR
daran gedacht haben, seine Reiseerlebnisse niederzuschreiben. Bereits in dem ersten erhalten gebliebenen Brief Sergej Tretjakows vom 30. 3. 1935 wird gefragt: »Wo sind
die versprochene[n] witzige[n] Novellen über unsere Reise?« Als gesichert darf nach Mitteilung von Gisela Graf gelten, daß die »Rußlandreise« in Brünn entstanden ist; auch
befindet sich im Nachlaß das Typoskript eines Vortrags vor
der brünner deutschen Volkshochschule, das als eine stark
geraffte Fassung des Reiseberichts anzusehen ist. Einen Anhaltspunkt für die Datierung liefert die Art, in der die (im
Zusammenhang mit den stalinistischen »Säuberungen« erfolgten) Verhaftungen von Ernst Ottwalt und Isaak Babel
erwähnt werden: während die Festnahme Ernst Ottwalts
(Herbst 1936) bereits im Typoskript mitgeteilt wird, hat

Graf die Verhaftung von Isaak Babel (Frühjahr 1938) lediglich in einem handschriftlichen Zusatz angemerkt (siehe Textanm. 51). Dies könnte darauf hindeuten, daß das Typoskript im Frühjahr 1938 bereits vorlag.
Der Fragmentcharakter des Reiseberichts geht aus dem Vergleich mit einer (hier nicht abgedruckten) Arbeitsübersicht hervor. Ihr ist zu entnehmen, daß Graf die Aufenthalte in Jalta und Sewastopol ebenso zu behandeln gedachte wie die Rückkehr nach Moskau und die Heimreise nach Brünn. Diese letzten Abschnitte sind nicht mehr geschrieben worden. Ebenso fehlen in der Niederschrift einige Episoden, die in dem stichwortartigen Arbeitsplan verzeichnet sind. Daß das Typoskript eine noch zu überarbeitende Rohfassung darstellt, läßt sich schließlich aus den zahlreichen handschriftlichen Streichungen und den gelegentlichen Notizen über einzuschiebende Details oder Episoden ersehen. In den mir zugänglichen, die »Rußlandreise« betreffenden Teilen von Grafs Nachlaß findet sich kein Hinweis darauf, weshalb das Typoskript nicht abgeschlossen worden ist. Denkbar sind zwei sehr verschiedenartige Ursachen, die möglicherweise zusammengewirkt haben. Zum einen könnte Graf im Frühjahr 1938 durch die sich abzeichnende Notwendigkeit der Flucht aus der Tschechoslowakei an der Fertigstellung gehindert worden sein. Die Überwindung der Paß- und Visa-Schwierigkeiten erforderte, wie man weiß und wie selbst die nur teilweise erhaltengebliebenen Briefe Grafs zu diesem Komplex zeigen, derart viel Aufmerksamkeit und Energie, daß eine Unterbrechung der literarischen Arbeit nicht nur denkbar, sondern sehr wahrscheinlich ist. Zum anderen war Ende 1936 André Gides Reisebericht »Retour de l'URSS« erschienen. Das aufsehenerregende Buch wurde sofort ins Deutsche übertragen und lag bereits im Frühjahr 1937 in der Übersetzung Ferdinand Hardekopfs vor. Im Herbst des gleichen Jahres kam Lion Feuchtwangers als Anti-Gide konzipierter Reisebericht »Moskau 1937« heraus. Beide Bücher wurden heftig diskutiert und hatten die Aufmerksamkeit des Publikums auf sich gezogen, noch bevor Graf sein Manuskript abgeschlossen hatte. Angesichts des schmalen Marktes für antifaschistische deutsche Literatur könnte er zu der Auffassung gelangt sein, daß das Manuskript kei-

nen Verleger finden werde – dies um so mehr, als es infolge der neuesten Entwicklung in der Sowjetunion – d. h. der Prozesse – ja gewissermaßen bereits historisch geworden war. Diese letzte Feststellung gilt in noch verstärktem Maße für die folgenden Jahre. Der Zweite Weltkrieg und die politische Entwicklung in der Nachkriegszeit ließen die Aktualität des Berichts erst recht verblassen. Er war nur mehr eine Reminiszenz und konnte erst in einem historischen Zusammenhang wieder Bedeutung gewinnen, und in eben diesen Zusammenhang gedachte Graf ihn ja auch zu stellen, als er ihn in die Autobiographie einarbeiten wollte.
Wäre er in den dreißiger Jahren, zumal nach Gide und Feuchtwanger, erschienen, er hätte ohne Zweifel die Erwartungshaltung des politisch polarisierten Publikums enttäuscht. Diese politische Polarisierung ließ letztlich nur für zwei Reaktionen Raum: auf der einen Seite für eine aus welchen Motiven auch immer erwachsende Ablehnung, auf der anderen für eine enthusiastische, beinahe bedingungslose Zustimmung. Für eine Position zwischen diesen Extremen wäre kaum ein Raum gewesen. Die sowjetischen und westeuropäisch-kommunistischen Reaktionen auf Gides ersten Bericht zeigen das zur Genüge. Sie haben nicht unwesentlich dazu beigetragen, daß Gide in seinem Nachtrag zum Reisebuch, den »Retouches«, schließlich den Bruch mit dem Kommunismus vollzog. (Die Gegenseite stand dem allerdings in nichts nach. Allein die Reaktionen antikommunistischer Emigranten, etwa Leopold Schwarzschilds, auf Feuchtwangers Buch beweisen das eindeutig. Sie gipfelten schließlich darin, daß Feuchtwanger als sowjetischer Agent denunziert wurde.) Diesen Zwischenraum bezieht aber Graf, wobei es durchaus unzutreffend wäre, wollte man seinen Bericht exakt in die zwischen beiden Positionen gelegene Mitte manövrieren.
Das schmale Büchlein von André Gide – die nicht auf Reiseeindrücken beruhenden »Retouches« können hier außer Betracht bleiben – enthält eine große Zahl präziser Einzelbeobachtungen und drückt einige sehr berechtigte Bedenken gegen die stalinistische Praxis in der Sowjetunion aus, Bedenken, die im Tone freundschaftlicher Kritik und Besorgnis, aber nichtsdestoweniger nachdrücklich formuliert sind.

Die Berechtigung dieser sachlichen Kritik ist von der Geschichte mehr als nachdrücklich bestätigt worden, und die zeitgenössischen sowjetischen wie westeuropäisch-kommunistischen Reaktionen, etwa auf Gides Anmerkungen zum Personenkult, haben sich längst selbst ad absurdum geführt. Anders steht es mit der Perspektive, aus der André Gide seine Kritik geübt hat. Sie ist durch einen völligen Mangel an historischem Verständnis und damit auch an historisch fundiertem Urteilsvermögen gekennzeichnet. Über den sowjetischen Alltag und über die gesellschaftlichen Neuerungen in der Sowjetunion urteilte Gide aus der Position eines hochkultivierten westeuropäischen Intellektuellen mit einer gelegentlich sehr fatalen Mokanterie und weltläufig sich gebenden Überheblichkeit. Das auch während – und trotz – der stalinistischen Praxis sich entwickelnde historisch Neue in der Sowjetunion war von dieser Position so wenig wahrzunehmen, wie es gegen die starken, von der Politik Stalins forcierten traditionellen Elemente differenzierend abzusetzen war.

Lion Feuchtwangers Buch ist demgegenüber von einer fast jugendlich zu nennenden Begeisterungsfähigkeit geprägt. Sie stellt in gewisser Hinsicht das genaue Gegenstück zu Gides Skepsis dar. Während Gide nicht selten Zweifel am Wahrheitsgehalt des ihm Mitgeteilten, an der Repräsentanz des ihm Gezeigten laut werden läßt und einmal sogar unumwunden die Befürchtung äußert, man werde ihm und seinen Freunden wohl Musterobjekte vorgeführt haben, erweckt »Moskau 1937« auf weite Strecken den Eindruck, Feuchtwanger sei den Erklärungen seiner sowjetischen Gesprächspartner nicht nur ohne Skepsis, sondern auch fast gänzlich ohne Kritik gefolgt. Lediglich – und bezeichnenderweise – im Bereich der Literatur und der Künste macht er einen zaghaften Widerspruch geltend: hier erscheint ihm die Reglementierung, die »offizielle Linie« als viel zu weit gehend. Sein Urteil über den Personenkult, sein Referat des Gegensatzes zwischen Stalin und Trotzki, schließlich seine Rechtfertigung der Prozesse – er hatte an einer Verhandlung des Prozesses gegen Radek, Pjatakow und andere teilgenommen – sind dagegen mit den offiziellen sowjetischen Thesen fast identisch, und auch bei anderen Fragen referiert er sie ohne viele Abstriche. Besonders auffällig ist an seinem Buch die unanschauliche Dürre und Farblosigkeit. Der Alltag in der Sowjetunion wird kaum je berührt, und wenn er doch einmal auftaucht, dann in einer gänzlich abstrakten, von Zielprojektionen und Statistiken sofort wieder verdeckten Weise. Daß Feuchtwanger auf einer moskauer Straße gegangen sei, daß er mit Menschen – und sei es durch die Vermittlung des Dolmetschers – gesprochen, daß er gar Betriebe und öffentliche Einrichtungen besichtigt habe: aus seinem Buch geht das alles kaum hervor. Es ist ein Destillat auf einem sehr hohen, von gläubiger Bereitschaft bestimmten Abstraktionsniveau.

Es wäre, wie gesagt, durchaus unzutreffend, wollte man Oskar Maria Grafs Reiseberichte auf eine zwischen diesen Publikationen gelegene »mittlere« Position manövrieren. Es ist auch nicht allein der unterschiedliche Zeitpunkt des Aufenthalts in der Sowjetunion – 1934 auf der einen, 1936 bzw. 1936/37 auf der anderen Seite –, der, obwohl gewichtig genug, den Reisebericht Grafs von diesen Büchern abhebt. Er ist – dies die erste wesentliche Differenz – auf einer anderen Ebene der Mitteilung angesiedelt. Anders als für Gide oder Feuchtwanger, ging es für Graf nicht darum, seine grundsätzliche Einstellung zur Sowjetunion zu demonstrieren. Wie unreflektiert sie auch immer gewesen sein mag, bei Niederschrift des Manuskripts unterlag sie keinem Zweifel, und sie war bestimmt von einer sympathisierenden Parteinahme. Gerade weil das so war, konnte sich Graf darauf beschränken, einen Erlebnisbericht zu geben – nicht mehr und nicht weniger. Einen »echten« Reisebericht, der auf beinahe altmodische Art getreulich das in der »Fremde« Erlebte und Erfahrene mitteilen sollte, ohne sonderliche Mühe an Verallgemeinerung und Repräsentanz zu wenden. Diese fast subjektive Perspektive bestimmt Grafs Bericht vom Anfang bis zum (fragmentarischen) Ende. Zufälliges und Bedeutsames, Episodisches und Wesentliches mischen sich darin auf die bisweilen krudeste Weise. Davon mag manches, aber durchaus nicht alles auf das Konto der ersten Rohfassung des Manuskripts gehen; die Grundkonzeption zum Beispiel ist mit ihr allein nicht zu erklären. Es ist ja schon charakteristisch, daß sich Tretjakow nach »witzigen«

Novellen über die gemeinsame Reise erkundigte, an eine Versprechung erinnernd, die Graf gemacht hatte. Dies dürfte der Ausgangspunkt gewesen sein: die sonderbaren Begebenheiten der Reise, die Eigentümlichkeiten und Schrullen der Mitreisenden, die daraus sich ergebenden Ergötzlichkeiten und Peinlichkeiten festzuhalten. Das im historischen und politischen Sinne Belanglose also: die Eitelkeit Tollers, das Mißgeschick von Scharrer, die Launen von Ehrenstein usw.

Die politische und historische Dimension stand demgegenüber – diese Deutung ist erlaubt – im Hintergrund. Daß sie sich dennoch energisch ins Zentrum geschoben hat, spricht sehr für Grafs Genauigkeit, für jene realistische Betrachtungsweise, die auch in seinen Romanen und Erzählungen das Bedeutsame vom Rankenwerk scheidet. Gleichwohl sind hier einige Überlegungen zum Reflexionsniveau angebracht, auf dem Graf seine Erlebnisse in der Sowjetunion abhandelt. Bei aller Sympathie für den Verfasser wird man redlicherweise zugeben müssen, daß sein Bericht fast allemal da flach, bisweilen sogar nichtssagend und banal wird, wo man verbindliche Verallgemeinerungen und Schlußfolgerungen hätte erwarten dürfen, wo eine theoretische Durchdringung des Stoffes vonnöten gewesen wäre. Zu solchen Resümees kommt es kaum, und das hat seinen Grund. Graf hätte sie nämlich nur ziehen können, wenn er sein Verhältnis zur Sowjetunion weit klarer durchdacht gehabt hätte, als das der Fall gewesen ist. Dies wiederum hätte vorausgesetzt, daß er sein eigenes sozialistisches Bekenntnis auch nur einigermaßen exakt theoretisch fundiert und definiert hätte. Und das heißt schließlich: um zur Sowjetunion klar Stellung beziehen zu können, hätte er mit sich selbst auf sehr viel rationalere Weise ins Reine kommen müssen, als ihm das aus verschiedenen, z. T. psychologischen Gründen möglich gewesen ist.

Diesem unleugbaren Manko entspricht ein sehr großer Vorzug: der ungemein scharfe Blick fürs Kleine und scheinbar Banale, für den Alltag, den Vordergrund. Beides hat die gleiche Ursache. Gerade weil Graf einen konventionellen Erlebnisbericht hat schreiben wollen, gerade weil er das Abstraktionsniveau niedrig hielt, gerade weil er auf Distanz bedacht war und aus der Parteinahme nie eine Parteibindung gemacht hat, konnte er – keineswegs unvoreingenommen, aber durchaus unbefangen – registrieren, was ihm begegnet ist. Das gibt seinem Bericht aus der Distanz von 40 Jahren beinahe den Charakter einer historischen Chronik. Wenn es ihm auf diese Weise gelang, im Kleinen und Alltäglichen Symptomatisches festzuhalten – und das macht den eigentlichen Wert dieses Buches aus –, so ist das seinem historischen Verständnis zu danken. Er hat die vorrevolutionäre russische Literatur gut gekannt, von der sowjetischen war ihm mindestens Maxim Gorki sehr vertraut – es ist kein Zufall, daß er die bedeutenden Namen dieser Literatur im Reisebericht eigens erwähnt. (Wie man sich überhaupt bei der Lektüre seiner Briefe und Aufsätze immer wieder wundert, was er alles gelesen hat. So mancher »poeta doctus« steht in dieser Vertrautheit mit der Weltliteratur weit hinter Graf zurück. Das Naturburschen-Image enthüllt sich einmal mehr als eine zur arglistigen Täuschung des Lesers ersonnene Attrappe.) Es war die russische Literatur, aus der er seine Maßstäbe bezog, es waren ihr sozialer Impetus und ihre Schilderungen der Unterdrückten und Ausgebeuteten, die ihn das Neue der Gegenwart erkennen ließen und somit seine Perspektive bestimmten. Wer bei Tolstoi und Gorki das Leben der Bauern und Arbeiter im zaristischen Rußland kennengelernt hatte, der konnte nicht gut an den Veränderungen vorbeigehen, die seit der Revolution eingetreten waren. Deshalb wußte Graf auch, daß Vergleiche mit Westeuropa wenig fruchteten: sie waren ein falscher Maßstab. Und er konnte schließlich auch die gewaltigen Probleme besser verstehen, die die Technisierung und Industrialisierung für die Sowjetunion gebracht hatten, der Sprung vom Mittelalter ins zwanzigste Jahrhundert, wie er es einmal sinngemäß formulierte.

Dieser historischen Perspektive halten die Mokanterien Gides nicht stand. Gewiß hat Gide bisweilen sehr gut beobachtet, und in manchen Details stimmt sein Urteil mit dem Grafs durchaus überein: beide brachten den gleichen Eindruck von dem Sträflingsdorf Bolschewo mit, beide urteilten gleich über die Besprisornje, beide rühmten den moskauer Kulturpark, und was dergleichen mehr ist. Der grundsätzliche Unterschied wird aber an einigen, mindestens ebenso gravierenden Beispielen deutlich, von denen ich hier wenigstens eines referieren will. Es geht bei Gide um den Stolz seiner sowjetischen Gesprächspartner auf ihre Leistungen und Errungenschaften, auf den sozialen und zivilisatorischen Fortschritt in ihrem Lande. Gide schreibt: »Wenn sie sich übrigens trotzdem Gedanken machen über das, was im Auslande vor sich geht, so interessieren sie sich noch weit mehr für das, was das Ausland von ihnen denkt. Worauf es ihnen ankommt, ist: zu erfahren, ob wir sie genügend bewundern. Was sie fürchten, ist: daß wir unzureichend informiert seien über ihre Verdienste. Was sie von uns wünschen, ist nicht sosehr, daß wir uns mit ihnen aussprechen, als vielmehr, daß wir ihnen Komplimente machen ... Die Fragen, die einem gestellt werden, sind oft so verblüffend, daß ich zögere, sie wiederzugeben: der Leser könnte glauben, ich hätte sie erfunden. Man lächelt skeptisch, als ich sage, auch Paris habe seine Untergrundbahn. Haben wir denn wenigstens Trambahnen? Omnibusse? ...« Man vergleiche nun einmal Gides Darstellung vom Stolz der Moskauer auf ihre gerade eröffnete Metro mit dem Bericht, den Graf über das Stadion in Charkow, den besonderen Stolz der Charkower, gibt: »Wir besichtigten einen sehr schön angelegten Sportplatz, auf den man in Charkow besonders stolz war. ›Zwanzigtausend Menschen fassen die Tribünen‹, sagte Kulik. ›Schön ... Das Wiener Stadion faßt sechzigtausend, und wenn es pumpvoll ist, siebzigtausend‹, sagte ich. Ich bemerkte, wie betreten auf einmal die Gesichter der Sowjetrussen wurden. Noch sehr oft habe ich etwas Ähnliches beobachten können. Sie waren mit vollem Recht stolz auf all ihre Errungenschaften, aber sie glaubten – eng und provinziell – nirgends auf der Welt gäbe es so etwas wie bei ihnen.« Soweit stimmen Gide und Graf in der Sache, wenn auch nicht im Tonfall, überein. Doch bei Graf folgt nun die aus dem historischen Verständnis erwachsene, dem Erlebten seinen Rang zuweisende Erklärung: »Zuviel Not und Blut hatte ihnen jeder Quadratmeter Boden, jeder Ziegelstein gekostet – in [West-] Europa kosteten solche Dinge nur Geld.« Dieser Satz rückt alles in eine andere Perspektive, er reißt eine Dimension auf, die André Gide überhaupt nicht wahrge-

nommen zu haben scheint.
Auf ähnliche Weise läßt sich Grafs Bericht gegen den von Feuchtwanger abgrenzen. War es bei Gide der Mangel an geschichtlicher Orientierung, der den Unterschied in der Perspektive ausmacht, so ist es bei Feuchtwanger dessen naive Gläubigkeit. Sie hat ihm nicht nur den Blick verstellt, sie hat ihn gelegentlich für die Realität geradezu blind gemacht. Es gibt in seinem Buch beispielsweise einen Abschnitt, der von der geplanten baulichen Umgestaltung Moskaus handelt. Von diesem 1935 beschlossenen, auf zehn Jahre projektierten Plan zeigt sich Feuchtwanger schlechthin begeistert. Er bewundert das Modell der neuen Hauptstadt durchaus so, als habe er statt dieses Modells bereits die Realität besichtigt. (Über das Stadtbild von 1937 verliert er, beiläufig gesagt, kaum ein Wort.) Man muß dieses Verhalten mit Grafs Reaktion auf die »Agrostadt« (siehe S. ...) vergleichen, um zu ermessen, wie unbefangen Graf bei aller grundsätzlichen Sympathie seine Schilderung angelegt hat.
»Umsteigen ins 21. Jahrhundert« und »Zukunft im Rohbau« sind zwei Reportagebände über die Sowjetunion betitelt, die Franz Carl Weiskopf 1927 resp. 1932 veröffentlicht hat. Ebenfalls 1927 hatte Egon Erwin Kisch seine Sammlung von Reportagen aus der UdSSR mit »Zaren-Popen-Bolschewiken« überschrieben. Weiskopfs Titel legen den Hauptakzent auf die Umgestaltung, derjenige Kischs betont das Nebeneinander von Alt und Neu. Bei aller Sympathie für das Neue tendiert Oskar Maria Grafs Bericht auf dieser Skala weit stärker zu Kisch als zu Weiskopf. Es war vielleicht gerade seine Herkunft aus dem traditionsüberlasteten bäuerlichen Milieu, die ihn das oft unvermittelte Nebeneinander von Rückständigstem und Neuestem so stark empfinden, die ihn das dafür notwendige Verständnis aufbringen ließ. Warum sonst wohl würde er sich in Grusinien, der rückständigsten der von ihm beschriebenen Sowjetrepubliken, so sehr an seine bayerische Heimat erinnert gefühlt haben? Dieses krasse Aufeinandertreffen von Vergangenheit und Gegenwart hat er überall aufgespürt: in der Reaktion der Menschen auf die ihnen ungewohnte Bürokratie; im Unvermögen der vom Land kommenden neuen Industriearbeiter, mit Maschinen umzugehen; in der unmittelbaren

Nachbarschaft von verwinkelten Gassen und Großstadtboulevards, kleinen Holzhäusern und Hochbauten in Moskau; in dem Bolschewiken, der sein Kind vom Popen taufen läßt; in dem Herrgottswinkel, der das eine, dem Leninbild, das das andere Kolchoshaus ziert. Liest man seinen Bericht nur aufmerksam durch, so sieht man, daß Graf – mag ihm das nun bewußt geworden sein oder nicht – vor allem die Ungleichzeitigkeit in der Sowjetunion dargestellt hat, samt den Problemen, die aus ihr resultieren. Es ist wohl auch bezeichnend, daß er nur an einer Stelle mit einem wütenden Protest reagierte: nach dem Besuch im Lenin-Mausoleum an der Kreml-Mauer. Er hat zumindest eine Wurzel des (damals noch in bescheidenen Anfängen stehenden) Personenkults erkannt und benannt, wenn er diese Art der Ehrung mit der Schaustellung von »Reliquien« des wittelsbachischen Königshauses im Wallfahrtsort Altötting vergleicht. Das zielt selbstverständlich nicht gegen Lenin. Es ist vielmehr gerade die Verehrung Lenins und seiner emanzipatorischen Zielsetzungen, die seinen Abscheu vor diesen kultartigen Formen des Andenkens hervorruft.

Grafs Bericht zeigt, daß grundsätzliche Sympathie durchaus mit kritischen Einzelstellungnahmen und einer unbefangenen Optik zu vereinbaren ist. Seine Position wird vielleicht am besten durch den Vergleich zweier Episoden umrissen: während er den österreichischen Genossen derb ausspottet, der ihm voller Ergriffenheit weismachen will, nur in der Sowjetunion seien solch begnadet-milchspendende Kühe anzutreffen, fährt er dem österreichischen Schutzbündler ebenso derb über den Mund, der die sowjetischen Wohnverhältnisse »herabmindernd« mit denen im (ehemals »roten«) Wien vergleicht. Weder die bedingungslose Lobpreisung noch die unzutreffende, weil unhistorische Kritik sind seine Sache. Für Offiziösentum jedweder Art hatte er nichts übrig, und in seinen Bericht sind auch nur erstaunlich wenige paraphrasierte offizielle Losungen der Zeit eingegangen. Eine dieser wenigen Stellen ist die Erklärung, die Graf über das Zustandekommen einer Kolchose, über den Verlauf der Kollektivierung gibt (siehe S. 121): sie vollzog sich Anfang der dreißiger Jahre bei weitem nicht so harmonisch und freiwillig, wie er das schildert.

Hier wird nun freilich der Zeitpunkt wichtig, zu dem Graf die Sowjetunion besucht hat. Im Sommer 1934 waren die Ernährungsschwierigkeiten überwunden, die die Landwirtschaftskollektivierung am Anfang des Jahrzehnts begleitet hatten, der Industrieaufbau begann Resultate zu zeitigen, die Versorgung der Bevölkerung mit Konsumgütern wurde erstmals seit langer Zeit merklich besser, vom Terror der Partei-»Säuberungen« war noch nichts zu spüren, und es war nicht zuletzt der Erste Allunionskongreß der Sowjetschriftsteller, der eine gewisse Abwendung von der intransigenten Haltung der vergangenen Jahre anzukündigen schien. Von daher wird es verständlich, daß Graf auch für die Stalinverehrung einige freundliche Worte findet – fast die gleichen, die Feuchtwanger drei Jahre später benutzt hat. Was indessen im Jahr 1934 noch durchaus vertretbar war, mußte drei Jahre danach bereits mit kräftigen Fragezeichen versehen werden. Zur Zeit von Grafs Besuch war die politische Praxis in der UdSSR um einige nicht unwesentliche Grade anders als in der zweiten Hälfte der dreißiger Jahre.
Diese vergleichsweise konziliante Atmosphäre hat natürlich auch seine Schilderung der sowjetischen Literaturentwicklung und seinen Bericht über den Schriftstellerkongreß beeinflußt, und sie kam überdies seinen eigenen Intentionen entgegen. Es ist für seine Haltung recht charakteristisch, daß er mit offener Befriedigung das Ende der »RAPP« konstatiert und die Ansprachen Ehrenburgs und Bucharins in den Mittelpunkt seiner Ausführungen über den Kongreß stellt. Seine eigene Sache scheint da zum Zuge zu kommen, die Sache des sympathisierenden Sozialisten ohne Parteibuch, der – er spielt in der Episode mit Peter Merin deutlich genug darauf an – selbst mittelbar unter der Politik von »RAPP« zu leiden gehabt hat: die der »RAPP«-Linie folgenden deutschen Kommunisten hatten ihn oft und hart genug angegriffen. Dagegen tut er mit keinem Wort der Ansprache Andrej Shdanows Erwähnung, die mit der Verkündung der Prinzipien des sozialistischen Realismus die Richtung der sowjetischen Literatur auf fast zwei Jahrzehnte bestimmte und die unzweifelhaft von weit größerer Bedeutung war als die Rede Bucharins (der beim Schriftstellerkongreß seinen letzten großen öffentlichen Auftritt hatte). Allerdings ist Graf

nicht der einzige, der seinerzeit die Akzente so gesetzt hat. Auch in Wieland Herzfeldes Kongreßbericht (in den »Neuen Deutschen Blättern«) wurde Shdanow nur am Rande erwähnt – Bucharin und Radek dagegen in Auszügen gedruckt –, und die »Internationale Literatur«, das von Johannes R. Becher redigierte offizielle Organ der Internationalen Vereinigung Revolutionärer Schriftsteller, hat wohl die Ansprache Radeks abgedruckt, von Shdanow aber überhaupt keine Notiz genommen.

Das Atmosphärische des Schriftstellerkongresses ist gelegentlich schon in Memoiren und Biographien aus mehr oder minder großer zeitlicher Distanz beschrieben worden. Klaus Mann hat im »Wendepunkt« kurz über die Veranstaltung berichtet und dabei paraphrasiert, was er im Herbst 1934, unmittelbar nach der Rückkehr aus der Sowjetunion, in einem Aufsatz geschrieben hatte. Harry Wilde stützte sich in seiner Plivier-Biographie auf die Erinnerungen Pliviers. Wilde ist sichtlich darum bemüht gewesen, Plivier zu einer Randfigur auch unter den ausländischen Gästen zu machen – daß er auf dem Kongreß eine Ansprache gehalten hat, die viel beachtet und mehrfach nachgedruckt wurde, erfährt man beispielsweise nicht. Von der Reise in den Süden der Union heißt es nur: »Den Besichtigungen schlossen sich Schaureisen für etwa ein Dutzend Schriftsteller und ebensoviel ›Dolmetscher‹ nach der Krim und dem Kaukasus an.« Graf belegt dagegen nicht nur, daß es lediglich acht Schriftsteller waren, die die Reise unternahmen, sondern auch, daß sie dabei von insgesamt drei sowjetischen Begleitern betreut wurden; Überwachungs- und Bespitzelungs-Assoziationen, die Wilde mit den süffisanten Anführungszeichen bei dem Wort Dolmetscher weckt, werden hier also denkbar eindeutig widerlegt. Ähnlich verhält es sich mit der Darstellung, die Gustav Regler im »Ohr des Malchus« gegeben hat. Auch hier ist die Perspektive von einer erkennbaren Absicht bestimmt – der der Selbstrechtfertigung und nachträglichen Salvierung; denn es war ja der inzwischen zum Antikommunisten gewordene Regler, der seine kommunistische Vergangenheit in einem für seine späteren Überzeugungen möglichst günstigen Licht darzustellen sich bemühte. Den Empfang bei Maxim Gorki schildert Regler z. B., als sei am

Horizont schon das Wetterleuchten der Prozesse und des stalinistischen Terrors zu sehen gewesen, Karl Radek erscheint als ein Gezeichneter, und sich selbst beschreibt er als einen von Zweifel und Besorgnis Heimgesuchten. Auch hier – und vollends natürlich bei Reglers Bemerkungen über Graf – ist Grafs Reisebericht ein sehr nützliches Korrektiv. Gerade an solchen Fällen erweist sich die große Authentizität und Glaubwürdigkeit seiner Darstellung. Diese Zuverlässigkeit kommt ihm nur da abhanden, wo seine Neigung zur Karikatur die Oberhand gewinnt: bei den Porträts von Adam Scharrer und Ernst Toller. Während etwa die persönliche Problematik Klaus Manns in wenigen Sätzen sehr gut und gerecht erfaßt ist, und die Ausführungen über Becher von wohltuender Objektivität sind, zielen Grafs Bemerkungen über Toller und Scharrer so sehr auf deren menschliche Schwächen, daß darüber der Gesamtumriß ihrer Persönlichkeit verlorengeht. Die Gründe für diese Antipathien müssen hier unerörtert bleiben; der Leser sollte sich nur darüber klar sein, daß das Bild, das Graf von diesen beiden Schriftstellern zeichnet, bewußt und provozierend einseitig ist.

Abschließend noch ein Wort zu den handschriftlichen Streichungen, die Oskar Maria Graf im Hinblick auf die Einarbeitung in den zweiten Band der Autobiographie vorgenommen hat. Soweit sie stilistische Gründe haben – und das ist bei der Mehrzahl der Fall –, können sie hier außer Betracht bleiben. Von Interesse sind freilich jene Kürzungen, die Grafs Selbstverständnis und sein Verhältnis zur Sowjetunion betreffen. Dieses Verhältnis hat sich im Laufe der Jahre ohne Zweifel abgekühlt. Die Ursachen seien hier nur skizzenhaft wiedergegeben.

Den ersten Anlaß zu einer Überprüfung hat nach aller Wahrscheinlichkeit die Verhaftung Sergej Tretjakows im Sommer 1937 gegeben. Es läßt sich belegen, daß Graf davon stark bedrückt gewesen ist; noch in den Briefen der Kriegsjahre ist vom mutmaßlichen Schicksal des Freundes die Rede. Wie Brecht hat Graf diese Besorgnis öffentlich nicht geäußert – was aber nichts über ihr Ausmaß sagt. Die Sowjetunion mußte seinerzeit als die einzige Großmacht gelten, die eine strikt antifaschistische Politik betrieb und die in den Jahren der westlichen Appeasement-Politik die Interessen der antifaschistischen deutschen Emigration vertrat. Dieser politische Aspekt war vorrangig. Graf hat sich nicht einmal bei Gelegenheit des deutsch-sowjetischen Nichtangriffsvertrages von der Sowjetunion distanziert, als ihm – wie angedeutet – ein solcher Schritt mit beinahe erpresserischen Methoden »nahegelegt« wurde und er sich darüber klar sein mußte, was – in den USA! – eine Weigerung bedeutete. Aus zahlreichen Briefen geht hervor, daß sich in den Kriegsjahren an dieser Haltung erst recht nichts geändert hat. So schreibt er seinem Freund Otto Karsch am 18. 1. 1942 nach dem deutschen Rückzug vor Moskau: »Ja, so geht es allen Kritikastern mit der lieben Sowjetunion. Sie sehen immer Teile und nie das Ganze. Ich war drüben und schaute, glaube ich, durchaus nicht unkritisch, aber stets auf dieses Ganze gerichtet, die Entwicklung an. Ich machte mir keine Illusionen im Falle eines Krieges der Nazis mit der SU, ich fürchtete, was anfänglich dort eingetroffen ist, aber ich habe niemals gezweifelt daran, daß die Russen zum Schluß den entscheidenden Sieg über den Faschismus davontragen werden. Denn dort kämpft ein Volk, das um einer Idee willen Leben und Habe opfert, während bei allen anderen Staaten nur die Furcht vor dem Zusammenbrechen eines unbrauchbar gewordenen Systems im Kampfe steht. Aber die Völker entscheiden, nicht die Regierungen! Das ist die Zukunft!« Und am 31. Dezember 1942 an Jack Baer: »Ich glaube fester als je, daß nach diesem Krieg die Welt grundlegend verändert wird, daß eine Gesellschaftsordnung kommt, vor der die Mehrzahl der Menschen bis jetzt noch Angst hat, weil sie sich keine Vorstellung von dem Neuen machen kann.« Fast wörtlich steht das auch im Reisebericht – in einer der gestrichenen Passagen. Denn Grafs Distanzierung von der Sowjetunion setzte erst nach dem Ende des Krieges ein. Unter dem Eindruck der Nachkriegsentwicklung in Europa und des Kalten Krieges in den USA zog sich Graf auf einen tolstoianischen Sozialismus, nicht unähnlich dem seiner Anfänge, zurück; einen Sozialismus der Gewaltlosigkeit und des Hasses auf jeglichen Zwang. Erste Anzeichen für diese Entwicklung lassen sich schon in Briefen der späten vierziger Jahre ablesen, sie kulminiert vollends in den fünfziger Jahren. Stalin, dem er im Reisebericht noch moderierten Beifall gespendet hatte, wurde in »Erinnerung an einen vielgeliebten Raunzer« als der »blutige« apostrophiert – dies ein Niederschlag des 20. Parteitages der KPdSU. Graf überarbeitete den »Abgrund«, den Roman, in dem er den Losungen der KPD am nächsten gewesen war, und eliminierte einige charakteristische Wertungen und Meinungen. Gewisse Bekenntnispassagen im Reisebericht wurden gestrichen. Da sie aber von historischem Interesse sind, wurden sie in den Anmerkungsteil dieser Ausgabe aufgenommen.

Hans-Albert Walter

# INHALT

| | |
|---|---:|
| Der in Verwirrung geratene Zivilist | 5 |
| Stillvergnügte Eisenbahn-Unterhaltung | 9 |
| Hindernisse | 16 |
| In der Fremde, da gab's ein Wiedersehn ... | 25 |
| Das große Ereignis | 34 |
| Kunterbunte Erlebnisse | 58 |
| Vom großen Gorki und von der kleinen Bürokratie | 72 |
| Kleine Einschaltungen | 85 |
| In die unbekannte Ferne | 98 |
| Schöner wilder Kaukasus! | 111 |
| Nüchterner Orient | 132 |
| Ein großer Maler, ein Weinlesefest und ein Pope | 142 |
| | |
| Anhang | |
| Briefe Sergej Tretjakows an Oskar Maria Graf | 163 |
| Zur Edition | 191 |
| Anmerkungen zum Text | 193 |
| Anmerkungen zu den Briefen | 202 |
| Nachwort | 209 |

Exilliteratur
in der
Sammlung Luchterhand

Hans-Albert Walter
Deutsche Exilliteratur 1933-1950
in zehn Bänden

Bereits erschienen:
Band 1
**Bedrohung und Verfolgung bis 1933**
318 Seiten. SL 76

Band 2
**Asylpraxis und Lebensbedingungen in Europa**
420 Seiten. SL 77

Band 7
**Exilpresse I**
424 Seiten. SL 136

# Exilliteratur in der Sammlung Luchterhand

## Sammlung antifaschistischer Erzählungen 1933-1945
Herausgegeben von Walter Fähnders, Helga Karrenbrock und Martin Rector.
315 Seiten. SL 162

## Egon Erwin Kisch
## Landung in Australien
Ca. 250 Seiten. SL 190
Erscheint im April 1975.

## Anna Seghers
## Erzählungen I
Grubetsch (1926). Die Ziegler (1927/28).
Auf dem Wege zur amerikanischen Botschaft (1929/30).
Die schönsten Sagen vom Räuber Woynok (1936).
Sagen von Artemis (1937). Die drei Bäume (1940).
Das Obdach (1941). Der Ausflug der toten Mädchen (1943/44). Post ins gelobte Land (1943/44).
Das Ende (1945).
335 Seiten. SL 102

## Anna Seghers
## Das siebte Kreuz
Roman. 435 Seiten. SL 108

# Arbeiterliteratur bei Luchterhand

## Klassenbuch
Ein Lesebuch zu den Klassenkämpfen in
Deutschland 1756-1971. Herausgegeben von
Hans Magnus Enzensberger, Rainer Nitsche,
Klaus Roehler und Winfrid Schafhausen.
SL 79, 80, 81.

## Franz Rehbein
## Das Leben eines Landarbeiters
Herausgegeben von Winfrid Schafhausen.
336 Seiten. SL 137

## Sammlung proletarisch-revolutionärer Erzählungen 1933-1945
Herausgegeben von Helga Karrenbrock,
Walter Fähnders und Martin Rector. 270 Seiten. SL 117